논 리 학

김준섭

문학과지성사

1995

논리학

초판발행/ 1995년 10월 20일
2쇄발행/ 1998년 1월 10일

지은이/ 김준섭
펴낸이/ 김병익
펴낸곳/ ㈜**문학과지성사**
등록번호/ 제10-918호(1993. 12. 16)

서울 마포구 서교동 363-12호 무원빌딩(121-210)
편집: 338)7224~5 · 7266~7 FAX 323)4180
영업: 338)7222~3 · 7245 FAX 338)7221

ⓒ 김준섭, 1995
ISBN 89-320-0768-3

값 15,000원

논 리 학

증보판 서문

한 송이 꽃을 자세히 잘 보는 데서 세상의 모든 꽃의 아름다
움과 신비를 깨치듯이, 사람은 추상력과 추리력을 통해서 사고
와 형식의 미를 발견하게 된다.

수학이 과학의 아버지라면 논리는 철학의 아버지이다. 수학이
모든 과학의 성립과 발달의 토대가 되는 것과 같이 논리는 모든
학문의 기초가 될 뿐 아니라 모든 철학의 성립과 발달의 기초가
된다. 그러므로 논리학의 훈련 없이 철학을 한다는 것은 기초
없이 집을 짓는 것과 같다.

예컨대 '사람이면 죽는다' 그리고 '죽는다' 그러므로 사람이
다. 이것은 죽는 것은 사람뿐이 아니고, 다른 동물과 생물도 죽
는 것이기 때문에, 이 생각은 '후건긍정(後件肯定)의 오류'를
범하고 있는 잘못된 생각이다. 또한 '모든 영웅은 여자를 좋아
한다. 그러므로 '나도 여자를 좋아하니까 영웅이다'라고 생각한
다면, 이것은 같은 잘못을 범하고 있는 것으로 잘못된 생각이
다. 이렇게 우리는 일상 생활이나 논문 구성에 있어 부지불식간
에 잘못된 생각을 하는 경우가 많다.

그러므로 법조계나 정치계나 사회의 지도층에 있는 사람들은
물론이고, 대학 입시에서 논문 작성에 좋은 성적을 내려는 학생
이나, 말을 바로하고, 생각을 옳게 하려는 모든 어린이들은 모
름지기 먼저 논리학을 잘 배워야 할 것이다.

이 책의 앞부분에서 쉬운 것부터 잘 배워 이해하여가면, 나중에는 이 책 전체를 통달하는 데서 학문 연구와 철학 공부에 크게 도움이 될 것으로 믿는다.

논리학은 이해와 응용에 의미가 있다. 응용할 줄 모르면, 이해가 덜 된 것으로 대상이 되는 내용을 잘 다룰 수 없다. 내용이란 일상 생활의 제대상(諸對象)으로부터 과학 내지 철학에 이르는 모든 대상을 가리킨다. 수학에 있어 여러 차등이 있듯이, 논리에도 여러 차등이 있어, 자기의 논리의 수준에 따라 대상을 다루는 범위와 능력도 달라진다.

이번에 새로 발행하는 기회를 이용하여 여러 곳에 수정과 증보를 가하여 증보판을 내는 데 노력했다.

끝으로 강호제현(江湖諸賢)의 편달과 하교(下敎)를 바라며, 문학과지성사 사장과 직원 제위에게 사의를 표한다.

1995년 9월
상도 2동 현안서재(玄晏書齋)에서
김준섭 씀

머리말

사색하지 아니하며 사는 사람은 한 사람도 없으나, 항상 사색을 바르게 하며 사는 사람은 지극히 드물다. 인간인 이상, 잠시라도 생각하지 아니하고는 살 수 없을 것이다. 그러므로, 그 생각을 바르게 하도록 지도하는 이 논리학은 누구에게나 가장 필요한 학문의 하나이다.

학문을 연구하려는 사람은 말할 것도 없거니와, 정치계·경제계·법조계·언론계 등 각 방면에서 지도자가 되려는 사람은, 모름지기 먼저 이 논리학을 잘 배워 두뇌를 명석하게 닦으며, 합리적인 이론을 전개하는 방법을 습득하여야 할 것이다.

논리학은, 언어와 수학과 함께 누구에게나 필요한 기초적 학문임에도 불구하고, 그 필요성을 아는 사람은 적고, 그 필요성을 아는 사람이 있다고 할지라도, 또한 이 방면의 서적은 희귀하다.

이 책은 뉴욕에서 쓴 것인데, 졸저 『논리학』을 토대로 하여 미국에서 연구한 현대의 수학적 논리학을 다루어 첨가하였다. 그리하여 원리론을 일반 논리와 기호 논리로 편을 나누어서 썼다. 처음으로 논리학을 배우는 사람은 일반 논리로 충분할 것이고, 좀더 깊이 알려는 사람은 기호 논리를 보아야 할 것이다. 그러므로, 만일 이 책을 일반 논리학의 교재로 사용하는 경우에는 원리론의 일반 논리와 제 3 부 방법론을 다루는 것이 좋을 것이고, 한걸음 나아가서 고급 논리학에 관심이 있는 학생들을 위하여서는, 따로 기호 논리편을 보도록 지도하는 것이 좋을 것이다.

칸트는 『순수이성비판』 제 2 판 서언에서, 아리스토텔레스 이후에 "논리학이 한걸음도 전진하지 못한 것은 주목할 만한 일이다"라고 말하였는데, 사실에 있어서 논리학은 이천 년 동안에 아무런 발전이 없었었다. 그러나 19세기 이후로 논리학에 기호를 사용하고 수학적 개념을 도입시키는 데서 논리학은 혁신적 발전을 보게 되었다. 이 신논리학을 현대 논리학, 기호 논리학, 수학적 논리학 등 여러 가지로 부르는데, 아직까지 우리나라에 소개되지 못하였던 것은 유감된 일이다.

저자는 이번에 증보판을 내는 기회를 이용하여, 기호 논리학을 좀더 충실하게 하는 데에 노력하였고, 일반 논리에 있어서는 3단 논법의 검사 도식을 소개하는 등 현대화시키는 데에 노력해보았다. 그러나, 일반 논리학은 인간의 사상과 언어를 기능적 면에서 생생한 형태로 다루지 못하고, 언어의 방법적 구성의 순서를 따라 개념 중심으로 다루었기 때문에, 문장 또는 명제 중심의 기호 논리학과는 출발점이 달라, 이 점은 어찌할 수가 없었다. 유클리드 기하학과 비유클리드 기하학의 체계가 다르듯이, 일반 논리와 기호 논리는 역시 체계가 다르므로, 각각 따로 공부해야 할 것이다.

끝으로 이 저서가 우리나라의 논리학의 발전에 다소나마 도움이 되기를 바라는 바이다.

1971년 1월 25일

저자 씀

차 례

증보판 서문/ii
머리말/iv

서 론 ·· 11
   1. 논리학의 정의 *11*
   2. 논리학의 약사 *14*

제 1 부 원리론

제 1 편 일반 논리 ································· 23
   1. 사고의 근본 원리 *23*
   2. 사고 작용 *33*
   3. 개념론 *34*
   4. 판단론 *40*
   5. 추리론 *58*
   6. 귀납적 추리론 *101*
   7. 유비적 추리 *106*
   8. 연역적 추리와 귀납적 추리와 유비적 추리 *107*

제 2 편 기호 논리 ······························· 110

    1. 기본적인 논리적 연결어 *115*

    2. 교환 정의 *119*

    3. 기본 연결어의 문제 *120*

    4. 명제의 진위표 *123*

    5. 명제의 계산법 *129*

    6. 기능적 계산법 *165*

    7. 유의 계산법(집합 논리) *191*

    8. 논리적 모순의 문제 *207*

    9. 관계의 계산법 *221*

    10. 양상 논리학 *249*

제 2 부 언어론

제 1 편 언어의 과학 ······························· 259

제 2 편 세미오틱스 ······························· 261

    1. 프래그머틱스 *261*

    2. 시맨틱스 *262*

    3. 신태틱스 *263*

제 3 편 언어와 논리 ······························· 265

제 3 부 방법론

제 1 편 통정적 방법론 ······································· 274
    1. 정의 *275*
    2. 구분과 분류 *281*
    3. 논증 *286*

제 2 편 연구 방법론 ··· 292
    1. 서론 *292*
    2. 귀납적 방법 *296*
    3. 연역적 방법 *329*
    4. 통계적 방법 *334*
    5. 가설적 방법 *349*

제 3 편 허위론 ··· 357
    1. 통정법에 관한 허위 *358*
    2. 연구법에 관한 허위 *378*

결 론 ··· 384

〈부록〉 설명 도표/390
참고 문헌/395

논 리 학

논 리 학

서 론

1. 논리학의 정의

논리학은 고래로 사고의 법칙의 과학 *the science of the laws of thought* 이라고 정의하여왔다. 그러나 이것은 논리학과 심리학이 확실히 구별되지 못하였던 때의 정의이다. 그러므로 사고의 심리학적 법칙과 논리학적 법칙을 엄밀히 구별하지 아니하고 이 정의를 사용하게 되면 모호한 성격을 띠게 된다. 사고의 사실의 법칙, 즉 바르게 생각하든, 그르게 생각하든 사람이 실제로 생각하는 그대로의 심리의 사실에 관한 법칙을 연구하는 것은 심리학의 분야에 속한다. 논리학은 이와 같이 어떤 사람의 심리 과정의 법칙을 연구하는 것이 아니고, 전제와 결론간의 필연적 관련성을 연구한다. 즉 타당한 추리 *valid inference* 를 다룬다. 가령 예를 들면,

열은 다섯보다 크다.
스물은 열보다 크다.
그러므로 스물은 다섯보다 크다.

$$10 > 5$$
$$\underline{20 > 10}$$
$$\therefore \quad 20 > 5$$

논리학은 이와 같은 전제와 결론간의 필연적 관련성, 즉 함축 *implication*을 연구하는 과학이다. 그러므로 간단히 논리학은 명제간의 함축의 관계를 다루는 과학이라고 정의된다.

논리적 필연성은 순수 수학과 같이 필연적 관련성에 의거된다. 그러므로 그것은 사람들이 실제에 있어서 생각하는 상태를 기술하는 것에 의거되는 과학이 아니다. 논리학은 전제와 결론간의 객관적 관계인 필연적 관련성을 토대로 하는 추리의 법칙을 연구하는 과학이다.

논리학은, 협의로 정의를 내린다면, 명제간의 필연적 관련성을 연구하는 과학이라고 할 수 있을 것이고, 광의로 정의를 내린다면, 여러 가지 명료한 전제에서 결론을 끌어내는 모든 연역적 귀납적 '추리의 과학 *the science of reasoning*'이라고 할 수 있을 것이다.

논리학은 추리를 연구한다. 추리는 정신 능력의 여러 가지 작용 중의 하나인 특수한 작용이다. 전제에서 정당한 결론을 끌어내는 작용이다. 즉 전제 속에 내포되어 있는 것을 분명하게 하는 작용이다. 그러므로 논리학은 추리 작용을 개량하는 기술이요, 이러한 제기술의 제조건을 연구하는 과학이라고도 한다.

심리학이 사고의 자연적 법칙을 연구하는 것인 데 대하여, 논리학은 사고의 규범적 법칙을 연구하는 과학이다. 규범적 법칙을 연구하는 학문으로는 논리학 이외에 윤리학과 미학이 있다. 그러나 윤리학은 선(善)의 이상에 도달하기 위하여 지킬 법칙을 연구하며, 미학은 미의 이상에 도달하기 위하여 지킬 법칙을 연구하는 데 대하여, 논리학은 진(眞)의 이상에 도달하기 위하여 지킬 법칙을 연구하는 규범과학이다.

논리학은 사고의 논리적 법칙, 즉 추리의 법칙을 연구하는 것이라고 하였다. 추리는 사고의 일종으로서, 개념과 판단에 관한 사고라고 할 수 있다. 이 개념과 판단에 관한 사고, 즉 추리에 관한 법칙을 연구하는 데에 논리학의 특징이 있다. 논리학은 이렇게 추리의 필연적 법칙을 연구하는 규범과학인 동시에 또한 과학적 방법을 연구하는 과학이다. 어떠한 과학이라도 그것이 과학으로서 성립되려면, 반드시 논리학을 근거로 한다. 어떠한 과학이라도 논리적 모순을 포함하고 있거나, 과학적 방법을 무시하고 성립될 수 없다. 그러므로 논리학을 '과학의 과학'이라고 칭하고 있다.

상술한 정의를 토대로 고찰하여볼 때에 논리학의 임무는 명확하다.

(1) 적극적으로는 객관적 필연적 관련성에 의거하여, 타당한 추리를 하는 데 필요한 제표준과 제규칙을 밝히며, 소극적으로는 추리의 오류를 정정하는 임무를 가진다. 따라서 정확한 사고를 하려면, 특히 정당한 추리를 하려면 반드시 논리학을 배워야한다.

(2) 논리학은 또한 학문의 과학적 연구 방법을 연구하는 것을 임무로 한다. 과학적 연구 방법은 발견과 발명의 도구이다. 과학적 연구 방법을 통하여 연구하는 데서 비로소 우리는 과학적 성과를 충분히 거둘 수 있을 것이다. 논리학은 모든 학문에 대한 그 연구 방법과 체계적 조직법을 연구한다. 따라서 무엇을 연구하려는 사람은, 먼저 누구나 논리학을 배울 필요가 있다.

재래(在來)에는 논리학의 성립 근거를 형이상학에서 구했는데, 현대에는 논리학의 독립성을 주장하여, 논리학은 형이상학이 없이 성립될 수 있다는 것을 증명하고 있다. 논리학은 순전

히 사고의 추리 작용을 연구하는 것으로서 추리 작용은 존재를
전제로 하지 아니하고도 성립될 수 있는 까닭이다. 논리학이 수
학과 같은 형식과학으로서 형이상학에서 독립하여 발달하게 된
것은 수학적 논리학이 성립되게 된 이래의 사실이었다. 논리학
은 기호를 사용하여, 수학적이요 형식적인 것이 되는 데서 혁명
적인 발전을 보게 되었다.

2. 논리학의 약사

논리학의 조상은 엘레아 학파의 학적 창시자인 파르메니데스
Parmenides(541/0 B.C.~?)였다. 그의 제자 제논Zenon(504/0
B.C.~?)은 변증법의 발견자로서, 잡다(雜多)와 운동의 두 개념
이 실재하지 아니함을 논증하려고 하였다. 그 후 궤변파들로 인
하여 변증법이 많이 연구되어, 논리적 사상은 크게 진보되었다.
소크라테스Sokrates(470/69 B.C.~400/399 B.C.)는 문답법에
의하여 개념의 의의를 밝혔으며, 그의 제자 플라톤Platon(427
B.C.~347 B.C.)은 개념의 분류법을 논하여 논리학 발달에 많은
공헌을 하였다. 그러나 고대에 있어서, 논리학의 최대 학자는
아리스토텔레스 Aristoteles(384/3 B.C.~322/1 B.C.)였다. 그는
논리학을 하나의 조직적인 학문으로 한 최초의 학자였다. 그의
저서『오르가논 *Organon*』은 현재 존재하는 유명한 논리학서이
다. 이것을『오르가논』이라고 부르는 까닭은, 그의 논리학에
관한 논문인 범주론, 해석론, 분석론 전후서(前後書), 변증론,
궤변론 등의 제편을 후세의 학자들이 편찬하여『오르가논』이라
고 이름을 붙인 데서 유래한 것이다.
　중세기로 내려와서 스콜라 철학 시대에는 스콜라 철학자들이

기독교의 교리를 희랍 철학으로 증명하려고 노력하여, 아리스토
텔레스의 논리학 중 형식 논리학이 존중되었고, 특히 그의 분석
론이 많이 연구되었다. 그러나 일반적으로 아리스토텔레스의 논
리를 노예적으로 신봉한 결과, 특기할 새로운 연구는 없었다.

근세 초기에 이르러 자연과학이 발달됨에 따라, 재래의 형식
적인 연역 추리에 불만을 느끼어, 영국의 프란시스 베이컨
Francis Bacon(1561~1626)은 『노붐 오르가논 *Novum Orga-
non*』을 저술하여, 귀납적 논리를 주장하여 과학 연구의 방법을
설명하였다.

베이컨의 정신은 로크 Locke(1632~1704)에 계승되어 『인
간 오성론 *Essay Concerning Human Understanding*』(1690)
의 저술을 보게 되었고, 그의 영향을 받은 칸트 Kant(1724~
1804)는 보통 논리학과 선험적 논리학을 구별하였다. 헤겔 Hegel
(1770~1831)은, 칸트가 사고의 형식과 내용을 구별하여 인식
과 실재를 분리시킨 데 반대하여, 형식과 내용은 같이 고찰하여
야 하고, 인식과 실재는 동일하다고 하여, 형이상학과 논리학을
동일시하였다.

19세기에 들어와, 영국에서는 과학 연구의 방법에 관한 저서
로서, 허셜 Herschel(1792~1871)은 『자연사 연구론 *Discourse
on the Study of Natural History*』(1832)을 저술했고, 휘웰
Whewell(1794~1866)은 『귀납적 과학사 *History of the Induc-
tive Science*』(1837)를 저술하였는데, 존 스튜어트 밀 John Stu-
art Mill(1806~1873)은 이 두 저자에게 자극을 받아, 1843년에
유명한 『논리학 체계 *System of Logic*』를 출판하였다.

19세기에 이르러, 독일에서는 1873~1878년에 지그바르트
Sigwart(1830~1904)의 『논리학』이 출판되었고, 1880~1883
년에는 분트 W. Wundt(1832~1920)의 『논리학』 3권이 완성되

었다.

현대에 와서 종래의 논리학에 반성을 가하여, 새로운 방향을 지시하는 연구가 많은데, 특히 후설 Husserl(1859~1938)의 『논리적 연구 *Logische Untersuchungen*』(1900~1901) 2권 3부와, 그리고 『형식논리학과 선험논리학 *Formal und transzendentale Logic*』(1929), 팬더 A. Pfänder(1870~1941)의 『논리학 *Logik*』(1921), 로스키 N. Losskij(1870~   )의 『논리학 *Logik*』(1921), 호네커 M. Honecker(1888~   )의 『대상 논리와 사유 논리 *Gegenstandslogik und Denklogik*』(1921)와 『논리학 *Logik*』(1927), 파울러 A. von Pauler(1876~1933)의 『논리학 *Logik*』(1929) 등은 모두 저명한 연구이다.

특히 현대에 있어서 주목할 점은, 종래의 아리스토텔레스식의 고전 논리학에 대하여 현대 논리학이 발달된 점이다. 현대 논리학은 수학적 논리학 *Mathematical Logic*, 기호 논리학 *Symbolic Logic*, 로지스틱 *Logistic*, 대수학적 논리학 *Algebra of Logic*, 정밀 논리학 *Exact Logic*, 연역적 논리학 *Deductive Logic*, 형식 논리학 *Formal Logic* 등 여러 가지 이름으로 불려지고 있다. 현대 논리학의 특징은, 문자 대신에 기호를 사용하는 데서, 종래의 논리학이 이해할 수 없었던 복잡한 구조를 분석함으로써 세밀하게 추리할 수 있는 점과, 또한 종래의 논리학이 생각하지 못하였던 새로운 분야를 열어서 논리학의 범위를 넓힌 점과, 그리고 이렇게 기호를 사용하는 데서 다른 정밀과학, 즉 수학 같은 과학과 새로운 밀접한 관계를 맺게 된 점에 있다.

신논리학, 즉 현대 논리학은 고전적 논리학에 비하여서 우수한 점이 많다. 우선 신논리학은 그 기초가 튼튼하며, 논리학을 발전시키는 데 사용하는 방법이 비교적 완전하다. 그 이유는 논리학에 수학적 개념을 응용하여 기호와 정밀한 방법을 사용하는 까닭이다. 그리고 신논리학으로 인하여 논리학의 개념과 추리 내용이 훨씬 풍부하게 되었다. 그리하여 고전적 논리학은 신논리학의 일부분에 불과하게 되었다. 신논리학이 수학적 방법을 사용하는 데서, 수학과 밀접한 관계를 맺게 되었다는 점은 이미 말하였다. 신논리학이 발전되는 데서, 논리학은 정밀과학으로서 혁신적 발전을 보게 되었고, 프레게-러셀 학설 *Frege-Russell Doctrine* 이 출현되어, 모든 수학을 논리학에로 환원시킬 수 있다는 것을 주장하게 되었다. 이리하여, 수학은 논리학의 일분과라고 생각하게 되었다.

이 현대 논리학의 기원은 라이프니츠 Leibniz(1646~1716)에게까지 소급된다. 라이프니츠는 보편적 과학적 술어 *character-istica universalis* 와 추리의 계산법 *calculus ratiocinator* 의 두 방법을 사용하여, 모든 과학을 혁신시키고자 하였었다. 그리하여 현대 논리학의 최초의 분명한 생각은, 라이프니츠에 의하여 구성되었다.

그러나 현대 논리학의 최초의 결실은 영국에서 1825년부터 1850년에 이르는 동안에 보게 되었다. 이에 있어 크게 공헌한 사람은 아우구스투스 드 모르간 Augustus de Morgan(1806~1876)과 조지 불 George Boole(1815~1864)이었다.

드 모르간은 수학의 분석에 있어서 가장 중요한 관계 *relation* 에 관한 연구를 논리의 분야로 끌어들인 최초의 학자이며, 『형식 논리학 *Formal Logic; or, the Calculus of Inference, Necessary and Probable*』(1847)과 『논리의 신체계 강요 *Syllabus of a Proposed System of Logic*』(1860)의 두 저서를 출판하여 현대 논리학의 창시자의 한 사람이 되었다.

현대 논리학의 다른 창시자의 한 사람은 수학자 조지 불이다. 조지 불은 19세기의 대수학적 논리학과, 그것을 통한 현대 기호 논리학을 창시한 사람으로서, 그의 『논리학의 수학적 분석 *Mathematical Analysis of Logic*』(1847)과 『사고 법칙의 연구 *An Investigation of Laws of Thought*』(1854)는 현대 논리학 발달에 큰 공헌을 하였다.

불의 계승자 중, 제번스 W. S. Jevons(1835~1882)와 퍼스 C. S. Peirce(1839~1914)는 새로운 연구를 하여, 현대 논리학의 내용을 풍부하게 만들었다. 제번스는 『순수 논리학 *Pure Logic or the Logic of Quality Apart from Quantity*』(1864)를 발간하였고, 퍼스는 '대수학적 논리학'("On the Algebra of Logic," *American Journal of Mathematics*, Ⅲ〔1880〕, 15~57; "On the Algebra of Logic; a Contribution to the Philosophy of Notation," *American Journal of Mathematics*, Ⅶ〔1885〕, 180~202)에 관한 제논문을 발표하였다. 『대논리학 *The Grand Logic*』(사후 출판)과 『기회와 사랑과 논리 *Chance, Love and Logic*』(1923, Morris R. Cohen 편집)는 퍼스의 논리학에 관한 저서이다.

에른스트 슈뢰더 Ernst Schröder(1841~1902)는 선험자들의 제연구를 종합하고 보충하여, 『대수적 논리학 강의 *Vorlesungen über die Algebra der Logik*』(3 Bde., 1890~1895)를 출판하였다. 슈뢰더는 관계의 대수를 포함하는 불 이후의 대수적 논리학의 모든 성과를 체계적으로 조직화시켰다. 이 체계를 '불-슈뢰더 체계'라고 부른다.

프레게 F. L. Gottlob Frege(1848~1925)는 독일의 수학자요 논리학자로, 당대에는 인정을 받지 못했으나, 오늘에 와서는 19세기의 최대의 논리학자로 불 다음가는 기호 논리학의 창설자로 인정받고 있다. 프레게는 『개념론 *Begriffschrift*』(1879)과 『산술의 기본 법칙 *Grundgesetze der Arithmetik*』(1893~1903)

등의 저술로써 현대 논리학에 공헌한 바 크다.

이탈리아의 수학자 페아노 Giuseppe Peano(1858~1932)는 수학적 논리학의 발달에 있어서, 낡은 대수적 논리학으로부터 새로운 방향으로 발전시키는 과도적 소임을 하였다. 동료와 함께 쓴 『수학의 정칙서(定則書) *Formulaire de mathématiques*』(1895~1908)에서, 그는 모든 수학을 기호적 관념으로 환원시켜, 논리적 관념으로 수학을 해석하려고 노력하였다. 그리하여 그의 많은 논리적 관념이 아직도 사용되고 있다.

대 논리학은, 화이트헤드 A. N. Whitehead(1861~1947)와 러셀(1872~1970)의 공저인 『프린치피아 마테마티카 *Principia Mathematica*』(3 vlos., 1910~1913)의 출현으로 인하여 혁신적 발전을 보게 되었다. 『프린치파아』는 페아노의 『정칙서 *Formulaire*』와 동일한 방향을 더욱 깊이 들어갔다. 수학의 분석은 더욱 광범위하게 시험이 되었고, 수학과 논리학의 관계는 더욱 밀접하다는 것을 증명하게 되었다. 모든 수학적 진리는 논리학적 진리에서 나오는 것이라는 것을 증명하였다. 바꾸어 말하면, 순수 수학은 논리학에서 끌어낼 수 있다는 것이다. 이리하여 프린치피아는 현대 논리학을 연구하려는 학도와, 수학의 기초를 세우려는 학도와, 과학의 철학을 연구하려는 학도의 필독서로 되어 있다.

힐베르트 David Hilbert(1862~1943)는 독일의 수학자로, 아케르만 Ackermann과 함께 『논리학 강요 *Grundzüge der theoretischen Logik*』(1928), 베르네이 P. Bernays(1888~　)와 함께 『수학의 기초 *Grundlagen der Mathematik*』(1934~1939)를 발간하였다. 힐베르트는 여기에서 수학을 건설하는 새로운 방법으로, 논리적 계산 *logical calculus*을 사용하였다.

최근에 와서 셰퍼 H. M. Sheffer 는 「불의 대수를 위한 5개의 독립적 전제 A Set of Five Independent Postulates for Boolean Algebras」(etc., *Transactions of the American Mathematical Society,* XIV〔1913〕, 481~88)라는 논문에서, 니코드 Nicod, J. 는「논리의 기본 전제의 수 A Reduction in the Number of the Primitive Propositions of Logic」(*Proceedings of the Cambridge Philosophical Society,* XIX〔1916〕, 32~42)라는 논문에서, 『프린치피아』에 있는 2개의 부정 이념(不定理念)과 5개의 기본 전제를, 각각 1개의 부정 이념과 1개의 기본 전제로 환원시켰다.

비트겐슈타인 Wittgenstein(1889~1951)은 『논리적 철학 논고 *Tractatus Logico-Philosophicus*』(1922)를 발표하였는데, 그는 언어의 연구의 중요성을 강조하였고, 논리적 진리 자체의 성질을 구명하는 데 노력하였다. 그리하여 수학의 논리에 대한 관계에서, 수학적 진리는 논리적 진리와 같이 자명적인 것이라는 결론을 얻었다.

이 이외에 루카시에비치 J. Lukasiewicz(1878~1956), 타르스키 Tarski(1902~   ), 카르나프 Carnap(1891~1970), 라이헨바흐 Hans Reichenbach(1891~1953), 네이겔 Ernest Nagel(1901~   ), 콰인 Willard Van Orman Quine(1908~   ) 등은 현대 논리학계의 쟁쟁한 학자들이다.

제 1 부
원 리 론

　원리론에서는 가치 있는 사고 작용을 위한 원리와 법칙과 규칙 등을 연구한다. 사고 작용은 개념을 만들고, 판단을 하여 명제를 만들고, 명제와 명제의 관계에서 새로운 명제를 끌어내는 추리를 하는 3부분으로 분석할 수 있다. 그러므로 개념, 판단, 추리의 성립과 종류 등을 논하고, 개념과 판단의 성립과, 추리에 관한 규칙과 법칙 등을 논한다.

　이 원리론은 정밀과학으로서의 형식 논리학을 다루게 되므로, 자연히 연역적 추리 *Deduction* 에 치중하게 된다. 귀납적 추리 *Induction* 는 베이컨의 『노붐 오르가논 *Novum Organon*』의 출현으로 인하여 근세에 와서 재래의 논리에 추가된 것이다. 그러나 귀납적 추리의 필요성은 연역적 추리에 못지아니하게 중요하므로, 이 원리론에서 동시에 다루고자 한다.

　그리고 현대의 수학적 논리학(기호 논리학)의 혁신적 발전이 논리학의 발전에 놀랄 만한 공헌을 한 까닭에, 일반 논리학과 기호 논리학을 함께 다루어 이 원리론을 일반 논리편과 기호 논리편으로 나누어 서술하고자 한다.

　사고의 논리적 작용의 규칙을 연구하여, 정확한 사고와 논증을 할 수 있게 하고, 정당한 추리를 하는 데서 새로운 진리를 발견할 수 있게 하고, 또한 이 형식 논리를 응용하여, 과학적 연구법을 사용하는 데서, 자연계와 정신계의 새로운 자료를 다루어, 새로운 발명과 발견을 할 수 있게 하려는 데 이 원리론의 사명이 있다.

제 1 편

일반 논리

1. 사고의 근본 원리

논리학을 종래에는 '사고의 제법칙 *Laws of Thought*'을 연구하는 과학이라 정의했고, 그리고 특히 세 가지 기본적 법칙, 즉 3 원리 *principle* 를 타당한 사고의 필연적이고 충분한 조건으로 생각했다. 3 원리란, '동일률' '모순율' '배중률'을 가리킨다. 여기에 '충족 이유율'을 더하여 4 원리를 생각하기도 한다. 이 제원리는 명제의 본질적 논리적 성질을 말하는 것으로, 이것이 원리의 전부는 아니다. 이 밖에 토톨러지 *Tautology*(恒眞)의 원리, 3단 논법의 원리 *The Principles of the Syllogism*, 단순화의 원리 *The Principle of Simplification* 등 많은 원리가 있다. 위의 3 원리를 근본적으로 보는 것은, 다른 모든 논리적 원리가 논리적 과정을 밟아서, 이 3원리로부터 연역된다고 생각했기 때문이다. 그러나 소위 이 사고의 3원리는 모든 다른 논리적 원리를 연역할 수 있는 충분한 근거가 못 된다. 이것은 명제의 진위표 구성을 지배하는 기본 원리로 생각할 수 있을 것이다.

그러나, 고전 논리학에서는 위의 4원리를 사고의 원리로 다루어온 까닭에, 여기에서도 그 성질과 종래의 비판 등을 고찰하며 세론해보고자 한다.

Ⅰ. 동일률

동일률 *The Principle of Identity; Satz von der Identität; Principium identitatis* 은 라이프니츠가 논리학상의 공리로 인정한 원리이다. 그러나, 이 원리는 파르메니데스(520 B.C.) 때에 이미 시사되었었다.

'갑(甲)은 갑이다.'
'사람이면 사람이다.' ($a \supset a$)
'모든 것은 그 자신과 동일하다.'
'만일 어떤 것이 A면, 그것은 A이다.'
(If anything is A, it is A.)
'어떤 명제가 진(眞)이면, 그것은 진이다.'
(If any proposition is true, it is true. $P \supset P$)

이렇게 여러 가지 명제로 표현할 수 있는 공리이다.

'사람은 사람이다' 할 때의 사람은, 사람인 이상, 사람이라고 할 수 있는 사람의 본질이 있어, 사람이 자라고 늙는 데 따라 변화할지라도, 그 본질은 절대로 동일하여, 불변하다고 생각하는 데에 동일률의 의의가 있다.

'갑은 갑이다' 할 때에 주개념과 빈개념은 동일한 것을 말하는 것이 아니다. 만일 그렇다면, 그것은 동어반복에 불과할 것이다. 그러므로 '갑은 갑이다' 할 때의 두 갑은 그 본질에 있어서 동일하다는 것을 의미한다.

우리의 사고는, 모두 변화하는 것에서 불변하는 것을 인정하고, 복잡한 것의 통일을 인정하고, 유동하는 것에서 부동하는 것을 인정함으로써 성립된다. 만일 모든 것이 그 자체와 동일하다는 동일률을 부인한다면, 긍정 판단과 긍정 추리는 성립될 수 없을 것이다. ‘어느 판단이나 그것이 참이면, 그것은 참이다’ 또는 ‘어느 추리나 그것이 참이면, 그 추리는 참이다’라는 공리 밑에서 모든 사고는 진행된다.

동일률은 이와 같이 본질의 자기 동일성을 주장하는 것이다. 내용에 있어서는 변화할지라도 형식에 있어서는 불변한다는 것을 인정함으로써 사유는 가능하다. 긍정 판단을 할 수 있고, 긍정 추리를 할 수 있는 것은, 이 동일률에 입각하여 가능하다.

그러나, 동일률이 보편적으로 진이라는 점에 대하여 반대가 있다. 그 이유는, 한 명제가 어떤 때에는 진이 되고, 어떤 때에는 위(僞)가 된다는 것이다. 사실은 항상 변하므로, 동일률에 입각한 명제는 항상 진리가 될 수 없다는 것이다. 예를 들면, ‘날이 맑다’라는 명제는, 날이 맑은 날에는 참되나, 흐리거나 비가 내리는 날에는 거짓되다는 것이다. 그러나 이 진술은 불완전한 진술로, 때와 곳을 넣어, ‘1959년 7월 8일의 서울은 날이 맑다’라고 한다면, 참되거나 거짓되거나 둘 중의 하나가 될 것으로, 참이면 언제나 참일 것이고, 거짓이면 언제나 거짓일 것이다. 그러므로 완전한 진술로 한다면, 사실에 관해서 말한 진술의 진은 진으로, 언제나 변함이 없게 된다.

동일률은, 사실의 변천과 상관없이, 명제에 관하여 항상 적용되는 원리라고 할 수 있다. 진은 진으로서 동일하고, 위는 위로서 동일하다는 동일률, 즉 ‘P⊃P’의 형식의 모든 진술은 참이라는 것을 주장하는 원리로 보는 것이 타당할 것이다.

II. 모순율

모순율 *The Principle of Contradiction; Satz vom Wider-*

spruch; *Principium contradictionis*은 동일률의 반대 측면을 말하는 원리로, 아리스토텔레스에게서도 찾아볼 수 있으나, 공리로 인정한 것은 라이프니츠였다. 동일률이 긍정적 사고의 기초가 된다면, 이 모순율은 부정적 사고의 기초가 된다. 모순율은 모순된 사고를 인정하지 아니하는 원리이다. 만일 모순된 생각을 인정한다면, 우리의 사고 생활은 혼돈되어서, 서로 사상을 교환할 수 없을 것이다.

모순율은 다음과 같은 명제로써 표현할 수 있다.

'갑은 비갑(非甲)이 아니다.'
'사람은 사람 아닌 것이 아니다.' '$-(a \cdot \bar{a})$'
'모든 것은 그 자신과 동일하지 아니한 것이 아니다.'
'A이면서 동시에 A 아닌 것은 없다.'
(Nothing can be A and not A)
'어느 명제도 동시에 진이며 위일 수는 없다.'
(No proposition can be both true and false. $\sim(P \cdot \sim P)$)

이와 같은 여러 가지 명제로 표현할 수 있는 공리(公理)이다.

만일, 갑(甲)을 비갑(非甲)이거나, 사람을 사람 아닌 것으로 생각한다면, 그것은 모순된 생각이다. 이러한 모순된 생각은 바른 생각을 하는 데 장해가 되므로, 사고에 있어서 인정하지 아니하고 배척한다. 그리고 이 법칙을 모순율이라고 한다.

같은 장소와 같은 시간과 같은 관계에 있어서, 같은 사물에 대하여, 같은 사실을 긍정하면서 또한 부정할 수는 없다. 예를 들면, 문을 일단 나갔다가 들어오는 것은 생각할 수 있으나, 동시에 나가고 들어오고 하는 것은 생각할 수 없다. 기차를 탔다가 내리고, 내렸다가 탈 수는 있으나, 동시에 타고 내리고 할

수는 없다. 그럼에도 불구하고, 이러한 생각을 한다면, 그것은
모순된 생각이요, 사실과 어긋나는 생각으로서, 잘못된 생각이
다. 모순은 이와 같이 비논리적이므로, 모순이 없어야 하는 것
이 사유의 필수 조건이다. 그러므로, 사유에 있어서 모순된 사
유를 인정하지 아니하려는 데에 이 원리의 의의가 있다.

　모순율은 이와 같이 모순된 명제를 배척하지만, 모순된 두 명
제는 시간과 장소를 달리한다면, 모두 참일 수 있다. 예를 들
면, '그 사람은 학생이다' 하는 명제와 '그 사람은 학생이 아니
다' 하는 두 명제는 서로 모순되지만, 시일이 흐르고 장소가 변
하는 데 따라서, 두 명제는 같은 사람에게 있어서 모두 참일 수
있다. 그러나, 같은 때와 같은 곳에서는 결코 두 명제가 같이
참일 수 없다. 그러므로, 모순된 두 명제는 언제나 모순되는 것
이 아니고, 시일과 장소를 달리하여 생각하면 모순이 해결되기
도 한다. 그러나 같은 때와 같은 곳에서 생긴 일을 말하는 모순
된 두 명제는 하나만이 참이고, 다른 것은 거짓이다. '오늘은
1952년 7월 10일이다' 하는 명제와 '오늘은 1952년 7월 10일
이 아니다' 하는 두 명제는, 어느 하나만이 참이고, 다른 것은
거짓이다. '칸트는 1724년 4월 22일에 났다' 하는 명제와 '칸
트는 1724년 4월 22일에 나지 아니하였다' 하는, 두 모순된
명제는 둘이 다 참일 수 없으며, 또한 하나는 영원히 참이고,
다른 것은 영원히 잘못이다. 이와 같이 일반적인 모순된 두 명
제는 때와 장소에 따라서 참도 되고 거짓도 될 때가 있으나, 특
수적인 모순된 두 명제는 진위가 결정되는 것으로 두 명제가 같
이 인정될 수 없다. 다시 말하면, 특수적인 모순된 두 명제는,
그 중 어느 하나만이 진이고 다른 것은 위이다.

　이 모순율에 대하여서도, 종래에 헤겔 학자들과 마르크스주의
학자들, 그리고 일반적 시맨티스트 *Semantist* 들에 의하여 비판

되어왔으나, 모두 모순율을 오해한 데서 기인되었음이 밝혀졌다.

먼저 위의 예에서 '그 사람은 학생이다'와 '그 사람은 학생이 아니다'의 두 모순된 명제는 동일률에서 말한 바와 같이, 때와 곳을 넣어 완전한 진술을 하는 데에서 두 명제 중의 하나만이 진이고 다른 것은 위가 되게 된다. 그리하여, 두 모순된 명제가 동시에 성립된다는 모순을 피할 수 있다.

다음에 궤변에 의하여 모순을 인정하는 데서 모순율이 성립될 수 없다고 비판한 데 대하여서는 유형론 *Theory of Types* 으로써 그 모순을 풀 수 있기 때문에, 역시 모순율이 성립됨을 증명하게 되었다.

헤겔 학파와 마르크스주의자들은 모순 또는 상극되는 힘이 작용하는 환경이 있다고 하여 모순율을 비판하였다. 역학적·사회적·경제적 현상의 영역에 상극되는 힘이 작용하는 것은 사실이다. 그러나, 그것은 모순율에서 말하는 모순이라는 말과는 구별해야 한다. 가령, 경제 현상에서 자본주와 노동자가 서로 이해 상반으로 충돌된다고 할지라도, 그것은 상대방이 부정되거나 서로 모순된다고는 말할 수 없다. 모순율에서 사용되는 모순이라는 개념은, 한 명제가 동시에 진과 위가 될 수 없다는 것이다. 이러한 의미에서 이해된다면, 모순율은 부인될 수 없으며 완전히 옳다.

Ⅲ. 배중률

배중률 *The Principle of Excluded Middle; Satz vom ausgeschlossenen Dritten; Principium exclusi terti* 은 일찍이 플라톤과 아리스토텔레스가 인정한 원리인데, 두 개의 모순된 판단은 그 사이에 제 3 판단을 용납할 수 없다는 원리이다. 다시 말하자면, 중간을 배척하고 둘 중의 어느 하나를 진으로 선택하게 하는 원리이다. 예를 들면, 아래와 같은 것이다.

'갑은 갑이든가, 또는 갑이 아니든가이다.'
'사람은 사람이든가, 또는 사람이 아니든가이다.'
'직선은 직선이든가, 또는 직선이 아니든가이다.'
'어느 명제나 진이든가 위이든가이어야 한다.'
(Any proposition must be either true or false. P∨∼P)

이와 같이 배중률은, 서로 모순되는 두 개의 판단은 둘 중 하나만이 진일 뿐 아니라, 또한 두 판단 사이에 또다시 다른 판단이 있을 수 없다는 원리이다.

모순되는 두 개의 판단 사이에 다른 판단이 있을 수 없다는 이 배중률에 관하여, 그것이 가능하다고 생각할 사람이 있을는지도 모른다. 가령, 'A는 B보다 나이가 많다'와 'A는 B보다 나이가 적다'고 하는 두 명제에 있어서, 'A는 B와 동갑'이라는 제3 명제가 가능하다고 생각하는 사람이 있을는지 모른다. 그러나 이 두 명제는 애초에 모순되는 명제가 아니고 반대되는 명제이다. 'A는 B보다 나이가 많다'의 모순 명제는 'A는 B보다 나이가 많지 않다'이다. 동갑은 나이가 많지 않은 속에 들 것은 물론이다. 모순 명제는 양적 차이에서 성립되는 것이 아니고, 질적 차이에서 성립된다.

또 가령 어떤 사람이 '사물은 항상 변하고 있다. 그러므로 명제의 진위의 선을 긋기 어려우므로 배중률은 적용하기 힘들다'고 주장한다고 하자. 실례를 들어 설명하면, 'A는 성숙되었다'와 'A는 성숙되지 못하였다'고 하는 두 명제를 미성숙기에서 성숙기로 바로 넘어가고 있는 A에다가 적용시켜서 진위를 판단하기는 어렵다고 주장한다고 하자. 그러나 이것은 사물의 변천으로, 어느 판단을 적용시켜야 할지 선택이 곤란할 뿐이지, 원리 그 자체를 부인하는 것은 아니다.

그리고 어떤 사람은 진도 위도 아닌, 무의미한 제 3 의 명제를 생각할 것이나, 무의미한 명제에는 배중률을 적용시킬 필요가 없다. 그것은 원리는 진위를 판단하는 것에 사용되고, 무의미한 것에는 사용한다고 할지라도 무의미한 까닭이다.

배중률은 동일률과 모순율의 결합에서 생기는 원리로서, 우리가 선언적 판단과 선언적 추리를 하는 것은, 이 원리를 기초로 하여 하는 것이다.

상술한 동일률과 모순율과 배중률을 기호로 표시하면 다음과 같다.

동일률 $A=A$; $P \supset P$
모순율 $A \sim A=0$; $\sim(P \cdot \sim P)$
배중률 $A+\sim A=1$; $P \vee \sim P$

동일률에 $A=A$는 A는 A와 같다는 것을 말하는 것이고, $P \supset P$는 만일 P면 P라는 것을 표시한다.

모순율의 $A \sim A=0$은, A와 $\sim A$의 두 가지가 동시에 될 수 있는 것은 전혀 없다는 것이다. $\sim(P \cdot \sim P)$는 P면서 $\sim P$인 것은 없다는 것을 표시한다.

배중률의 $A+\sim A=1$은 세계에 있는 모든 개체는 A나 $\sim A$ 중의 하나라는 것이다. $P \vee \sim P$는 모든 명제는 P거나 $\sim P$거나 둘 중의 하나라는 것을 표시한 것이다.

Ⅳ. 충족 이유율

이유율(理由律) *The Principle of Sufficient Reason; Satz von Zureichenden Grunde; Principium rationis sufficients* 은 라이프니츠가 처음에 원리로 주장한 것으로, 중세의 스콜라 철학자들 사이에는 '원인 없이는 아무것도 없다 *Nihil sine causa*'라고 하는 명제로 표시하였다. 모든 것은 충분한 근거를 가지고 있다는 것이다. 원인 없는 결과는 없고, 이유 없는 귀결은 없다는 것이다.

'모든 것은 그러할 충분한 근거가 있다.'

'우리의 사고는 항상 반드시 충분한 이유를 가지고 있다.'

이러한 명제로 표현할 수 있는 원리이다.

라이프니츠는 이유율을

(1) 물(物)의 존재의 충족 근거와

(2) 물의 생기의 충족 근거와

(3) 진리 성립의 충족 근거가 되는

세 가지의 이유율을 구별하였다.

물건이 있는 것은 있을 원인이 있어서 있는 것이고, 물건이 생기고 없어지고 하여 만물이 변화되는 것은 변화될 원인이 있어서 되는 것이고, 진리가 성립되는 것은 진리가 성립될 이유가 있어서 성립되는 것으로, 세상에 이유 없는 일은 하나도 없다는 것이다.

쇼펜하우어 Schopenhauer(1788~1860)는 이유율을

(1) 변화에 관한 충족 이유율

(2) 인식에 관한 충족 이유율

(3) 존재에 관한 충족 이유율

(4) 행위에 관한 충족 이유율

의 네 가지로 구분하였다. 첫째는 물리적 이유의 법칙으로서, 모든 현상은 충분한 이유를 가지고 있다는 것이고, 둘째는 논리적 이유의 물리 법칙으로, 모든 논리 현상과 인식 관계는 충분한 이유를 가지고 있다는 것이고, 셋째는 수학적 이유의 법칙으로, 수적으로 존재하는 것은 그렇게 존재할 이유를 가지고 있다는 것이고, 넷째는 행위적 이유의 법칙으로, 인간이 행위하는 것은 모두 이유가 있어서 그렇게 행위하고 있다는 것이다.

이렇게 물질계와 정신계를 막론하고, 모든 것에는 그 이유가 있다고 라이프니츠와 쇼펜하우어는 생각하였다.

논리상의 충족 이유율은, 모든 사고는 단독으로 고립하여 있는 것이 아니라, 다른 사고와 관련을 가지고 있어, 사고는 반드시 그렇게 사고할 이유가 있어야 하며, 또한 그 이유는 귀결을 가지고 있다는 것을 말하는 것이다. 그러므로 충족 이유율을 관련의 원리라고 말하는 학자도 있다.

가언적 판단과 가언적 추리는 이 이유율을 근거로 하여 성립된다.

상술한 원리는 고전 논리학에서는 논리의 공리로 생각하여, 모든 다른 원리가 이것에서 연역되는 것으로 생각해왔는데, 현대에 와서는 그렇게 생각하지 아니하고, 4원리는 분배의 원리 *Principle of Distribution*, 2원성의 원리 *Principle of Duality*, 단순화의 원리 등과 동등한 위치에 서는 것으로 생각한다. 이미 언급한 바와 같이, 이 원리는 원래 명제에 관한 원리이었고, 현대 논리학에 있어서는 명제의 진위표 구성을 지배하는 기본 원리로 생각하는 것이 타당할 것이다.

2. 사고 작용

사고 작용은 개념 *Concept* 과 판단 *Judgement* 과 추리 *Inference* 의 세 가지 형태로 구분하는 것이 보통이다. 우리가 무엇을 생각할 때에는, 보통 먼저 그것을 무엇이라고 판단하게 된다. 가령, 산에 있는 돌을 보고, 그것은 돌이다, 혹은 돌이 산에 있다, 이렇게 판단을 내리게 된다. 만일 그때에 그 사람이 돌에 대한 개념이 없었다면, 돌을 보고 돌이라고 하지 못하고, 그저 무엇이 있다, 이렇게 생각하였을 것이다. 판단은 그러므로 개념으로써 구성이 된다. 정확한 개념을 가지지 못하면 정확한 판단을 내릴 수 없다. 판단은 판단에 그칠 때도 있으나, 그것을 토대로 하여 다시 추리하게 된다. 예를 들면, 산에 돌이 있다, 이 돌에 채면 발이 아플 터이니 피하여야 되겠다, 이렇게 추리하는 따위이다. 그러면 이 개념 작용과 판단 작용과 추리 작용 중에서 어느 것이 가장 중심적 내지 기본적 형태이냐 하는 데 관하여서는 학설이 일정하지 아니하다. 개념을 사고 작용의 기초적 요소로 생각하는 학자로는 가이저 J. Geyser 같은 학자가 있었으나, 근래에 와서는 소수에 불과하다.

추리를 중심적 요소로 생각하는 학자로는 스코투스 Scotus (1270~1308), 마이에르 Maier(1867~1933), 네이겔 같은 학자들을 들 수 있다.

판단을 중심적 기초적 요소로 생각하는 학자로는 예루살렘 Jerusalem(1854~1923), 리일 A. Riehl(1844~1924), 빈델반트 Windelband(1848~1915), 리케르트 Rickert(1863~1936), 바우흐 Bauch(1877~1942) 등을 들 수 있다.

상술한 바와 같이, 사고 작용은 개념과 판단과 추리의 3작용

으로써 성립된다. 판단은 개념의 결합에서 성립되며, 또한 개념
은 판단을 전제로 하여 성립된다. 추리는 판단을 전제로 하여
성립되며, 또한 추리에서 새로운 판단이 성립된다. 이렇게 사고
작용은 개념과 판단과 추리의 3작용의 상호 관계에서 성립되
는 것이므로, 어느 작용만을 중요시할 필요는 없다. 그러나, 보
통 명제가 되는 판단을 사고 작용의 기본 형태로 보며, 그리
고 규칙이 복잡하여 상당한 공부가 필요하고, 또한 새로운 지식
을 발견하는 점에서, 추리 작용을 논리학의 중심 문제로 다루게
된다.

사고 문제는 논리학의 중심 문제이며, 사고 작용의 세 형태는
논리학의 3요소가 된다. 그러므로 개념과 판단과 추리를 논리
학 연구의 3대 문제라고도 한다. 물론 논리학의 범위는 이에
그치지 아니하고, 언어 문제, 수학 문제, 방법론 문제 등 그 범
위는 넓어졌고 또한 복잡다단하게 되었다.

3. 개념론

I. 개념의 정의

개념이라는 것은 대상을 그 공통된 성질에 의하여 한 통일적
생각으로 결합시킨 관념이다. 지각과 기억과 상상에 나타나는
개체적인 표상에서 공통된 속성을 추상하여 결합시켜 언어로
만든 사상적 통일체로, 사물을 지시하는 명사(名詞)*Noun*나 구
*Phrase*는 모두 개념이다. 논리학적 술어로는 이 개념을 명사
(名辭)*Term*라고 부른다. '산'이라고 하든가, '바다'라고 하든
가, '사람'이라고 하든가, '풀'이라고 하든가, '새'라고 하는 것
은 모두 각각 그 표상의 전계열을 일반적으로 지시하는 개념을

말하는 것이다. 이상에 든 예는 모두 명사이다. '각이 셋으로 된 것'이라든가, '빛깔이 흰 것'이라든가, '그보다 크다'라든가, '모가 지다' 같은 것은 구로 된 개념이다.

개념은 이렇게 한 개 또는 여러 개의 대상을 가리키는 이름 또는 구이다. 한 개의 대상을 가리킬 때에 단독 개념 *Singular Term*이라고 부르고, 같은 종류의 여러 대상을 가리킬 때에 일반 개념이라고 부른다.

어떻든 개념, 즉 명사(名辭)는, 문장의 주개념과 빈개념을 가리키는 것으로, 사물을 지시하는 데 사용되는 명사(名詞)나 구는 모두 개념인 것이다.

모든 문장은 주어와 빈어로써 성립되는데, 이 주어와 빈어는 모두 명사이다. 그러므로 문장은 보통 두 명사와 그것을 연결시키는 계사(繫辭)로써 구성된다고 할 수 있다.

Ⅱ. 개념의 성립

개념은 사유 기능, 즉 사고 작용에 의하여, 여러 종류의 표상을 비교하여 여러 종류의 표상이 가지고 있는 공통한 속성을 추상한 후, 그것을 총괄하여 언어라는 기호를 붙이는 데서 성립된다. 가령 예를 들면, 모든 삼각형의 표상을 비교하여, 모든 삼각형이 공통적으로 삼각을 가지고 있다는 속성을 추리고, 또한 세 개의 직선으로 포위되어 있다는 속성을 추려, 그것을 모아 가지고, 삼각형이라고 이름을 지어, 삼각형의 개념을 만드는 것 같은 것이다. 이리하여 개념의 성립은 표상(1)에서 출발하여, 비교(2), 추상(3), 총괄(4), 명명(5)의 과정을 밟아 완성된다.

개념과 개념이 비교될 때에는, 동일한 순서의 과정을 밟아, 한층 추상적인 개념이 성립된다. 실례를 들면, 사람과 소와 말과 양과 범 등의 개념을 비교하여, 모두 젖을 먹여 새끼를 기르는 공통된 점을 추려가지고 포유동물이라고, 처음의 여러 개념보다 한층 추상적인 개념을 얻는 것 같은 것이다. 또는 포유동물이라는 개념과 파충류 등 다른 동물의 개념을 비교하여 그보다 더욱 추상적인 동물이라는 개념을 얻을 수 있는 것 같은 것이다. 이렇게 하여, 모든 개념의 체계를 세울 수 있다.

Ⅲ. 개념의 내포와 외연

개념은 내포 *Intension, Inhalt, Connotation* 와 외연 *Extension, Umfang, Denotation* 을 가지고 있다. 개념의 내포라는 것은 개념을 구성하는 속성의 전부를 의미하며, 개념의 외연이라는 것은 개념의 속성을 가지고 있는 개체의 종류 전체를 의미한다. 예를 들면, 삼각형의 내포라는 것은, 세 개의 직선으로 포위된 평면형을 가리키는 것이고, 그 외연이라는 것은 등변 삼각형, 부등변 삼각형, 이등변 삼각형 등 삼각형의 속성을 가지고 있는 모든 삼각형을 가리키는 따위이다. 다른 예를 든다면, 철학자의 내포는 '지혜를 사랑하는 것' '과학을 반성하는 것' 등이고, 철학자의 외연은 소크라테스, 플라톤, 칸트, 헤겔 등 모든 철학자들을 가리키는 따위이다.

개념의 내포와 외연은 분리시킬 수 없다. 개념은 반드시 내포와 외연을 가지고 있다. 그러나 내포와 외연의 관계는 서로 반대의 방향으로 증감된다. 즉 내포가 증가되면 증가될수록 외연은 감소되고, 그와 반대로 외연이 증가되면 증가될수록 내포는 감소된다.

예를 들면, 학생이라는 개념의 내포에다가, 남자라는 성질을 가하여 남학생이 되면, 그 외연은 대단히 감소된다. 거기에다가 다시금 대학생이라는 성질을 가하여, 남자 대학생이 되면, 그 외연은 더욱 감소된다. 거기에다가 다시금 문과라고 하는 성질을 가하여, 남자 문과대학생이 되면 그 외연은 다시금 더욱 감소된다. 그와 반대로, 남자 문과대학생이라는 개념에서 문과라는 내포가 감소되어 남자 대학생이 되면 그만큼 그 외연은 증가된다. 거기에서 다시금 남자라는 내포가 감소되면 그만큼 더 외연은 증가되며, 거기에서 다시금 대학생이라는 내포를 감소시키어 학생이 되면 그 외연은 더욱 증가되는 것 같은 것이다.

개념의 내포는 심리학적 내포와 논리학적 내포의 두 가지로 구별할 수 있다. 사람에 따라서 개념의 내포에 대하여 달리 생각할 수 있다. 가령 사람이라는 개념의 내포에 대하여, 어떤 사람은 '사회적 동물'이라고 생각하고, 어떤 사람은 '불을 사용하는 동물'이라고 생각하는 따위이다. 이러한 내포를 주관적 내포 혹은 심리학적 내포라고 한다. 논리적 내포라는 것은 본질적 내포를 가리키는 것이다. 본질적이라는 것은 필연적이요, 충분한 조건이 될 수 있는 것을 가리킨다. 가령, 삼각형에 있어서 세 개의 직선으로 포위된 평면형이라는 것은 삼각형에 있어서 본질적 내포이다. 따라서 논리적 내포가 된다.

개념의 외연은 개념을 적용시킬 수 있는 대상의 전종류를 가리킨다. 가령, 상이라는 개념은 밥상이거나, 책상이거나, 침상이거나를 막론하고, 모든 종류의 상을 가리키는 따위이다. 그리고 밥상이라는 개념의 외연은, 밥을 놓고 먹는 상 전부를 가리킨다. 이와 같이 개념의 외연은, 그 개념이 적용되는 범위에 속하는 모든 같은 종류를 가리킨다.

Ⅳ. 개념의 종류

개념은 분류의 표준과 입장에 따라서, 여러 가지 종류로 분류할 수 있다.

1) 대상 개념과 비대상 개념

이것은 개념의 작용에 의하여 구별한 것으로서, 개념 중에는 대상을 지시하는 개념과 그러하지 아니한 개념이 있다.

산, 사람, 꽃 같은 것은 대상 개념이고, 혹, 과, 취중(就中), 그러므로, 그리고 같은 것은 무슨 대상을 가리키지 아니하는 비대상 개념이다.

2) 순수 개념과 경험적 개념

이것은 개념의 발생의 기원에 의하여 구분한 것으로서, 순수 개념이라는 것은 경험에 의하여 얻은 개념이 아니라, 선험적으로 가지고 있는 개념을 말한다. 이 선험적 개념을 범주 *Kategorien*라고 한다. 칸트 Kant(1724~1804)는 판단의 형식에 의하여 12개의 범주를 세웠다. 예를 들면, 실체·시간·공간·질·양·관계·상태 같은 개념이다.

경험적 개념이라는 것은 경험에 의하여 얻은 개념으로서, 꽃·새·말·집 같은 개념이다.

3) 단순 개념과 복합 개념

이것은 개념의 내포에 의한 분류이다.

단순 개념은 내포가 단순한 개념으로, 존재, 성질같이 성질이 단순한 개념이다.

복합 개념이라는 것은 여러 종류의 속성이 복합하여 된 개념으로서, 동물·사람·산림·시계 같은 개념이다.

4) 단독 개념과 일반 개념

이것은 개념의 외연에 의한 분류이다.

　단독 개념이라는 것은 그 외연이 최소의 극한에 달한 개념으로서 어떤 하나만을 가리키는 개념이다. 금강산·해주·정몽주·태양 같은 개념이다.

　일반 개념이라는 것은 일반적인 개념으로서, 학교·책·산·연필 같은 여러 종류의 개체를 말하는 보통명사는 모두 일반 개념이다.

5) 구상적 개념과 추상적 개념

　이것은 개념의 대상을 구체적으로 직관할 수 있느냐 없느냐 하는 점에서 분류한 것이다.

　꽃·새·해·달·산·시냇물·풀·나무 같은 것은 구상적 개념이며, 사물의 관계·활동·성질·수 등을 가리키는 장단(長短)·용기·근면·천(千) 같은 것은 추상적·개념이다.

6) 긍정 개념과 부정 개념

　이것은 개념의 성질에 의한 분류이다.

　긍정 개념은 모두 적극적 개념을 가리키는 것으로서, 인간·유정(有情)·기정(旣定)·법·빛 같은 개념이다.

　부정 개념은 부정적인 개념으로서, 비인간·무정·미정·불법 같은 개념이다.

7) 유개념과 종개념

　이것은 두 개념의 포섭 관계에 의하여 분류한 것이다.

　유개념 *Generic Term* 이라는 것은 포섭하는 개념이고, 종개념 *Specific Term* 이라는 것은 포섭되는 개념이다.

　생물과 동물, 금속과 은의 관계에 있어서, 생물과 금속은 동물과 은에 대하여 상위에 있는 유개념이고, 동물과 은은 생물과 금속에 대하여 하위에 있는 종개념이다.

8) 반대 개념과 모순 개념

이것은 개념 상호의 관계에서 구별한 것이다.

반대 개념이라는 것은 개념이 서로 반대되는 개념으로서, 대·소, 장·단, 냉·열 같은 개념이다.

반대 개념은 두 개념이 분량 또는 정도에 있어서 서로 차이를 가지고 있는 것을 나타내는 개념이다.

모순 개념이라는 것은 한 개념이 상대의 개념을 전연 부정하여, 그 중간에 제3개념을 용납하지 아니하는 개념이다.

유기체와 무기체, 지와 무지, 유와 무, 긍정과 부정, 생과 사는 모두 서로 모순되는 모순 개념이다.

이 이외에도 개념을 여러 가지로 분류할 수 있으나, 그리 중요하지 아니하므로 생략한다.

4. 판단론

I. 판단의 성질

사고 기능에, 개념을 만드는 기능과, 판단을 하는 기능과, 추리를 하는 기능이 있다는 것은 이미 언급하였다.

개념을 만드는 데는 원시적 판단이 필요하고, 추리는 판단을 토대로 하여 성립되므로, 판단은 모든 사고 형식의 원형이라고 할 수 있다. 개념이나 추리는 결국 판단이 다른 형태로 표현된 것에 불과하다고 볼 수도 있다.

판단이 무엇이냐 하는 데 대하여서는 여러 종류의 해석이 있으나, 일반적으로 판단은 어떤 대상을 주제로 하는 어떤 상태를 표시하는 의미 형태라고 할 수 있다. 보통 판단은 두 개의 개념을 계사로써 연결하는 데서 성립된다.

종래에는 판단을 설명하여 개념을 결합하는 데서 생기는 것이라든가, 혹은 총체 표상을 분석하는 데서 생기는 것이라고 하여왔으나, 그것은 모두 판단의 본질을 설명한 것이라고 할 수 없다. 왜냐하면, 첫째로, 다만 개념이 결합된다고 하여 판단이 되는 것이 아닌 까닭이다. 판단이 되려면, 개념의 결합이 어떤 사태를 묘사하여, 한 통일을 보존하는 조직체이어야 한다. 둘째로, 또한 판단은 총체 표상의 분석으로만 성립되는 것이 아니라, 분석 이외에 종합에 의하여 성립되는 판단도 있기 때문이다. 그러므로, 판단은 개념이 결합되는 동시에 어떤 대상에 대한 주장이어야 하며, 총체 표상을 분석 또는 종합하는 데서 성립되는 것이다.

판단은 어떤 대상의 상태를 표시하는 의미 형태이기 때문에 문장의 형식으로 나타나며, 주장이 들어 있기 때문에 반드시 진이나 위가 따른다. 그러므로, 판단은 진이거나 위가 되는 서술이라고 정의할 수가 있다.

II. 판단(명제)의 분석

판단을 논리학적 술어로 명제 *Proposition* 라고 부르는데, 이 명제는 위에서 말한 바와 같이 문장 *Sentence* 의 형식으로 나타낸다. 그러나 모든 문장이 명제가 되는 것은 아니다. 명제가 되려면 그것이 진이든가 위이든가, 믿는 것이든가 아니 믿는 것이든가, 증명하는 것이든가 아니 증명하는 것이든가, 이 중의 어느 것으로, 무슨 주장이 문장 속에 포함되어 있어야 한다. 문장의 내포가 명제가 되며, 문장의 외연은 진위의 가치가 된다. 즉, 무엇을 주장하는 문장의 내용은 명제가 되며, 그 명제의 진

과 위를 따지는 것은 외연 문제에 속한다. 예컨대,

태양은 빛난다.
그 사람은 꼭 들어온다.
삼각형은 각이 셋이므로 삼각형이다.

이와 같은 예들은 모두 명제이다. 그러나 소원이나, 질문이나, 명령 같은 것을 나타내는 문장은 명제가 될 수 없다. 가령,

비가 왔으면 좋겠다!
당신은 무엇을 좋아합니까?
집으로 돌아가시오!

이와 같은 문장들은 명제가 될 수 없다.

명제는 어떤 대상을 주제로 하는 고로, 먼저 대상 개념이 요구된다. 이 대상 개념을 주개념 *Subject* 이라고 한다. 이 주개념에 결합되는 어떤 대상 개념을 빈개념 *Predicate* 이라고 한다.

명제는 적어도 이상의 두 대상 개념을 필요로 하나, 그것만으로써는 아직도 불충분하다. 왜냐하면, 주개념과 빈개념은 모두 대상 개념이기 때문이다. 그것들은 각각 그 대상을 지시하는 데 불과하다. 다만 대상 개념을 병치하는 데 그친다면, 그것은 하나의 조직적 통일체로서의 명제의 결합성을 나타내지 못한다. 그러므로, 주빈의 양개념을 결합 통일하는 연개념(連槪念) *Copula* 이 필요하다. 예를 들어 설명하면, '사람은 이성적 동물이다' 할 때에 '사람'은 주개념이고, '이성적 동물'은 빈개념이고, '이다'는 연개념이다.

명제는 형식상으로 볼 때에 이상의 세 개념을 그 요소로 하여

성립되는 의미 형태라고 생각할 수 있다. 그러나 실제에 있어서는 주개념과 빈개념과 연개념 중 어느 것이 생략될 때도 많다. 그러므로 그런 경우에는 생략된 것을 보충하여 생각하면, 명제가 더욱 명확하게 될 것이다.

Ⅲ. 판단(명제)의 분류

판단을 문장의 형식으로 나타낸 명제를 어떻게 분류하느냐 하는 문제는 단순한 문제가 아니다. 먼저 판단 분류의 대표적인 것의 하나로 칸트의 분류를 설명하고자 한다.

1) 칸트의 분류

칸트는 판단을 분량·성질·관계·양식의 네 가지로 구분하고, 그것을 각각 세 가지의 판단으로 분류하였다.

그것을 표시하면 다음과 같다.

(1) 분량 *Quantität*

전칭 판단 : 모든 갑은 을이다.

특칭 판단 : 어떤 갑은 을이다.

단칭 판단 : 갑은 을이다.

(2) 성질 *Qualität*

긍정 판단 : 갑은 을이다.

부정 판단 : 갑은 을이 아니다.

무한 판단 : 갑은 비을(非乙)이다.

(3) 관계 *Relation*

정언(定言) 판단 : 갑은 을이다.

가언(假言) 판단 : 갑이 을이면 병은 정이다.

선언(選言) 판단 : 갑은 을이든가 병이든가이다.

(4) 양식 *Modalität*

　　사실 판단: 갑은 을이다.

　　개연 판단: 갑은 을일 것이다.

　　필연 판단: 갑은 꼭 을이다.

2) 형식 논리학의 분류

(1) 판단을 양과 질에 의하여 분류하는 것은 칸트의 분류와 같다. 그러나 형식 논리학에서는, 단칭 판단은 전칭 판단에 포함시키고, 무한 판단은 긍정 판단에 포함시킨다.

그리하여, 전칭과 특칭의 양의 판단을 긍정과 부정의 질의 판단에 결합시키면, 다음과 같은 판단이 성립된다.

전칭 긍정 판단(A)

전칭 부정 판단(E)

특칭 긍정 판단(I)

특칭 부정 판단(O)

A와 I는 라틴어의 긍정 *Affirmo* 의 제 1·제 2 모음을 기호로 한 것이고, E와 O는 라틴어의 부정 *Nego* 의 제 1·제 2 모음을 기호로 한 것이다.

(2) 판단을 관계에 의하여 정언·가언·선언의 판단으로 구분하는 것은 칸트의 분류와 전연 동일하다.

(3) 판단을 양식에 의하여 구별하는 것은 어떤 점에서는 필요하다. 그러나 개연적 판단은 우리의 지식이 불확실한 데서 오는 것이므로, 사실에 대하여 확실히 조사한다면 자연히 소멸될 것이고, 필연 판단은 사실 판단을 한층 강조한 것에 불과한 것으로 보고 있다.

상술한 여러 조건을 종합하여, 형식 논리학에서 다루는 판단의 분류를 표시하면 아래와 같다.

정언적 판단 ─ 전칭 긍정 판단(A) ─ 단순 판단
전칭 부정 판단(E)
판 단 ─ 특칭 긍정 판단(I)
특칭 부정 판단(O) ─ 복합 판단

제약적 판단 ─ 가언적 판단
선언적 판단 ─ 복합 판단

정언적 판단이라는 것은 빈개념이 하등의 제한을 받지 아니하고 주개념에 대하여 판단하는 것이고, 제약적 판단이라는 것은 제약을 받는 판단을 가리킨다. 즉, 가언적 판단은 주개념과의 관계가 어떤 조건하에서 판단되는 제한을 가진 것이고, 선언적 판단이라는 것은 서로 용납되지 아니하는 몇 개의 빈개념 중 하나가 주개념에 대하여 판단되는 제한을 받는 판단이다.

3) 단순 판단과 복합 판단

단순 판단 *Simple Proposition* 은 각각 하나의 주개념·빈개념·연개념으로 되어 있는 판단이고, 복합 판단 *Compound Proposition* 은 두 개 이상의 단순 판단이 결합되어 성립된 판단이다.

복합 판단은 다음의 네 가지로 구별할 수 있다.

정언적 복합 판단(p·q)
가언적 복합 판단(p⊃q)
선언적 복합 판단(p∨q)
복합 판단 ─ 포괄적 선언적 복합 판단(p∨q)
배타적 선언적 복합 판단(p∧q)
동치적 가언적 복합 판단(p≡q)

정언적 복합 판단이란, 정언적 판단이 둘 이상 복합하여서 된 판단으로서, 예를 들면 다음과 같은 것이다.

비가 오고, 바람이 분다.
농부는 일하고, 학생은 공부한다.

이것을 기호로 표시하면 다음과 같다.

p・q

가언적 복합 판단은 가정적으로 된 두 판단의 복합 판단으로, '만일 그것이 ……면, 그것은 ……이다'의 구조로 된 복합 판단이다. 예를 들면 다음과 같은 것이다.

만일 그것이 수학책이라면, 그것은 대단히 어려울 것이다.
만일 흉년이 들면, 쌀값이 비싸진다.

이것을 기호로 표시하면 다음과 같다.

p⊃q

선언적 복합 판단에는 포괄적 선언적 복합 판단과 배타적 선언적 복합 판단의 두 가지로 구별할 수 있다.
포괄적 선언적 복합 판단이라는 것은 복합된 선언적 판단 중에서 하나가 진이거나, 둘이 다 진인 경우이다. 예를 들면,

그는 학자이거나 교수이거나이다.

시계는 시간을 보기 위하여 차거나, 장식으로 찬다.

이러한 예에서는 그 하나만이 맞을 때도 있고 둘이 동시에 맞을 때도 있다. 즉, 그는 학자이거나 교수일 수도 있으나, 동시에 학자이며 교수일 수도 있다. 학자이며 교수인 경우에 어느 하나를 선택하여도 맞을 수 있다. 이런 경우를 기호로 표시하면 다음과 같다.

p∨q

배타적 선언적 복합 판단이라는 것은, 복합된 선언적 판단 중에서 하나만이 진이고 다른 것은 위인 선언적 복합 판단이다. 예를 들면 다음과 같다.

지금은 낮이거나 밤이거나이다.
그는 살거나 죽거나이다.

이러한 선언적 복합 판단에 있어서는 선언지(選言肢)가 서로 배척하여 둘이 같이 진일 수 없는 경우이다. 이것을 기호로 표시하면 다음과 같다.

p∧q

동치적 복합 판단이란, ‘만일 무엇이 그렇다면, 꼭 무엇이 그렇다’의 형식으로 표현할 수 있는, 가언적 복합 판단에 있어서 전건과 후건이 같이 진이거나 같이 위이거나 하여, 같은 가치를 가지고 있는 경우이다. 예를 들면 다음과 같은 것이다.

만일 그것이 삼각형이면, 그것은 꼭 각이 셋이다.
만일 그것이 열의 열 배이면, 그것은 꼭 백이다.

이것을 기호로 표시하면 다음과 같다.

p≡q

4) 단독 판단과 일반 판단

단독 판단 *Singular Proposition* 은 문장의 주어가 고유명사인, 즉 대상이 하나뿐인 판단을 가리킨다.

예 : 칸트는 철학자이다.
　　백두산은 한국에서 가장 높은 산이다.

일반 판단 *General Proposition* 이라는 것은 판단의 대상이 어느 하나를 가리키는 것이 아니라, 일반적인 것을 가리키는 판단이다.

예 : 모든 사람은 죽는다.
　　모든 수학자는 숙달한 논리학자이다.

재래의 형식 논리학에서는 단독 판단과 일반 판단을 구별하지 아니하였으나, 현대의 수학적 논리학에서는 이 두 판단을 구별하고 있다.

1) 오일러 도식

판단의 주개념과 빈개념과의 관계를 포섭의 견지에서 보아, 그것을 도식으로 설명하려고 한다. 이것은 판단에 있어서 주개념과 빈개념을 그 외연상으로 보아 주개념의 일부 또는 전부가 빈개념의 일부 또는 전부 속에 포섭되느냐 아니 되느냐 하는 것을 연구하는 것이다.

이 도식에 있어서는, 18세기의 스위스 수학자 오일러 Euler (1707~1783)의 도식이 모범적이므로 그것을 빌려 설명하고자 한다.

(A) 전칭 긍정 판단

전칭 긍정 판단에는, 주개념의 범위의 전부가 빈개념의 범위 내에 포섭되는 경우와, 주개념과 빈개념의 범위가 완전히 일치되는 두 경우가 있다.

모든 S는 P이다.

(1) 모든 새는 동물이다.

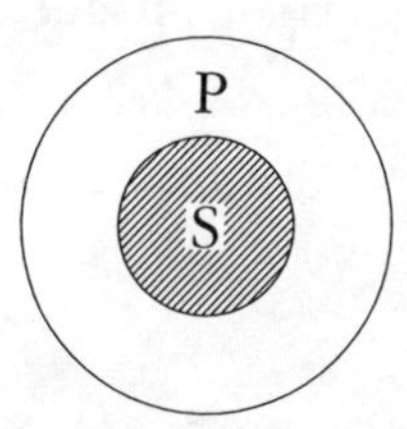

(2) 모든 등변 삼각형은 등각 삼각형이다.

(E) 전칭 부정 판단

전칭 부정에는 주개념의 전범위가 빈개념의 범위내에 전혀 포섭되지 아니하는 한 경우가 있을 뿐이다.

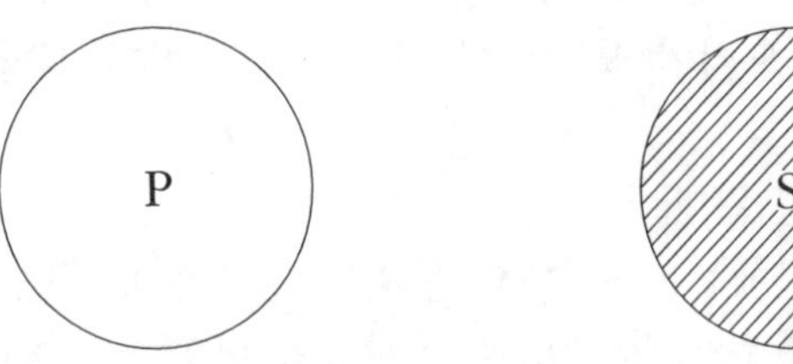

(I) 특칭 긍정 판단

특칭 긍정에는 주개념과 빈개념의 포섭 관계에 네 경우가 있다.

(1) 주개념이 범위의 일부가 빈개념의 범위의 일부와 서로 일치되는 경우.

어떤 S는 P이다.

어떤 꽃은 희다.

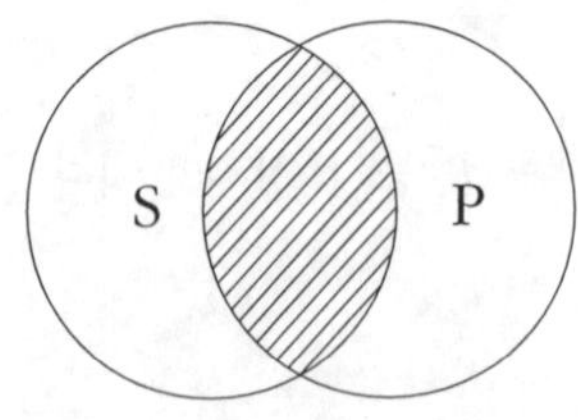

(2) 주개념의 범위의 일부가 빈개념의 범위의 전부와 서로
일치되는 경우.

어떤 S는 P이다.

어떤 사람은 시인이다.

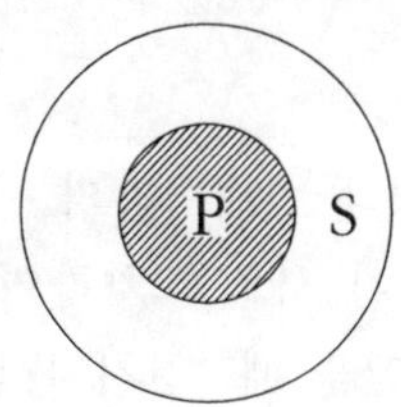

(3) 전칭 긍정 판단을 내려야 할 경우에 고의로 혹은 지식이
불충분하므로 특칭 긍정을 내린 경우.

어떤 S는 P이다.

어떤 사람은 죽는다.

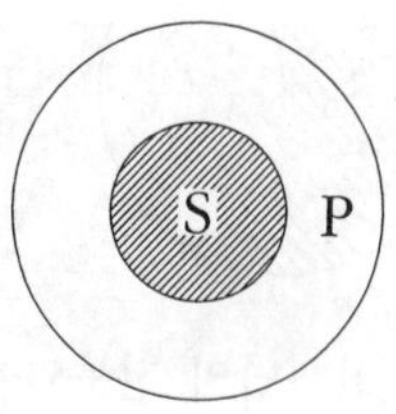

(4) 주개념의 범위와 빈개념의 범위가 완전히 일치되는 전칭
긍정의 제 2 의 경우를, 고의로 혹은 지식이 불충분하므로 특칭
긍정을 내린 경우.

어떤 S는 P이다.

어떤 등변 삼각형은 등각 삼각형이다.

(O) 특칭 부정 판단

특칭 부정에는 주개념과 빈개념과의 관계에 3 경우가 있다.

(1) 주개념과 빈개념이 서로 교차하여 일치되는 부분과 일치되지 아니하는 부분이 있을 때, 일치되지 아니하는 부분에 대하여 판단하는 경우.

어떤 S는 P가 아니다.

어떤 꽃은 붉지 않다.

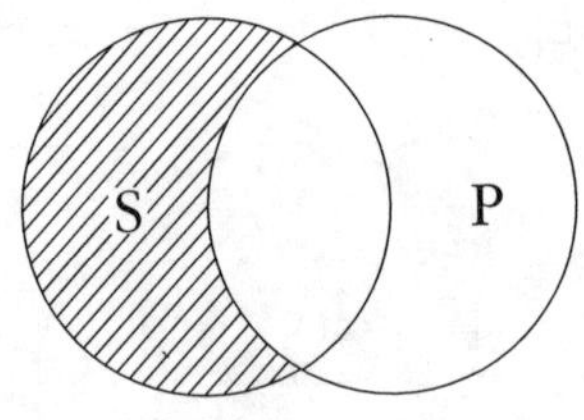

(2) 주개념의 일부가 빈개념의 전부와 일치되지 아니하는 경우.

어떤 S는 P가 아니다.

어떤 사람은 음악가가 아니다.

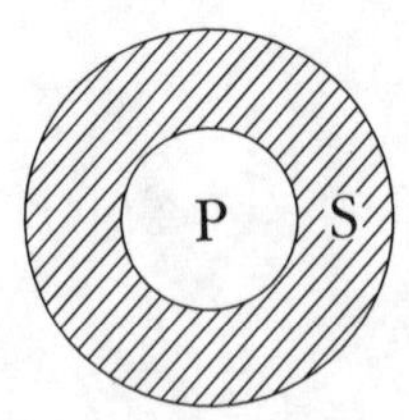

(3) 전칭 부정 판단을 내려야 할 경우에, 고의로 혹은 지식
이 불충분하므로, 특칭 부정 판단을 내린 경우.

어떤 S는 P가 아니다.

어떤 사람은 신이 아니다.

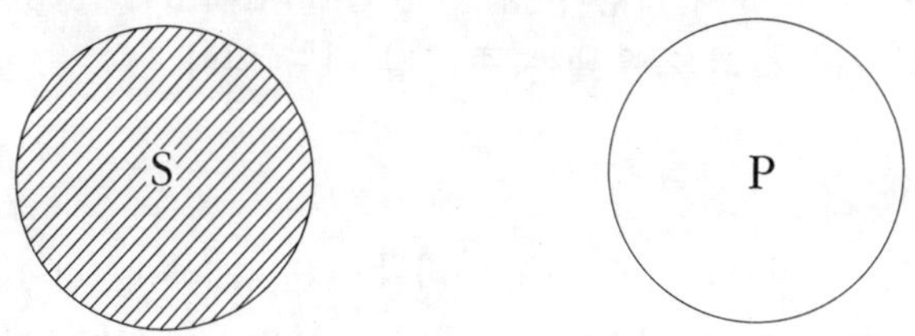

위에서 보는 바와 같이, 같은 종류의 판단이 여러 가지로 되
는 것은, 그 판단이 표시하는 의의가 다양하여 모호함을 말하는
것이다. 그러므로 가장 모호한 판단은 특칭 긍정이고, 그 다음
은 특칭 부정이고, 가장 명료한 판단은 전칭 부정이고, 그 다음
은 전칭 긍정이다.

A·E·I·O의 주연(周延)[1] 관계를 도표로 그리면 다음과
같다. D[2]는 주연의 기호이고, U[3]는 부주연의 기호이다.

부주연된 빈개념

	모든 S<P A : D. U.	어떤 S<P I : U. U.	
주연된 주개념	모든 S<P E : D. D.	어떤 S<P O : U. D.	부주연된 주개념

주연된 빈개념

---

1) 판단에 있어서 어떤 판단이 그 개념의 외연의 전부를 말할 때에는 주연
   된 개념이라고 한다.
2) D는 영어의 Distributed 의 첫 글자이다.
3) U는 영어의 Undistributed 의 첫 글자이다.

이상의 도표를 고찰하여볼 때에 다음과 같은 규칙을 세울 수 있다.

1. 전칭 판단의 주개념과 부정 판단의 빈개념은 항상 주연된다.

2. 특칭 판단의 주개념과 긍정 판단의 빈개념은 항상 부주연된다. 단, 사실상의 경우에는 주연될 때도 있다.

2) 벤 도식

벤 도식은, 영국의 수학자요 논리학자인 벤 John Venn(1834~1923)이 처음 만든 것으로, 현대에는 오일러 도식보다도 많이 사용되고 있다.

전체(I)를 정방형 혹은 구형으로 표시한다.

1. 명사가 1개인 경우 $1 = a + \bar{a}$

2. 명사가 2개인 경우 $1 = (a + \bar{a})(b + \bar{b})$
$$= ab + a\bar{b} + \bar{a}b + \bar{a}\bar{b}$$

3. 명사가 3개인 경우 $1 = (a + \bar{a})(b + \bar{b})(c + \bar{c})$
$$= abc + ab\bar{c} + a\bar{b}c + a\bar{b}\bar{c} + \bar{a}bc +$$
$$\bar{a}b\bar{c} + \bar{a}\bar{b}c + \bar{a}\bar{b}\bar{c}$$

이렇게 하면 n개의 명사 사이의 성립 가능한 관계를 표시할 수 있다.

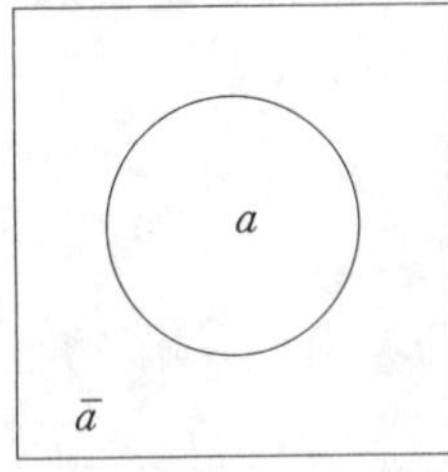

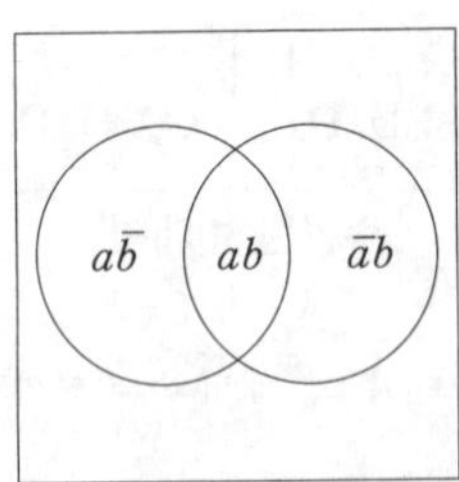

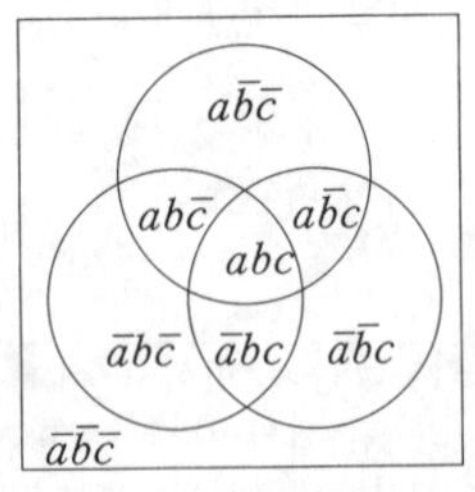

정언적 명제를, 불이 영이라는 유 *Null Class* 의 개념에 근거
하여 설명한 이후로, 영(0)이라는 기호를 사용하여 S가 종
Member 을 가지지 아니한다는 것을 다음과 같이 표시한다.
　S＝0
S가 영류(零類)가 아니라는 것을 다음과 같이 표시한다.
　S≠0
이것을 도식으로 표시하면 다음과 같다.

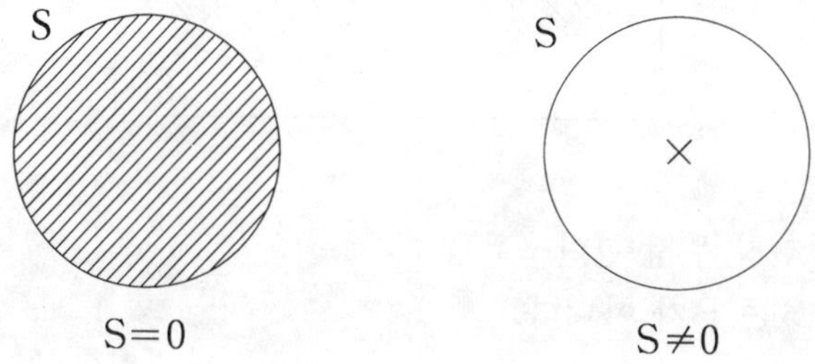

모든 명제는 다음의 도식을 토대로 하여 표시하게 된다.

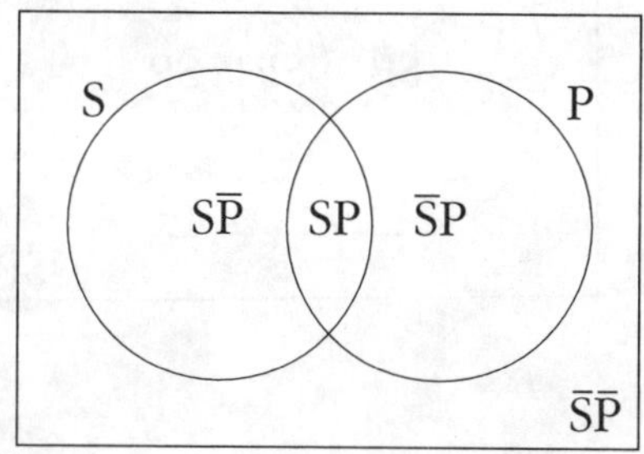

(A) 전칭 긍정 판단
모든 S는 P이다.

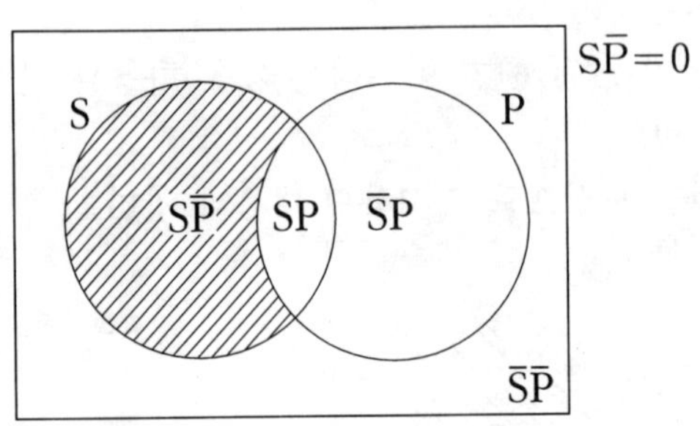

(E) 전칭 부정 판단
모든 S는 P가 아니다.

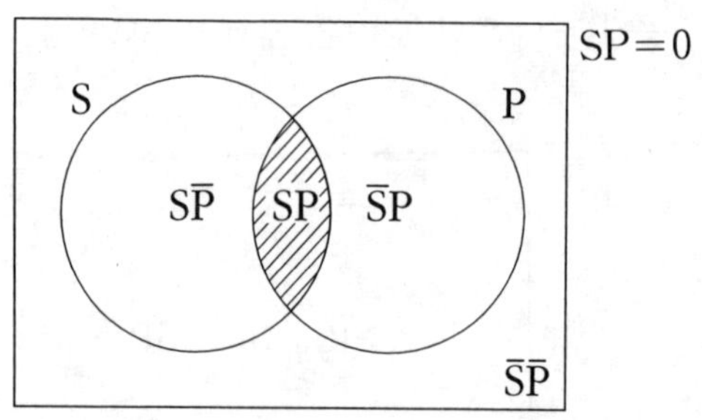

(I) 특칭 긍정 판단
어떤 S는 P이다.

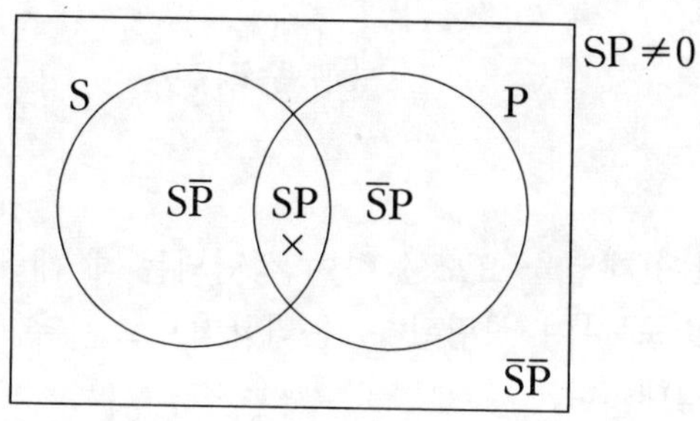

(O) 특칭 부정 판단
어떤 S는 P가 아니다.

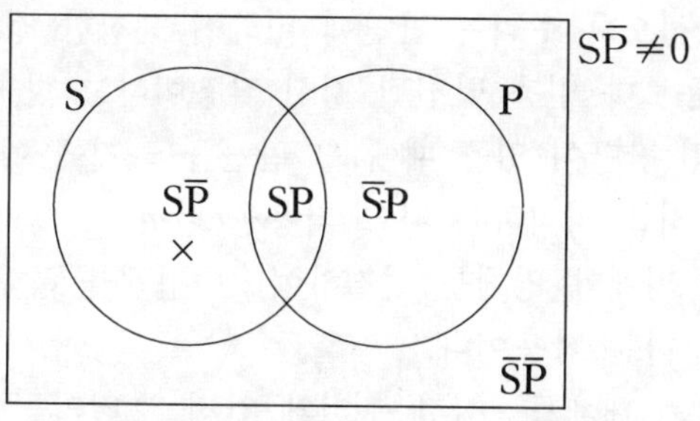

　이 벤 도식은 정언적 명제를 표시하는 명료한 방법일 뿐 아니라, 뒤에 설명할 정언적 3단논법의 타당성을 검토하는 가장 단순하고 직접적인 방법의 기초가 된다.

5. 추리론

I. 추리의 성질

판단이 개념을 요소로 하여 성립되는 데 대하여, 추리는 판단을 요소로 하여 성립된다. 논리학적으로는 추리가 가장 복잡한 의미 형태이다.

추리를 분석할 때에 발견되는 판단의 수는 논리학적으로는 두 개 이상이어야 한다. 언어학적으로 볼 때에는 한 개의 판단같이 보이는 경우에도, 그것을 논리학적 의미 형태로 관찰할 때에는, 반드시 두 개 이상의 판단이 결합되어 있는 것을 보게 된다.

일반적으로 추리는 판단에 비하여 복잡한 정신 작용이요, 판단 작용보다 일층 발전된 정신 작용이라고 할 것이다. 즉 추리는 어떤 판단이 있을 때에 그 판단을 하기에 이르는 근거, 또는 이유까지를 의식하는 사고 작용을 말한다. 그러므로 판단과 판단, 즉 명제와 명제를 연결하여 그 전체를 하나의 체계적 의미 형태로 하는 작용이다.

추리는 대체로, 직접 추리와 간접 추리의 두 가지로 구별할 수 있다. 직접 추리라는 것은 어떤 하나의 판단에서 직접 다른 판단을 끌어내는 것을 가리키고, 간접 추리라는 것은 두 개 이상의 판단에서 결론을 끌어내는 것을 가리킨다.

II. 직접 추리

직접 추리 *Immediate Inference* 의 판단의 수는 두 개에 한한다. 직접 추리는 다만 하나의 전제에서 직접으로 결론을 끌어내는 추리이다. 가령 예를 들면, '모든 외국어는 배우기 힘들다' 하는 것이 정말이라면 '어떤 외국어는 배우기 힘들지 않다' 하는 생각은 거짓일 것이다. 또는 '모든 사람에게는 뿔이 나지 않았다' 하는 것이 정말이라면 '어떤 사람에게는 뿔이 났다' 하는 주장은 잘못된 주장일 것이다.

직접 추리는 대당 관계에 의한 직접 추리 *Opposition of Propositions* 와, 판단의 변형에 의한 직접 추리와, 복잡 개념에 의한 직접 추리와, 한정 부가에 의한 직접 추리의 네 가지가 있다.

1) 대당 관계에 의한 직접 추리

판단의 주개념과 빈개념은 동일하나, 양 혹은 질, 또는 양과 질이 서로 다른 두 판단간의 진위 관계를 추리하는 것을 대당 관계에 의한 직접 추리라고 한다. 한 판단은 양에 있어서 전칭 판단이고 다른 판단은 특칭 판단일 때나, 혹은 한 판단은 질에 있어서 A나 I의 긍정 판단이고, 다른 판단은 E와 O의 부정 판단일 때에 두 판단간에는 대당 관계가 성립된다.

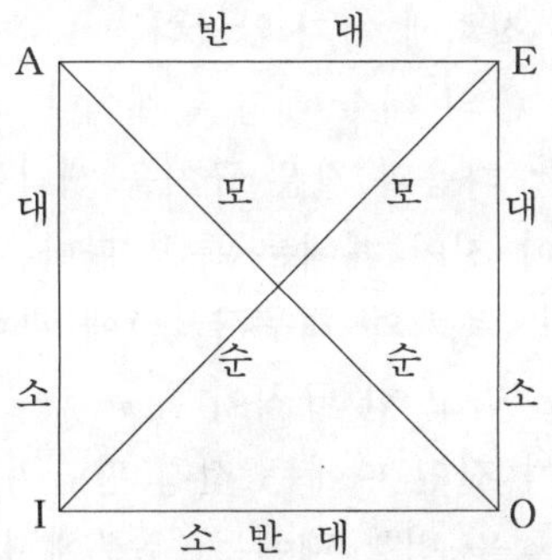

대당 관계에 의한 직접 추리를 A·E·I·O의 네 가지의 판단에 관하여 설명하면 위 도표와 같은 관계가 성립된다.

소위, 아리스토텔레스의 '대당의 사각형 *Square of Opposi-*

tion '이라고 하는 것은 위 도표를 가리킨다.

위 도표에 있는 네 가지의 대당에 관한 진위 문제는 다음과 같다.

(1) 대소 대당

대소 대당 *Subaltern Opposition* 은 A와 I, E와 O의 대당 관계를 말한다. 이 관계에 있어서는 전칭 판단이 진일 때에는 특칭 판단도 진이다. 그리고 특칭 판단이 위일 때에는 전칭 판단도 위이다. 이에 반하여 전칭 판단이 위, 또는 특칭 판단이 진인 경우에는 이와 대당되는 특칭 판단과 전칭 판단의 진위는 결정할 수 없다. 예를 들면,

 '모든 학생은 교복을 입었다'와

 '약간의 학생은 교복을 입었다'

와의 관계는 A와 I의 대소 대당 관계이고,

 '모든 사람은 집회에 가지 않았다'와

 '약간의 사람은 집회에 가지 않았다'

와의 관계는 E와 O의 대소 대당 관계이다.

대소 대당에서는 다음과 같은 규칙을 생각할 수 있다.

— '전칭 판단이 진인 때에는 특칭 판단은 진이다.' 즉 아리스토텔레스가 '총체와 개무(皆無)에 관한 원리 *Dictum de omni et nullo* '라고 한 규칙이다.

— '특칭 판단이 진인 때에는 전칭 판단의 진위는 판정할 수 없다.' 이 규칙을 범할 때에는 '부분에서 전체에 미치는 오류'라고 한다.

— '특칭 판단이 위인 때에는 전칭 판단도 위이다.' 이 규칙을 좇는 추리를 '부분에서 전체에 미치는 추리'라고 한다.

— '전칭 판단이 위인 때에는 특칭 판단의 진위는 결정할 수

없다.' 이 규칙을 범할 때에는 '전체에서 부분에 미치는 오류'라고 한다.

 (2) 모순 대당

모순 대당*Contradictory Opposition*은 A와 O, E와 I의 대당 관계이다. 예를 들면,

 '모든 학생은 교복을 입었다'와

 '약간의 학생은 교복을 입지 않았다'

와의 관계는 A와 O의 관계이고,

 '모든 학생은 교복을 입지 않았다'와

 '약간의 학생은 교복을 입었다'

와의 관계는 E와 I의 관계이다.

 이 모순 대당에 있어서는 다음과 같은 규칙이 성립된다.

 ─ '양 판단 중 한 판단이 진인 때에는 다른 판단은 위이다'

 ─ '양 판단 중 한 판단이 위인 때에는 다른 판단은 진이다'

 즉 양 판단이 같이 진일 수 없으며, 또한 같이 위일 수 없는 관계로 한 판단이 진일 때에는 다른 판단은 위이고, 한 판단이 위일 때에는 다른 판단은 진인 관계이다.

 (3) 반대 대당

반대 대당*Contrary Opposition*은 A와 E와의 관계이다. 예를 들면,

 '모든 사람은 이성을 가지고 있다'

 '모든 사람은 이성을 가지고 있지 않다'와의 관계 같은 것이다.

 반대 대당에는 다음과 같은 규칙이 성립된다.

 ─ '양 판단 중 한 판단이 진인 때에는 다른 판단은 위이다'

— '양 판단 중 한 판단이 위인 때에는 다른 판단은 진위를
   정할 수 없다'
즉 반대 대당에 있어서는 양 판단이 같이 진일 수는 없으나,
같이 위일 수는 있는 관계이다.

(4) 소반대 대당

소반대 대당 *Subcontrary Opposition* 은 I와 O와의 관계이다.
예를 들면,
   '약간의 새는 날개를 가지고 있다'와
   '약간의 새는 날개를 가지고 있지 않다'와의 관계 같은 것이다.
소반대 대당에 있어서는 다음과 같은 규칙이 성립된다.
   — '양 판단 중 한 판단이 진인 때에는 다른 판단의 진위는
   정할 수 없다'
   — '양 판단 중 한 판단이 위인 때에는 다른 판단은 진이다'
즉 양 판단이 같이 진일 수는 있으나 같이 위일 수는 없는 관
계이다.
   위에 말한 모든 대당의 진위 관계를 개괄하면 다음 표와 같다.

	진				위			
	A	E	I	O	A	E	I	O
A	진	위	불명	위	위	불명	위	진
E	위	진	위	불명	불명	위	진	위
I	진	위	진	불명	불명	진	위	진
O	위	진	불명	진	진	불명	진	위

2) 판단의 변형에 의한 직접 추리

판단의 변형에 의한 직접 추리는 다만 판단의 형식을 변경하

여 그 의의를 전개시키는 추리이다. 다시 말하면, 어떤 판단과 그것을 변형하여 얻은 어떤 판단간에 한 가지의 동등 관계가 성립될 때에, 그 추리를 판단의 변형에 의한 직접 추리라고 한다.

판단의 변형에 의한 직접 추리에는 다음과 같은 여러 법이 있다.

  (1) 환질법

환질법 *Obversion* 은 어떤 판단에서 그 판단의 의의를 변경하지 아니하고, 다만 질이 다른 판단으로 추리하는 것을 가리킨다. 즉 긍정 판단은 부정 판단으로 만들고, 부정 판단은 긍정 판단으로 만들면서, 같은 의미의 판단을 만드는 것을 말한다. 긍정 판단을 환질하는 데는, 그것을 부정 판단으로 만들며, 원판단의 빈개념의 모순 개념을 빈개념으로 사용하면 된다. 부정 판단을 환질함에는, 그것을 긍정 판단으로 만들며, 원판단의 빈개념의 모순 개념을 빈개념으로 사용하면 된다.

  ‘모든 S는 P이다’의 환질은 ‘모든 S는 비P가 아니다’이다.

  ‘모든 얼음은 차다’의 환질은 ‘모든 얼음은 차지 아니한 것이 아니다’이다.

  ‘모든 S는 P가 아니다’의 환질은 ‘모든 S는 비P이다’이다.

  ‘모든 사람은 식물이 아니다’의 환질은 ‘모든 사람은 식물이 아닌 것이다’이다.

  (2) 환위법

환위법 *Conversion* 은 판단의 주개념과 빈개념의 위치를 전환시키는 추리이다. 환위에 있어서 주의할 것은 주연의 유무이다. 주연된 개념을 부주연의 개념으로 변경하는 것은 상관없으나, 부주연의 개념을 조정시켜서는 아니 된다. 환위에는 단순 환위와 한량 환위와 환질 환위의 세 가지가 있다.

A) 단순 환위

단순 환위 *Simple Conversion* 라는 것은 그대로 단순히 주개념과 빈개념을 환위하는 것을 말한다. 예를 들면,
　'서울은 한국 제일의 도시이다'를
　'한국 제일의 도시는 서울이다'로,
혹은
　'어떤 소는 포유류이다'를
　'어떤 포유류는 소이다'
로 환위하는 것 같은 것이다.
　이와 같이 단순 환위를 할 수 있는 것은, A판단에 있어서의 오일러 도식의 제 2 에 해당하는 판단과, E판단과 I판단이다.

B) 한량 환위

한량(限量) 환위 *Conversion by Limitation* 라는 것은 주개념과 빈개념을 환위할 때에 원판단의 양을 제한시켜 환위하는 것을 가리킨다. 예를 들면,
　'사람은 동물이다'를
　'어떤 동물은 사람이다'
로 환위하여 추리하는 것 같은 것이다.

C) 환질 환위

환질 환위 *Contraposition* 라는 것은, 원판단의 질을 변경한 후, 다시금 환위하는 일부 환질 환위 *Partial Contraposition* 와, 환질을 하고 환위를 하고 나서 다시금 환질하는 전환질 환위 *Full Contraposition* 가 있다. 보통 환질 환위라고 할 때에는 후자를 가리킨다.

a. 일부 환질 환위

어떤 판단을 환질한 후 환위하는 것을 일부 환질 환위라고 한다는 것은 기술하였다. 예를 들면,

'어떤 사람은 시인이 아니다'를

'어떤 사람은 시인 아닌 사람이다'

로 환질한 후, 다시금 환위하여,

'어떤 시인 아닌 사람은 사람이다'

로 하는 것 같은 것이다.

b. 전환질 환위

전환질 환위라는 것은, 환질 환위한 후 다시금 환질하는 것을 가리킨다. 예를 들면,

'모든 새는 난다'를

'모든 새는 날지 않는 것이 아니다'

로 환질하여, 그것을

'모든 날지 않는 것은 새가 아니다'

로 환위한 후, 다시 그것을

'모든 날지 않는 것은 새가 아닌 것이다'

로 환질하는 것 같은 것이다.

(3) 환위 환질

환위 환질 *Overted Converse* 은 주개념과 빈개념을 환위한 후, 다시 환질하여, 원판단과 같은 뜻을 가지는 판단을 만드는 것을 가리킨다.

E와 I는 제한이 없이 환위 환질이 되며, A는 제한을 가지며, O는 환위 환질이 되지 아니한다. 예를 들면,

'모든 사람은 수목이 아니다'를
'모든 수목은 사람이 아니다'
로 환위하여, 다시
'모든 수목은 사람이 아닌 것이다'
로 환질하는 것 같은 것이다.

(4) 여환법

여환법(戾換法) *Inversion* 이라는 것은 원판단의 주개념의 모순 개념을 주개념으로 하는 신판단이 원판단과 동등 관계를 가지도록 추리하는 것을 가리킨다. 예를 들면,
'모든 생물은 죽는다'를
'어떤 무생물은 죽지 않는다'
로 추리하는 것 같은 것이다.

A판단은 O판단으로, E판단은 I판단으로 여환할 수 있다.

여환법을 일부 여환법 *Partial Inversion* 과 전여환법 *Full Inversion* 의 두 가지로 구별하여, 이미 설명한 것을 일부 여환법이라고 부르고, 그것을 다시금 환질한 것을 전여환법 혹은 여환의 환질이라고 부르는 사람도 있다. 예를 들면,
'모든 꽃은 나비가 아니다'를 여환하여
'어떤 꽃 아닌 것은 나비다'
로 한 후, 그것을 환질하여
'어떤 꽃 아닌 것은 나비 아닌 것이 아니다'
로 추리하는 따위이다.

I판단과 O판단은 여환이 불가능하다.

3) 복잡 개념에 의한 직접 추리

이것은 기정된 판단의 주개념과 빈개념에다가 동일한 개념을

첨가하여 새로운 판단을 끌어내는 직접 추리이다. 예를 들면,
　‘그는 교수이다’의 주개념과 빈개념에다가 저술이라는 개념을
더하여,
　‘그의 저술은 교수의 저술이다’
라고 추리하는 것 같은 것이다.
　‘둘에다가 셋을 더하면 다섯이다’에서
　‘둘에다가 셋을 더한 데다가 열을 더하면, 다섯에다가 열을
더한 것과 같다’
라고 추리하는 것 같은 것이다.

4) 한정 부가에 의한 직접 추리

　이것은 기정된 판단의 주개념과 빈개념에다가 한정하는 개념
을 부가함으로써 새로운 판단을 끌어내는 추리이다. 예를 들면,
　‘사람은 모두 동물이다’의 주개념과 빈개념에다가 의복을 입
었다는 한정시키는 개념을 첨가 제한하여
　‘의복을 입은 사람은 모두 의복을 입은 동물이다’
라고 추리하는 것 같은 것이다. 또는
　‘사람은 생각한다’에서
　‘철학하는 사람은 철학을 생각한다’
라고 추리하는 것 같은 것이다.

Ⅲ. 간접 추리

1) 간접 추리의 의미

　간접 추리라는 것은, 직접 추리가 한 개의 전제를 필요로 하
는 데 대하여, 두 개의 전제를 필요로 하며, 매개념에 의하여
결론을 끌어내는 추리이다. 예를 들어 설명하면 다음과 같다.

20세 이상 된 모든 사람은 투표권이 있다.
모든 성인은 20세 이상 된 사람이다.
그러므로 모든 성인은 투표권이 있다.

이것을 기호로 표시하면 다음과 같다.

$$M \supset P$$
$$\frac{S \supset M}{\therefore \ S \supset P}$$

혹은

만일 비가 많이 오면 홍수가 난다.
비가 많이 왔다.
그러므로 홍수가 났다.

이것을 기호로 표시하면 다음과 같다.

$$A \supset B$$
$$\frac{A}{\therefore \ B}$$

다른 예를 들면,

누구나 사람이면 생명이 있다.
누구나 생명이 있으면 죽는다.
그러므로 누구나 사람이면 죽는다.

이것을 기호로 표시하면 다음과 같다.

$$(A \supset B \cdot B \supset C) \supset (A \supset C)$$

3단논법을 생각할 때에 보통 결론은 전제 속에 내포되어 있는 것을 끌어내어 밝히는 것으로 생각하여왔는데, 결론은 결코 전제 속에 있었던 것을 끌어내어 밝히는 것이 아니라, 추리에 의하여 새로운 판단을 끌어내는 것이다. 함축($\supset$) 관계와 추리 관계는 전혀 다르다. 함축 관계는 어떤 것이 어떤 것 속에 포함되어 있는 관계를 가리키는 것이고, 추리 관계는 사고에 의하여 새로운 논리적 관계를 끌어내는 것이다. 그러므로 추리의 힘이 부족한 사람은 복잡한 전제에서 바른 결론을 추리하여내지 못하게 된다. 가령 다음과 같은 기호로 표시된 식을, 언어의 형식으로, 구체적 예를 들어서 말한다면, 갑자기 결론을 끌어내기 곤란할 것이다.

$$[\{(a \cdot c) \supset p\} \cdot \{p \supset (b \cdot d)\}] \supset \{(a \cdot c) \supset (b \cdot d)\}$$
$$\underline{\{(a \cdot c) \supset p\} \cdot \{p \supset (b \cdot d)\}}$$
$$(a \cdot c) \supset (b \cdot d)$$

2) 간접 추리의 분류

간접 추리를 극히 광의로 해석할 때에는, 보편의 원리에서 특수한 진리를 추구하는 연역적 추리(3단논법)와 특수한 사실에서 보편의 원리를 추구하는 귀납적 추리와, 특수한 사실에서 다른 특수한 사실을 추구하는 유비 추리의 세 가지가 있다. 그러나 협의로 해석하여 연역적 추리, 소위 3단논법만을 형식적인 간접 추리로 생각하는 학자들도 많다.

나는 광의로 해석하여 세 가지의 간접 추리를 차례로 서술코자 한다.

Ⅳ. 3단논법

3단논법 *Syllogism* 은 전제의 논리적 관계를 추리하여, 결론을 끌어내는 추리이다. 이것은 전제의 진위 관계를 논하는 것이 아니라, 그것의 논리적 관계를 논하여 정당한 결론을 끌어내는 데 그 의의가 있다. 그러므로 진리가 아닌, 즉 잘못된 두 전제에서도 정당한 결론을 끌어낼 수 있다. 결론에 관하여서도 진위를 문제삼는 것이 아니라, 전제에서 추리되는 논리적 정당성과 부정당성을 문제삼는다.

연역적 추리를 협의로 해석하여 3단논법이라고 부르는데, 3단논법이라는 이름의 유래는 대전제와 소전제와 결론의 3단으로써, 추리가 구성되는 까닭이다.

3단논법은 판단의 종류를 따라, 정언적 3단논법, 가언적 3단논법, 선언적 3단논법, 가언적·선언적 3단논법의 네 가지가 있다.

1) 정언적 **3**단논법

정언적 3단논법은 원형과 변형의 두 가지로 구분할 수 있으며, 변형은 다시금 생략형과 복합형과 불규칙형의 세 가지로 분류할 수 있다.

(1) 정언적 3단논법의 원형

정언적 3단논법의 모범 형식의 예를 들면 다음의 예와 같은 것이다.

모든 사람은 죽는다.
수모(誰某)는 사람이다.
그러므로 수모는 죽는다.

이것을 기호로 표시하면 다음과 같다.

$$
\begin{array}{l}
M-P \\
\underline{S-M} \\
\therefore\ S-P
\end{array}
$$

단순한 3단논법은 이와 같이 세 개의 판단으로 구성된다. 결론의 기초가 되는 두 판단을 전제라고 부른다. 결론의 주어 개념을 소개념, 그 술어 개념을 대개념이라고 한다. 소개념을 포함한 전제를 소전제라고 하며, 대개념을 포함한 전제를 대전제라고 한다. 그리고 두 개의 전제에서 결론을 얻도록 매개하는 양 전제에 공통된 개념을 매개념이라고 한다.

(2) 정언적 3단논법의 격과 식

정언적 3단논법에 있어서, 매개념 M의 위치는 일정하지 아니하다. 이 M의 위치가 다름에 따라 생기는 형식을 격이라고 한다. 격에는 다음과 같은 4격이 있다.

제1격	제2격	제3격	제4격
M−P	P−M	M−P	P−M
S−M	S−M	M−S	M−S
∴ S−P	∴ S−P	∴ S−P	∴ S−P

그리고 3단논법을 조직하는 판단의 종류, 즉 그 질과 양 여하에 따라, 여러 종의 형식이 성립된다. 그것을 3단논법의 식 *Mood* 이라 한다.

형식상으로는 A·E·I·O의 네 가지의 판단 중에서 임의로 세 개씩을 선택하여 임의의 순서로 배치하면 식이 성립되는 것이므로 $4^3=64$, 즉 64개의 식이 가능하다. 그리고 이 64개의 식을 제1격부터 제4격까지 네 종류의 격에 적용하면 64×4, 즉 256개의 식이 형식상 가능하다. 그러나 실제에 있어서는 다음에 설명하는 3단논법의 규칙에 위반되는 것이 많아, 정당한 식으로 성립되는 것은 24개에 불과하다.

(3) 정언적 3단논법의 공리와 규칙

3단논법이 성립되는 근본적 원리는 기술한 사고의 원리이나, 그것은 기본적인 원리이고, 3단논법은 특수한 의미 형태이므로, 3단논법으로서의 특수한 규칙을 가지게 된다.

A) 3단논법의 공리

공리 1 두 개념(S·P)이 동일한 제3개념에 같이 일치되면, 두 개념(S·P)도 또한 서로 일치된다.

공리 2 두 개념 중 어느 한 개념이 제3개념에 일치되고, 다른 개념이 일치되지 아니할 때에는, 두 개념은 서로 일치되지 아니한다.

공리 3 두 개념이 같이 동일한 제3개념에 일치되지 아니할 때에는 두 개념은 서로 일치될 때도 있고, 일치되지 아니할 때도 있어, 일정하지 아니하다.

B) 3 단논법의 규칙

제 1 칙

개념의 수는 3 개에 한한다. 3 단논법은 대개념과 소개념의 관계를 제 3 의 개념, 즉 매개념에 의하여 정하는 것이므로, 3 개 이상의 개념이 있으면 아니 된다. 개념의 의의가 모호하고 다양하므로, 형식상으로는 3 개이나, 실제에 있어서는 4 개인 경우에는, 결론을 얻을 수 없다. 그럼에도 불구하고 추리를 하여 생기는 오류를 '4 개 개념의 허위'라고 한다.

제 2 칙

판단의 수는 3 개에 한한다. 3 개 이상으로 되어 있는 경우에는 그것은 2 개 이상의 3 단논법의 복합형이다. 이 제 2 칙은 제 1 칙에서 필연적으로 나오는 규칙이다. 그것은 M과 P와의 관계(대전제)와, S와 M과의 관계(소전제)와, S와 P와의 관계(결론)의 3 판단이 필요하기 때문이다.

이상의 두 규칙은 3 단논법의 형식적 구조에 관한 규칙이다.

제 3 칙

매개념은 적어도 1 회는 주연되어야 한다.

매개념이 양 전제에서 모두 부주연되는 경우에는 양 전제의 매개념의 외연이 서로 전혀 교섭이 없는 경우가 생긴다. 그럴 때에는 매개념은 매개의 소임을 못할 것이므로, 두 개념에 대하여 아무런 결론을 얻을 수 없다. 예를 들면,

인간은 동물이다.
산양은 동물이다.

이 양 전제에서는 어떠한 결론도 얻을 수 없는 것과 같다. 그리고 그 이유는 매개념인 '동물'이 모두 긍정 판단의 빈개념으

로 부주연되어 있기 때문이다.

제 4 칙

전제에서 주연되지 아니한 개념을 결론에서 주연시켜서는 아니 된다. 이 규칙의 이유는 명백한 것으로서, 전제에서 전범위에 대하여 주장하지 아니한 것을, 결론에서 그 전범위에 대하여 주장한다는 것은 부당한 때문이다.

전제에서 부주연된 소개념을 주연시킬 때에는 '소개념 부당 주연의 허위'에 빠지고, 전제에서 부주연된 대개념을 결론에서 주연시킬 때에는 '대개념 부당 주연의 허위'에 빠진다. 이상의 제 3 칙과 제 4 칙은 3단논법의 양에 관한 규칙이다.

제 5 칙

양 전제가 모두 부정(否定)인 경우에는 결론을 얻을 수 없다. 양 전제가 모두 부정인 경우에는 매개념과 두 개념간에 아무런 관계가 있을 수 없을 것이므로 두 개념 상호간의 관계에 대하여서도 판단을 내릴 수 없을 것은 물론이다. 이 규칙에 위반되는 것을 '부정 전제의 허위'라고 한다.

이 규칙은 3단논법의 공리 제 3을 적용한 것이다.

제 6 칙

양 전제 중 하나가 부정인 경우에는 결론도 또한 부정이어야 한다. 그 이유는 한 전제에서 개념과 매개념간에 관계가 있음을 긍정하고, 다른 전제에서 개념과 매개념간에 관계가 있음을 부정한다면, 그 두 개념간에 관계가 있을 수 없기 때문이다. 그러므로 결론은 반드시 부정이어야 한다.

이상의 제 5 칙과 제 6 칙은 3단논법의 질에 관한 규칙이다.

상술한 6개의 규칙에서 아래와 같은 3 칙을 유도할 수 있다.

제 7 칙

양 전제가 모두 특칭인 때에는 결론을 얻을 수 없다.

양 전제가 모두 특칭인 경우는 아래와 같은 네 경우가 있다.

　(ㄱ) I와 I,

　(ㄴ) I와 O,

　(ㄷ) O와 I,

　(ㄹ) O와 O.

　(ㄱ) I와 I의 경우에는 주연되는 개념이 없으므로, 이에서 결론을 내리면 '매개념 부당 주연의 허위'에 빠진다.

　(ㄴ) I와 O, 또는 (ㄷ) O와 I의 경우에는 주연되는 개념은 한 개가 있을 뿐으로, 그것이 매개념이라고 할지라도, 대개념은 대전제에서 부주연이 된다. 그런데 결론은 반드시 부정이 되므로 대개념이 주연된다. 즉 '대개념 부당 주연의 허위'에 빠지고 만다.

　(ㄹ) O와 O의 경우에는 결론을 얻으려고 하면 '부정 전제의 허위'에 빠지고 만다.

　이와 같이 양 전제가 특칭인 경우에는 결론을 내릴 수가 없다. 이 규칙을 범함으로써 오류에 빠지는 것을 '특칭 전제의 허위'라고 한다.

　제8칙

　전제 중 하나가 특칭인 때에는 결론도 또한 특칭이어야 한다.

　전제 중 하나가 특칭인 경우는 아래와 같은 4군 8개가 있을 수 있다.

　(a) A와 I, I와 A,

　(b) A와 O, O와 A,

　(c) E와 I, I와 E,

　(d) E와 O, O와 E.

　이 중 (a)에 있어서는 매개념은 주연되어야 하므로, 소개념은 부주연이 되어 따라서 결론은 특칭이 된다.

(b)에 있어서는 매개념과 대개념이 주연되어야 하므로, 소개념은 부주연이 되어 따라서 결론은 특칭이 된다.

(c)의 경우는 (b)의 경우와 같이 매개념과 대개념이 주연되어야 하므로 소개념은 부주연이 되어, 결론은 특칭이 될 수밖에 없다.

(d)의 경우에는 대소 양 전제가 모두 부정이므로 결론을 얻을 수가 없다.

제9칙

대전제가 특칭이고, 소전제가 부정인 때에는 결론을 얻을 수 없다.

결론을 얻으려면 대소 양 전제가 같이 부정일 수는 없으므로 (제5칙), 대전제는 긍정이어야 하겠고, 대전제는 특칭이므로 양 전제가 모두 특칭인 경우에는 결론을 얻을 수 없으므로 (제7칙), 소전제는 전칭이어야 할 것이다. 그러므로 I와 E의 양 전제가 전제로 되어야 한다.

이것을 검토하여볼 때에, 대전제는 특칭 긍정이므로 주연될 개념이 없다. 따라서 대개념은 아무래도 부주연이 된다. 그런데 소전제는 부정이므로 결론은 부정이 될 수밖에 없다(제6칙). 따라서, 대개념이 주연되어 '대개념 부당 주연의 허위'에 빠지고 만다.

(4) 각 격의 규칙과 정당한 식

기술한 3단논법의 규칙을 기초로 하여 3단논법의 격과 식을 다시 한번 고찰하고자 한다.

제1격 $M-P$
$$\frac{S-M}{\therefore\ S-P}$$

이 격은 매개념이 대전제의 주어부, 소전제의 술어부를 점령하고 있으므로 아래의 특수한 규칙을 필요로 한다.

규칙 1 소전제는 긍정이어야 한다.

만일 소전제가 부정이면 결론은 부정이 되어, 결론의 대개념이 주연된다. 그런데 만일 소전제가 부정이면, 대전제는 긍정이되어야 하고(제5 칙), 따라서 대전제의 대개념은 부주연이 된다. 그러므로, 이 제1 격에서는 소전제가 부정일 때에는 '대개념 부당 주연의 허위'에 빠진다. 따라서 소전제는 긍정이어야 한다.

규칙 2 대전제는 전칭이어야 한다.

만일 대전제가 특칭이라고 하면, 대전제의 매개념은 부주연이된다. 그리고 소전제는 규칙 1에 의하여 긍정이어야 하므로, 소전제의 매개념도 또한 부주연이 된다. 그러므로 대전제가 특칭이 되는 때에는 '매개념 부주연의 허위'에 빠진다. 따라서 대전제는 전칭이어야 한다.

제1 격에 적용되는 식은 아래와 같은 6조뿐이다.

제1 격   AAA,   AAI,   AII,

               EAE,   EAO,   EIO

이 식을 기억하기 쉽게 하기 위하여, 아래와 같은 기호를 써서 표시하여왔다. 기호의 모음 글자를 맞추어서 식을 만든다.

               Barbara   AAA,
               Celarent   EAE,
               Darii   AII,
               Ferio   EIO

AAI와 EAO에 대하여서는 특별한 암기 기호가 없다.

제 2 격   P－M
                S－M
               ───────
              ∴ S－P

이 격에 있어서는 매개념의 위치가 대소 양 전제에서 모두 그 술어부에 있으므로, 그 결과로 아래와 같은, 이 격에 특수한 규칙이 생긴다.

규칙 1 전제 중 1은 부정이어야 한다.

만일 양 전제가 같이 긍정이면, 매개념은 전혀 주연되지 아니하여 '매개념 부주연의 허위'에 빠진다. 그러므로 전제의 하나는 반드시 부정이어야 한다.

규칙 2 대전제는 전칭이어야 한다.

만일 대전제가 특칭이면, 대전제의 대개념은 부주연이 된다. 그런데, 규칙 1에 의하여 전제 중 하나가 부정이므로, 결론도 또한 부정이 되며(제 6 칙), 따라서 결론의 대개념은 주연이 된다. 그러므로 만일 대전제가 특칭이면 '대개념 부당 주연의 허위'에 빠진다. 따라서 대전제는 전칭이어야 한다.

제 2 격에 적용되는 식은 아래와 같은 6조뿐이다.

제 2 격   AEE,   AEO,   AOO,
              EAE,   EAO,   EIO,
              Cesare: EAE
              Camestres: AEE
              Festino: EIO

Baroco:　　　　　　　AOO

AEO와 EAO에 대한 암기 기호는 없다.

제3격　　　　　M − P
　　　　　　　　M − S
　　　　　　─────────
　　　　　　∴　S − P

이 격에서는 매개념의 위치가 양 전제에서 같이 주위를 점령
하고 있으므로, 그 결과 아래의 특수한 규칙이 생긴다.
규칙 1　소전제는 긍정이어야 한다.
만일 소전제가 부정이면, 결론도 또한 부정이 되어, 결론의
대개념은 주연된다. 그런데 소전제가 부정이면, 대전제는 긍정
이어야 하므로(제5칙을 피하기 위하여), 따라서 대전제의 대개
념은 부주연이 된다. 그러므로 소전제가 부정인 때에는 '대개념
부당 주연의 허위'에 빠진다. 따라서 소전제는 긍정이어야 한다.
규칙 2　결론은 특칭이어야 한다.
규칙 1에 의하여 소전제는 긍정이므로 소전제의 소개념은 주
연되지 아니한다. 전제에서 주연되지 아니한 개념을 결론에서
주연시켜서는 아니 되므로, 결론에서 소개념을 주연시켜서는 아
니 된다. 그러므로 결론은 특칭이어야 한다.
제3격에 적용되는 식은 아래의 6조뿐이다.

제3격　　　　　AAI,　　　　AII,　　　　IAI,
　　　　　　　　EAO,　　　　EIO,　　　　OAO
　　　　　　　　Darapti:　　　　AAI
　　　　　　　　Disamis:　　　　IAI

Datisi: AII
Felapton: EAO
Bocardo: OAO
Feriso: EIO

제4격   P－M

               M－S
          ─────────────
          ∴ S－P

이 격에서는 매개념은 대전제의 술어부, 소전제의 주어부를 점령하고 있으므로, 그 결과 다음과 같은 규칙이 생긴다.

규칙 1 대전제가 긍정이면 소전제는 전칭이어야 한다.

대전제가 긍정인 때에는 그 개념은·주연되지 아니한다. 그러므로 '매개념 부주연의 허위'에 빠지지 아니하기 위하여 매개념은 소전제에서 주연시킬 필요가 있다. 그러기 위하여서는 소전제는 전칭이어야 한다.

규칙 2 소전제가 긍정이면 결론은 특칭이어야 한다.

소전제가 긍정이면, 그 소개념은 주연되지 아니한다. 따라서 '소개념 부당 주연의 허위'에 빠지지 아니하기 위하여, 결론의 소개념도 또한 부주연이어야 한다. 따라서 결론은 특칭이어야 한다.

규칙 3 전제 중 하나가 부정이면, 대전제는 전칭이어야 한다.

전제의 하나가 부정인 때에는 결론도 또한 부정이 되며(제6칙), 결론의 대개념은 주연된다. 그러므로 '대개념 부당 주연의 허위'에 빠지지 아니하기 위하여서는 대개념은 대전제에 있어서 주연되어야 한다. 따라서 대전제는 전칭이어야 한다.

제4격에 적용되는 식은 아래의 6식뿐이다.

제 4 격   AAI,   AEE,   AEO,
              IAI,   EAO,   EIO
              Bamalip :   AAI
              Calemes :   AEE
              Dimatis :   IAI
              Fesapo :   EAO
              Fresison :   EIO

AEO에 대한 암기 기호는 없다.

(5) 도표에 의한 3단논법의 검사

여기에서 도표에 의한 검사란, 벤 다이어그램에 의한 검사를 말한다. 이 방법을 사용하면 주연 관계, 식, 격에 구애됨이 없이 검사되는 편리점이 있다.

3단논법은 3개의 개념이 관계되는 추리이므로, 아래와 같이 3개의 원으로써 그 관계를 표시할 수 있다.

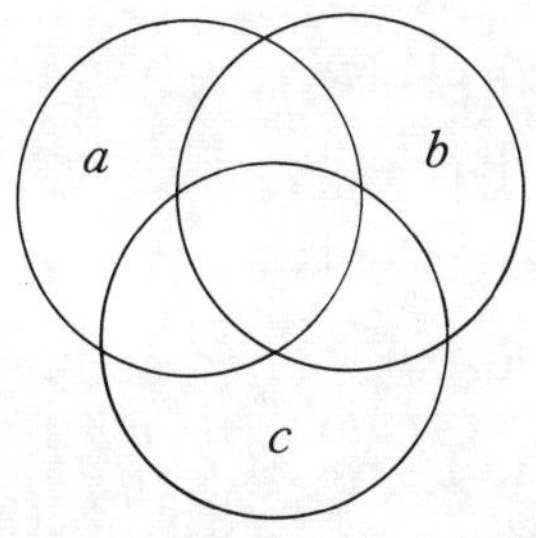

벤 다이어그램으로 표시하기 위해서는 먼저 명제를 다음과 같은 기호로 바꿔야 한다.

A $a\bar{b}=0$

$E \quad ab = 0$

$I \quad ab \neq 0$

$O \quad a\bar{b} \neq 0$

예 1. 모든 a는 b이다. $a\bar{b} = 0$

      모든 b는 c가 아니다. $bc = 0$

      $\therefore$ 모든 c는 a가 아니다. $\therefore \ ca = 0$

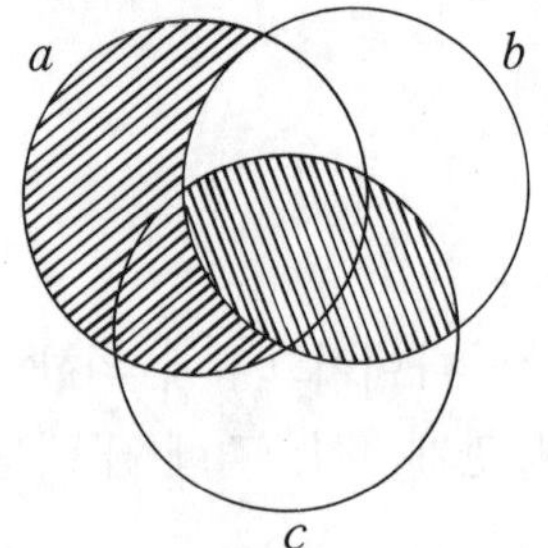
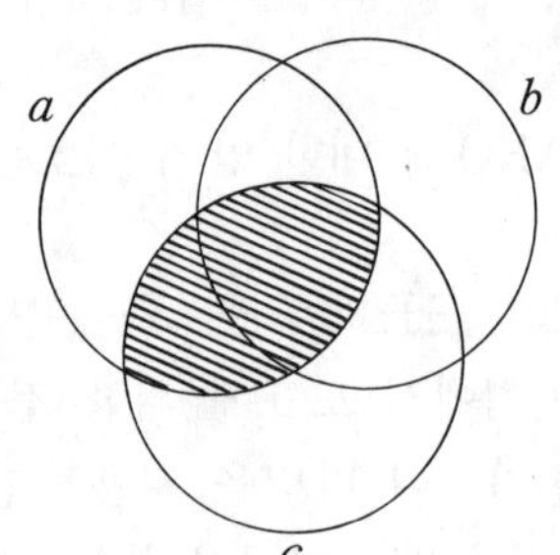

왼쪽 그림은 전제이며, 오른쪽 그림은 결론인데, 결론의 그림이 전제의 그림에 포함되므로, 이 예는 타당하다.

예 2. 모든 a는 b가 아니다. $a\bar{b} = 0$

      어떤 b는 c이다. $bc \neq 0$

      $\therefore$ 어떤 c는 a가 아니다. $\therefore \ c\bar{a} \neq 0$

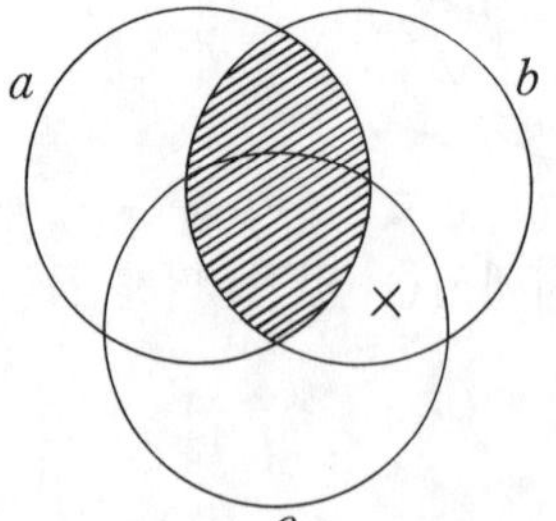
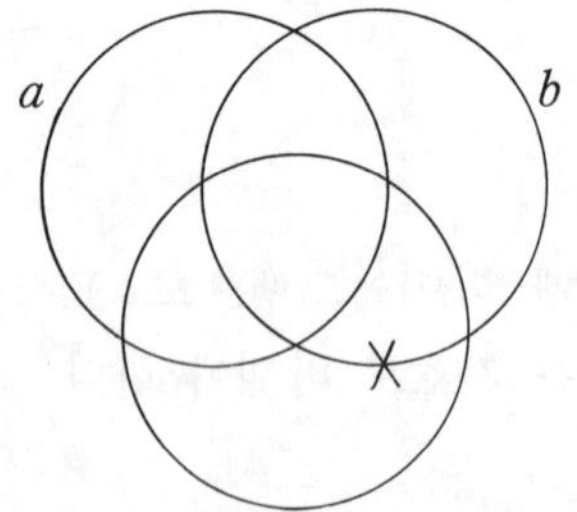

특칭 명제와 전칭 명제가 있는 경우에는, 전칭 명제를 먼저 표시해야 한다. 오른쪽 그림의 결론이 왼쪽 그림의 전제에 일부가 포함되므로 포함되지 아니하는 부분을 가리키는 결론은 타당하다.

예 1.
$$a\bar{b}=0$$
$$c\bar{b}=0$$
$$\therefore\ c\bar{a}=0$$

제 3 칙 위반

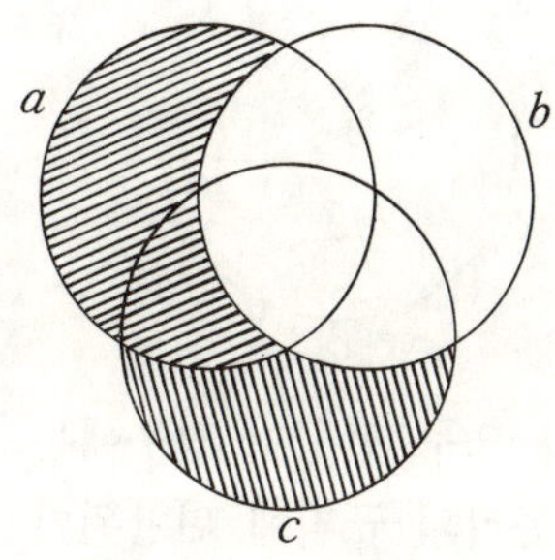

예 2.
$$a\bar{b}=0$$
$$ca=0$$
$$\therefore\ cb=0$$

제 4 칙 위반

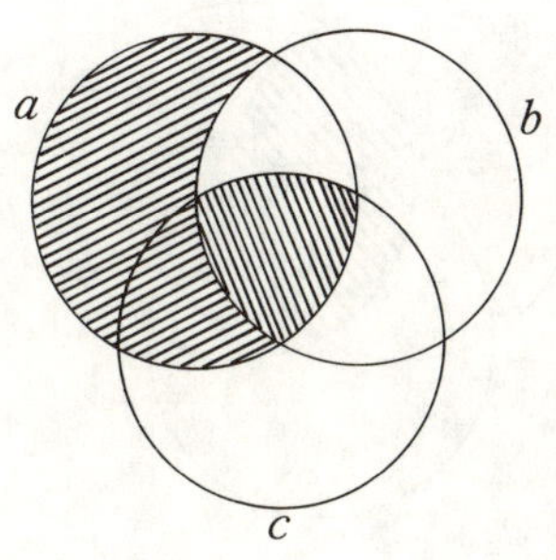

위의 그림은 타당한 3단논법의 그림이었는데, 아래의 6개의 그림은 타당하지 아니한 3단논법의 예이다.

예 3.
$$ab=0$$
$$a\bar{c}=0$$
$$\therefore\ c\bar{b}\neq 0$$

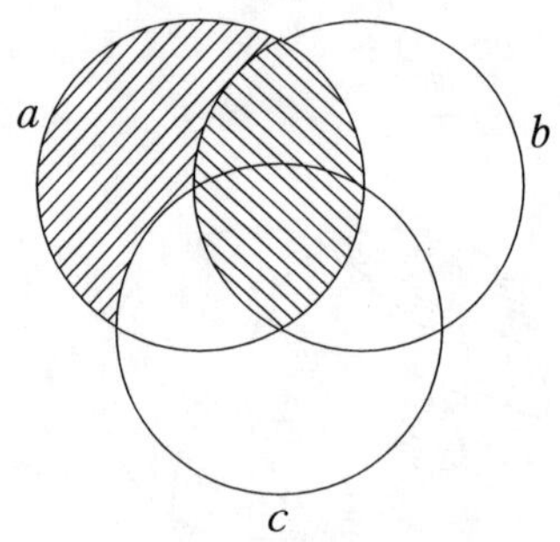

이것은 양 전제가 모두 전칭인 경우에는, 특칭의 결론을 얻을 수 없다는 현대의 논리의 규칙에 위반된다.

예 4.
$$ab=0$$
$$b\bar{c}\neq 0$$
$$\therefore\ c\bar{a}\neq 0$$

제 5 칙 위반

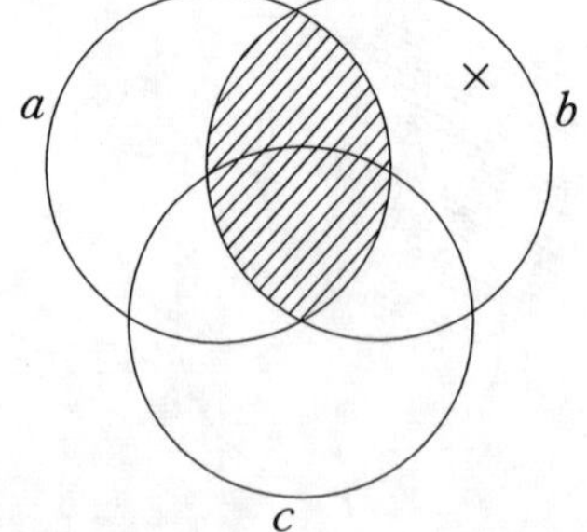

예 5.
$$a\bar{b}=0$$
$$ca\neq0$$
$$\therefore\ cb\neq0$$

제 6 칙 위반

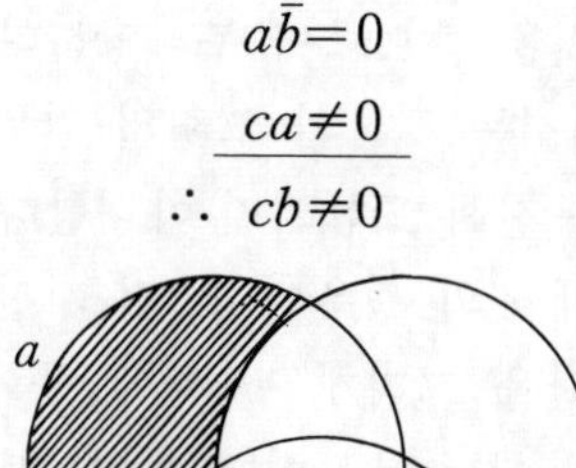

예 6.
$$a\bar{b}=0$$
$$bc\neq0$$
$$\therefore\ c\bar{a}\neq0$$

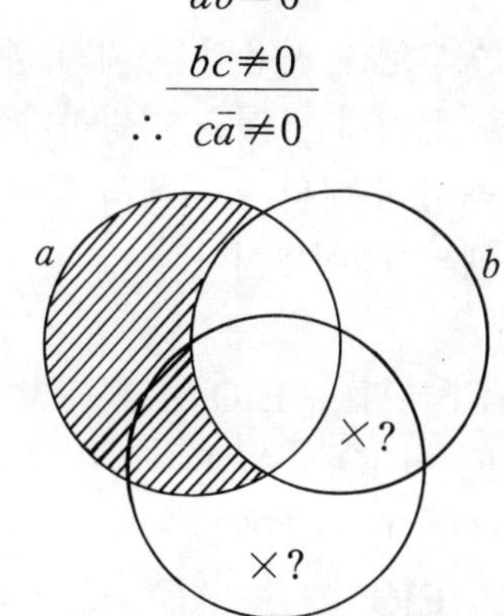

　양 전제가 모두 긍정인 경우에는 결론도 긍정이어야 한다는 현대의 논리의 규칙에 위반된다.

　위의 6개의 부타당한 3단논법의 그림을 보는 방법에는 두 가지가 있다.

　첫째 방법은, 예 1〜4의 경우인데, 결론의 그림이 전제의 그림 속에 포함되지 않는 것을 봄으로써 부타당하다는 것을 아는 방법이다. 예 1과 예 2에서는 결론의 그림의 일부가 포함될 뿐이며, 예 3과 예 4에서는 전혀 포함되지 아니한다.

둘째 방법은, 예 5와 예 6의 경우인데, 전칭 판단을 먼저 그리고 난 다음에 특칭 판단을 그리게 될 때에 두 개의 ×표 부분이 생기게 된다. 이때에 어느 부분이 또는 두 부분이 모두 결론을 주장하는 것인지 규정되어 있지 않다.

예 5의 경우는 I를 O보다 더 주장해야 할 근거가 없게 된다. 예 6의 경우는 O를 I보다 더 주장해야 할 근거가 없게 된다. 타당한 3단논법은 필연적으로 결론을 내포하고 있어야 하기 때문에, 특수 전제의 그림 부분의 두 가능성은 부타당한 것으로 보게 된다.

이상과 같은 벤 다이어그램을 사용하는 데서 종래에 전칭 양전제로부터 특칭 결론을 끌어내는 것을 타당하다고 본 것은 부당함이 밝히어졌다. 그래서 현대의 논리에서 볼 때에는, 4격을 통해서 타당한 식은 아래의 15식뿐이다.

1격   AAA, EAE, AII, EIO
2격   EAE, AEE, EIO, AOO
3격   IAI, AII, OAO, EIO
4격   AEE, IAI, EIO

2) 정언적 3단논법의 변형
정언적 3단논법의 변형에는 생략형·복합형·불규칙형의 세 가지가 있다.

(1) 생략형

생략형이라는 것은 대전제, 소전제, 결론 중 1이 생략된 3단논법을 말한다. 예를 들면,

욕심이 많은 사람은 항상 불만족하다.
그러므로 너는 항상 불만족하다.

이것은 '너는 욕심이 많다'라는 소전제가 생략된 3단논법이다. 보통 생략형은 다음의 명칭으로 부른다.
제 1 급의 생략 3단논법(대전제가 생략된 것)
제 2 급의 생략 3단논법(소전제가 생략된 것)
제 3 급의 생략 3단논법(결론이 생략된 것)
제 1 급의 생략 3단논법의 예.

그도 사람이다.
그러므로 그는 실수를 했다.

이 생략 3단논법에는 '사람은 실수를 한다'라는 대전제가 생략되었다.
제 2 급의 생략 3단논법의 예는 이미 들었다.
제 3 급의 생략 3단논법의 예.

사람은 인격자가 될 수 있다.
그도 사람이다.

이 생략 3단논법에서는 '그러므로 그도 인격자가 될 수 있다'

라는 결론이 생략되었다.

(2) 복합형

복합형이라는 것은 3개 이상의 3단논법이 연결하여 된 3단
논법을 말한다.

복합형에는 연결식과 대증식(帶證式)과 연쇄식의 세 가지가
있다.

A) 연결식

연결식이라는 것은, 두 개 이상의 3단논법이 연결하여 된 복
합형의 3단논법으로서, 한 3단논법의 결론이 다른 3단논법의
전제가 되는 복잡한 3단논법을 말한다.

$$1\left\{\begin{array}{c} M-P \\ \dfrac{S-M}{\therefore\ S-P} \end{array}\right.$$

$$2\left\{\begin{array}{c} \dfrac{R-S}{\therefore\ R-P} \end{array}\right.$$

1과 같이 그 결론이 다음의 3단논법의 전제가 되는 것을 전
3단논법이라고 하고, 2와 같이 다른 3단논법의 결론을 전제로
하는 3단논법을 후 3단 논법이라고 한다.

B) 대증식

대증식 *Epicheirema* 이라는 것은 3단논법의 대소 양 전제 중
어느 한 전제에, 혹은 양 전제에 이유가 붙어 있는 복잡한 3단
논법이다. 예를 들면,

미신가는 모두 의심이 많은 사람이다.
그것은, 미신가는 모두 겁쟁이임으로써이다.
교육 있는 사람 중에는 미신가가 있다.
그러므로 교육 있는 사람 중에는 의심이 많은 사람이 있다.

위의 예와 같이 한 전제에만 이유가 붙는 것을 일중(一重) 대중식이라고 한다.

$$M-P \qquad \because M-N$$
$$\underline{S-M} \qquad \because S-O$$
$$\therefore S-P$$

위의 도식과 같이 양 전제에 모두 이유가 붙는 것을 이중 대증식이라고 한다.

C) 연쇄식

연쇄식 *Sorites*에는 아리스토텔레스 연쇄식 *Aristotelian Sorites*과 고클레니우스 연쇄식 *Goclenian Sorites*의 두 가지가 있다.

a. 아리스토텔레스 연쇄식

이것은 순진적 연쇄식 *Progressive Sorites*이라고도 하는데, 생략 3단논법이 연결된 일종의 연결식이라고 볼 수 있다. 즉 최후의 결론을 제하고는 모두 결론이 생략되어 있는 것으로서, 예를 들면 아래와 같은 것이다.

모든 갑은 을이다.
모든 을은 병이다.
모든 병은 정이다.
모든 정은 무이다.
그러므로 모든 갑은 무이다.

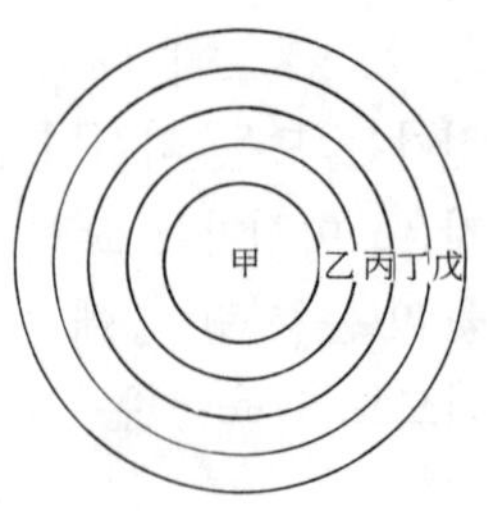

이것을 도시하면 위 그림과 같다.

이 연쇄식의 실상은 아래와 같은 수개의 3단논법이 연결된 추리인데, 각 3단논법의 결론이 생략되어 있는 것이다.

모든 을은 병이다.
모든 갑은 을이다.
그러므로 모든 갑은 병이다.

모든 병은 정이다.
모든 갑은 병이다.
그러므로 모든 갑은 정이다.

모든 정은 무이다.
모든 갑은 정이다.
그러므로 모든 갑은 무이다.

위에 설명한 것을 기호로 표시하면 다음과 같다.

    식   A − B
                   B − C
                   C − D

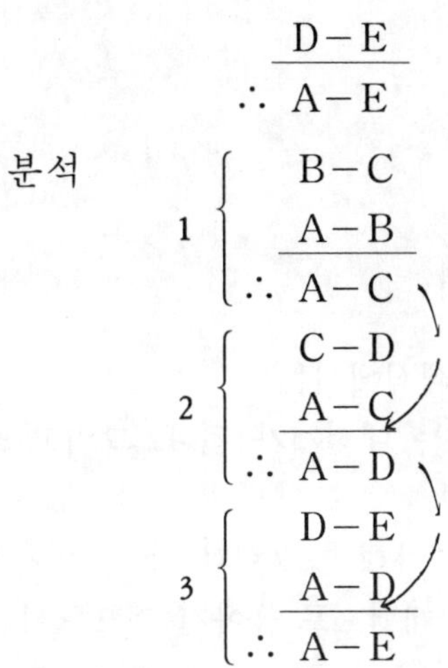

이 아리스토텔레스 연쇄식에 있어서는 아래와 같은 규칙을 지켜야 한다.

규칙 1 특칭은 최초의 전제에 한한다. 만일 이 규칙을 범하여, 가령 'B는 C이다'가 특칭이 되는 때에는 1의 3단논법은 '매개념 부주연의 허위'에 빠진다.

규칙 2 부정은 최후의 전제에 한한다. 만일 이 규칙을 범하여, 가령 'A는 B가 아니다'가 되는 때에는 그 결론은 'A는 C가 아니다'가 되고, 따라서 1의 3단논법이 '대개념 부당 주연의 허위'에 빠진다.

b. 고클레니우스 연쇄식

이것은 고클레니우스 R. Goclenius(1547~1628)가 그의 저서에서 처음 사용한 것이라고 하여 이렇게 부르는 것인데, 역퇴적 연쇄식 *Retrogressive Sorites* 이라고도 한다. 예를 들면 다음과 같다.

모든 을은 갑이다.

모든 병은 을이다.

모든 정은 병이다.

모든 무는 정이다.

그러므로 모든 무는 갑이다.

생략된 결론이 순진적 연쇄식에서는 후 3 단논법의 소전제가
되나, 이 역퇴적 연쇄식에서는 대전제가 된다. 그리고 모두 제
1 격의 형식을 취한다.

역진적 연쇄식을 도시하면 아래의 그림과 같다. 이것은 범위
가 넓은 개념에서 차차 좁은 개념으로 옮아간 것으로서, 기호로
표시하면 다음과 같다.

식　　　　　　　D－E
　　　　　　　　C－D
　　　　　　　　B－C
　　　　　　　　A－B
　　　　　∴　　A－E

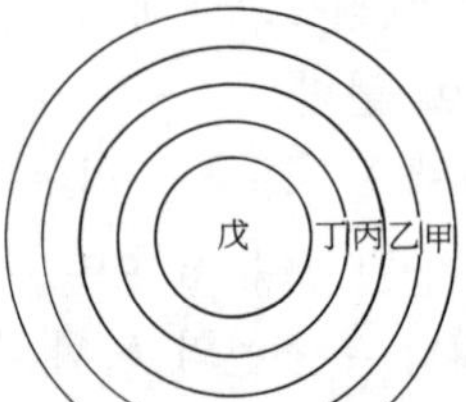

분석
　　　　1 ｛　　D－E
　　　　　　　　C－D
　　　　　　∴　C－E

　　　　2 ｛　　C－E
　　　　　　　　B－C
　　　　　　∴　B－E

　　　　3 ｛　　B－E
　　　　　　　　A－B
　　　　　　∴　A－E

역퇴적 연쇄식에 있어서는 아래와 같은 규칙을 지켜야 한다.

규칙 1 특칭은 최후의 전제에 한한다.

규칙 2 부정은 최초의 전제에 한한다.

규칙 1을 범하여, 가령 '어떤 C는 D이다'라고 하면, 2의 3단논법에서 '매개념 부주연의 허위'에 빠지며, 규칙 2를 범하여, 가령 'C는 D가 아니다'라고 하면, '대개념 부당 주연의 허위'에 빠진다.

(3) 불규칙형

불규칙형이라는 것은 불규칙한 3단논법으로서, 3단논법의 규칙에 어그러지나 정당한 추리로 인정할 수밖에 없는 3단논법을 말한다. 예를 들면 아래와 같은 것이다.

서울은 부산의 북쪽에 있다.

평양은 서울의 북쪽에 있다.

그러므로 평양은 부산의 북쪽에 있다.

이 3단논법은 매개념이 대소 양 전제에 있어서 일치되지 아니한다. 따라서 이 3단논법은 '서울'과 '부산의 북쪽에 있는 것'과 '평양'과 '서울의 북쪽에 있는 것'의 4개념을 가지고 있다. 그러므로 3단논법의 규칙에 어그러지나, 그러나 이 3단논법은 정당한 추리이다. 이와 같이 불규칙하면서도 정당한 3단논법을 불규칙형이라고 한다.

3) 가언적 3단논법

가언적 3단논법이라는 것은 전제와 결론이 가언적 판단으로 구성된 3단논법을 가리킨다. 가언적 3단논법에는 전(全)가언적 3단논법, 반(半)가언적 3단논법의 두 가지가 있다.

(1) 전가언적 3단논법

순수 가언적 3단논법이라고도 하는 것으로, 대소 양전제와 결론이 모두 가언적 판단으로 성립되는 3단논법이다. 그 형식으로는 아래의 네 가지가 있다.

① 갑이면 을이다. $a \supset b$

   병이면 갑이다. $c \supset a$

   그러므로 병이면 을이다. $\therefore\ c \supset b$

이것은 정언적 3단논법의 제1 격에 해당한다.

② 갑이면 을이다. $a \supset b$

   병이면 을이 아니다. $c \supset \bar{b}$

   그러므로 병이면 갑이 아니다. $\therefore\ c \supset \bar{a}$

이것은 정언적 3단논법의 제2 격에 해당한다.

③ 갑이 아니면 을이다. $\bar{a} \supset b$

   갑이면 병이다. $a \supset c$

   그러므로 병이 아니면 을이다. $\therefore\ \bar{c} \supset b$

이것은 정언적 3단논법의 제3 격에 해당한다.

④ 갑이면 을이다. $a \supset b$

   을이면 병이다. $b \supset c$

   그러므로 병이 아니면 갑이 아니다. $\therefore\ \bar{c} \supset \bar{a}$

이것은 정언적 3단논법의 제4 격에 해당한다.

(2) 반가언적 3단논법

대전제는 가언적, 소전제는 정언적인 3단논법을 반가언적 3단논법이라고 한다. 소전제는 대전제의 전건(前件)*Antecedent* 이나, 후건(後件)*Consequent* 을 긍정 또는 부정하는 것이므로, 아래와 같은 네 경우가 있을 수 있다. 그리고 긍정적 추리를 ponendo ponens라고 하며, 부정적 추리를 tollendo tollens라고 한다.

- 전건 부정

갑이면 을이다.	$a \supset b$
갑이 아니다.	$\bar{a}$
그러므로 을이 아니다.	$\therefore \; \bar{b}$

- 후건 긍정

갑이면 을이다.	$a \supset b$
을이다.	b
그러므로 갑이다.	$\therefore \; a$

이상의 두 형식은 부정확한 반가언적 3단논법이다. 1의 형식으로 잘못되는 것을 전건 부정의 오류라고 하고, 2의 형식으로 잘못되는 것을 후건 긍정의 오류라고 한다.

이에 대하여 반가언적 3단논법의 정당한 형식으로는 아래의 두 형식이 있다.

- 전건 긍정

갑이면 을이다.	$a \supset b$
갑이다.	a
그러므로 을이다.	$\therefore \; b$

- 후건 부정

갑이면 을이다.	$a \supset b$
을이 아니다.	$\bar{b}$
그러므로 갑이 아니다.	$\therefore \; \bar{a}$

A) 반가언적 3단논법의 규칙

규칙 1 전건을 긍정할 때에는 후건도 긍정할 수 있다.

규칙 2 후건을 부정할 때에는 전건도 부정할 수 있다.

규칙 1에 의한 것은 3의 형식으로서, 이것을 구성적 반가언적 3단논법이라고 하고, 규칙 2에 의한 것은 4의 형식으로서, 이것을 파괴적 반가언적 3단논법이라고 한다.

a. 구성적 반가언적 3단논법의 종류

• 긍정적 긍정식(갑이면 을이다. 갑이다. 그러므로 을이다.)

$$\frac{\begin{array}{l} a \supset b \\ a \end{array}}{\therefore \ b}$$

• 긍정적 부정식(갑이면 을이 아니다. 갑이다. 그러므로 을이 아니다.)

$$\frac{\begin{array}{l} a \supset \bar{b} \\ a \end{array}}{\therefore \ \bar{b}}$$

• 부정적 긍정식(갑이 아니면 을이다. 갑이 아니다. 그러므로 을이다.)

$$\frac{\begin{array}{l} \bar{a} \supset b \\ \bar{a} \end{array}}{\therefore \ b}$$

• 부정적 부정식(갑이 아니면 을이 아니다. 갑이 아니다. 그러므로 을이 아니다.)

$$\frac{\begin{array}{l} \bar{a} \supset \bar{b} \\ \bar{a} \end{array}}{\therefore \ \bar{b}}$$

b. 파괴적 반가언적 3단논법의 종류

• 긍정적 긍정식(갑이 아니면 을이 아니다. 을이다. 그러므로 갑이다.)

$$\frac{\begin{array}{l} \bar{a} \supset \bar{b} \\ b \end{array}}{\therefore \ a}$$

• 긍정적 부정식(갑이면 을이 아니다. 을이다. 그러므로 갑이 아니다.)

$$a \supset \bar{b}$$
$$\frac{b}{\therefore \bar{a}}$$

• 부정적 긍정식(갑이 아니면 을이다. 을이 아니다. 그러므로 갑이다.)

$$\bar{a} \supset b$$
$$\frac{\bar{b}}{\therefore a}$$

• 부정적 부정식(갑이면 을이다. 을이 아니다. 그러므로 갑이 아니다.)

$$a \supset b$$
$$\frac{\bar{b}}{\therefore \bar{a}}$$

4) 선언적 3단논법

선언적 3단논법은 선언적 판단을 대전제로 하여, 그 어느 선언지(選言肢)를 긍정 또는 부정하는 정언적 판단을 소전제로 하는 3단논법을 가리킨다. 그 일반적 형식은 다음과 같다.

(1) 갑은 을이든가 병이든가이다.　　　　　$a \wedge b$
갑은 을이다.　　　　　　　　　　　　　$\dfrac{a}{\therefore \bar{b}}$
그러므로 갑은 병이 아니다.

이것은 선언적 추리 *Disjunctive Inference* 의 제1칙 *Modus ponendo tollens* 의 형식이다. 즉 만일 '$a \wedge b$'가 진이고, a가 진이면 $\bar{b}$라는 것을 주장할 수 있다는 추리의 규칙이다. 실례를

들면 다음과 같은 것이다.

이 금속은 금이든가 은이든가이다.
이 금속은 금이다.
그러므로 이 금속은 은이 아니다.

(2) 갑은 을이든가 병이든가이다. $\qquad a \wedge b$
  갑은 을이 아니다. $\qquad \bar{a}$
  그러므로 갑은 병이다. $\qquad \therefore\ b$

이것은 선언적 추리의 제 2 칙 *Modus tollendo ponens* 의 형식이다. 즉 만일 '$a \wedge b$'가 진이고 a가 위이면, b라는 것을 주장할 수 있다는 추리의 규칙이다. 실례를 들면 다음과 같은 것이다.

그 사람은 살거나 죽거나 할 지경에 이르렀다.
그 사람은 살지 못하였다.
그러므로 그 사람은 죽었다.

선언적 3단논법에 있어서는 다음의 규칙에서 보는 바와 같이, 선언지가 서로 배척되어야 하는 것이기 때문에 다음의 식도 성립된다.

(3) $\qquad a \wedge b$
$$\frac{\quad b \quad}{\therefore\ \bar{a}}$$

(4) $\qquad a \vee b$
$$\frac{\quad \bar{b} \quad}{\therefore\ a}$$

대전제의 선언지의 수는 위의 형식과 같이 2개에 한하는 것

이 아니고, 2개 이상 무한히 가능하다. 예를 들면,

갑은 을이든가, 병이든가, 정이든가이다.
갑은 을이 아니다.
그러므로 갑은 병이든가 정이든가이다.

선언적 3단논법의 규칙에는 다음과 같은 것이 있다.
규칙 1 대전제의 선언지는 서로 배척하여 중첩되지 아니하여야 한다.
규칙 2 대전제의 선언지는 모든 경우를 망라하여야 한다.
위의 규칙을 범하는 오류를 '선언 불완전의 허위'라고 한다.

5) 가언적-선언적 3단논법(양도 논법; Dilemma)

이것은 두 개 또는 그 이상의 가언적 판단을 연결적으로 긍정하여 그것을 대전제로 하고, 대전제의 가언적 판단의 전건의 전부를 선언적으로 긍정하든가, 또는 후건의 전부를 부정하든가 하여 그것을 소전제로 하는 3단논법이다.

이것을 도식으로 표시하면 다음과 같다.

$$a \vee b \vee c$$
$$a \supset d$$
$$b \supset d$$
$$c \supset d$$
$$\therefore d$$

소전제에 있어서 긍정 또는 부정되는 사항을 각(角)이라고 하며, 각이 2개인 것을 양도 논법, 3개인 것을 삼도 논법, 4개인 것을 사도 논법, 5개 이상인 것을 다도 논법이라고 한다. 이 중에서 양도 논법이 가장 대표형이므로, 보통 가언적-선언적 3 단논법을 총칭하여 양도 논법이라고도 한다.

양도 논법에 있어서 소전제가 대전제의 전건을 선언적으로 긍정하든가 혹은 후건을 선언적으로 부정하는 데 따라서, 전자를 구성적이라고 하며, 후자를 파괴적이라고 한다. 그리고 결론이 정언적 판단일 때에는 간단하다고 부르고, 선언적 판단일 때에는 복잡하다고 부른다. 이 두 경우를 합하는 데서 다음과 같은 네 종류의 양도 논법이 성립된다.

(1) 간단 구성적 양도 논법

갑이면 을이다. 병이면 을이다. $a \supset b, \ c \supset b$

갑이나 병이다. $a \vee c$

그러므로 을이다. $\therefore \ b$

(2) 복잡 구성적 양도 논법

갑이면 을이다. 병이면 정이다. $a \supset b, \ c \supset d$

갑이든가 병이든가이다. $a \vee c$

그러므로 을이든가 정이든가이다. $\therefore \ b \vee d$

(3) 간단 파괴적 양도 논법

갑이면 을이다. 갑이면 병이다. $a \supset b, \ a \supset c$

을이 아니든가 병이 아니든가이다. $\bar{b} \vee \bar{c}$

그러므로 갑이 아니다. $\therefore \ \bar{a}$

(4) 복잡 파괴적 양도 논법

갑이면 을이다. 병이면 정이다. $a \supset b, \ c \supset d$

을이 아니든가 정이 아니든가이다. $\bar{b} \vee \bar{d}$

그러므로 갑이 아니든가 병이 아니든가이다. $\therefore \ \bar{a} \vee \bar{c}$

양도 논법의 일반적인 내용적 규칙은 다음과 같다.

규칙 1 소전제는 내용상 진정한 선언적 판단이어야 한다.

규칙 2 대전제에 있어서 전건과 후건은 내용상 반드시 필연적 관계를 가지고 있어야 한다.

규칙 3 소전제는 대전제의 전건을 긍정하든가, 후건을 부정하든가, 그 두 가지 중의 하나이어야 한다.

6. 귀납적 추리론

I. 귀납적 추리의 의의

귀납적 추리라는 것은, 어떤 종류의 대상의 일부의 확실한 사실에서, 그 종류의 대상 전부의 사실에 관하여 추리하는 것을 가리킨다. 이것을 도식으로 표시하면 아래와 같다.

$$\frac{P_1 \& P_2 \& P_3 \& \cdots \cdots \& P_n \text{은 } Q \text{이다.}}{\text{모든 } P \text{는 } Q \text{이다.}}$$

가령, 어떤 표준될 만한 몇 개의 잘 익은 수박이 단 것을 보고, 모든 잘 익은 수박은 달다고 추리하는 것 같은 것이다. 이와 같이 귀납 추리에 있어서는

첫째로, 조사하지 아니한 명제의 진리성까지 결론의 진리성과 관계된다. 위의, 수박의 예에 있어서는 먹어보지 못한 잘 익은 수박의 맛의 진리성까지 '모든 잘 익은 수박은 달다'는 결론의 진리성에 관계되는 것 같은 것이다.

둘째로, 귀납적 추리의 결론의 진리성 판단은 연역적 추리와 같은 논리적 추리에 의하는 것이 아니라, 객관적 사실에 의하여

서 검토된다. 연역적 추리에 있어서는 전제에서 논리적으로 추
리하여 얻은 결론은 가치가 있다. 그러나, 귀납적 추리의 결론
의 가치성은 이러한 논리적 추리에만 있는 것이 아니라, 그것이
실제 사실과 맞느냐 하는 데 있다.

귀납적 추리는 형식상으로는 귀납적 3단논법을 가리킨다. 귀
납적 3단논법은 위에 말한 귀납적 추리 일반의 특징에 의하여,
몇 개의 특수적 사실에서 일반적 진리를 논하는 3단논법의 추
리를 말한다. 예를 들면 아래와 같은 것이다.

$$M_1M_2M_3M_4M_5\text{은 P 이다.}$$
$$M_1M_2M_3M_4M_5\text{은 S 이다.}$$
$$\text{그러므로 모든 S 는 P 이다.}$$

위의 예에 있어서, $M_6M_7\cdots\cdots M_n$ 도 P이며, $M_6M_7\cdots\cdots M_n$
도 S라는 것을 의미하게 된다. 그리고 모든 S는 P라고 할 때
에 그 진리성은 실제의 경우에서 검토하여야 한다. 혹시 결론의
진리성에 관하여 예외가 있다고 할지라도, 귀납 추리의 효과는
그로 인하여, 그렇게 줄어지는 것이 아니다. 귀납적 추리의 목
적은 새로운 진리를 발견하는 데 있는 것이므로, 전제에서 정당
한 결론을 끌어내는 것을 주로 하는 연역적 추리에서와 같이,
논리적 추리에만 중점을 두는 것이 아니다. 귀납적 추리의 다른
실례를 들면, 칼을 가지고 장난을 하다가 손을 베어가지고 피가
나는 것을 보고, 언제나 손을 베면 피가 난다고 추리하는 것 같
은 것이다.

단 한 번이라도, 그것이 좋은 표본일 경우에는, 그것에서 전
체의 경우로 추리를 비약시킬 수 있다. 이 비약의 근거를 밀은
'자연의 제일성(齊一性) *The Uniformity of Nature*'에서 찾으려

하였다. 귀납적 추리에 있어서는 전제의 자료가 좋은 표본이 될
수 있어야 한다.

　A라는 사람은 죽었다.
　(A라는 사람은 모든 사람의 좋은 표본이다.)
　그러므로 모든 사람은 죽는다.

　이와 같이, 귀납적 3단논법에서는 언제나 사실의 자료가 좋
은 표본이 될 수 있다는 것을 전제로 한다.

Ⅱ. 귀납적 추리의 종류와 설명

　귀납적 추리에는 완비 귀납적 추리와 불완비 귀납적 추리의
두 가지가 있다. 그외에 수학상의 귀납적 추리에는, 대수학에는
수학적 귀납적 추리가 있고, 기하학에는 기하학적 귀납적 추리
가 있다.

1) 완비 귀납적 추리

　완비 귀납적 추리라는 것은 소위 매거적 추리 *Enumerative
Induction* 이다. 이것은 사례를 완전히 다 들어가지고 결론을
추리하는 귀납적 추리이다. 예를 들면 다음과 같은 것이다.

　'지구, 화성, 금성, 수성, 목성, 토성, 해왕성, 천왕성, 명왕
성은 태양을 중심으로 하고 타원 운동을 한다.'
　'이 모든 별은 태양계에 속하는 전혹성이다.'
　'그러므로 태양계에 속하는 전혹성은 태양을 중심으로 하
고 타원 운동을 한다.'

이렇게 완비 귀납적 추리는 사례를 전부 들어서 추리하는 것이므로, 결론은 정확하나, 진정한 귀납적 추리라고는 할 수 없다. 그러나 많은 사실을 개괄하는 데서 사유의 노력을 절약하는 효력이 있다.

2) 불완비 귀납적 추리(진정한 귀납적 추리)

이것은 진정한 귀납적 추리이다. 매사례를 다 들지 아니하되, 귀납적 비약 *Inductive Leap* 에 의하여, 특수적 사례에서 일반적 진리를 끌어내는 추리이다. 예를 들면 다음과 같은 것이다.

'A라는 사람도 죽었다. B라는 사람도 죽었다. C라는 사람도 죽었다.'
'A와 B와 C는 사람이다.'
그러므로 모든 사람은 죽는다.

귀납적 추리에 있어서, 귀납적 비약을 할 수 있는 것은, 밀에 의하면 자연의 제일성에 근거하는 것이라는 것은 이미 말하였다.

이 불완비 귀납적 추리에 있어서 준수하여야 할 규칙은 다음과 같다.

규칙 1 $M_1M_2M_3$ 등에 공통된 속성 P는 그것들이 본질적 속성이어야 한다.

규칙 2 $M_1M_2M_3$ 등은 S를 대표할 만한 충분한 자격이 있어야 한다.

이 불완비 귀납적 추리에 의하여 얻는 진리를 경험적 법칙 *Empirical Law* 이라고 한다. 경험적 법칙은 절대적 법칙이 아니라, 상대적 법칙으로서 확률적 법칙 *Probability Law* 이다.

3) 수학적 귀납적 추리

수학적 귀납적 추리란, 어떤 유의 한 성원에 대하여 어떤 관계가 성립될 때에, 그 관계를 그 유의 성원에 점차로 확대시켜, 그 유의 다른 성원의 전체에 대하여, 그 관계를 성립시키는 추리를 가리킨다. 이것을 수학적 귀납법 또는 논증적 귀납법이라고도 부른다. 한 예를 들면, 기수 1에서 시작하여 순차로 기수를 더하면, 그 합은 항상 더한 기수의 개수의 제곱과 같다.

$$1+3+5+\cdots\cdots+(2n-3)+(2n-1)=n^2$$

이 공식에서 $(2n-1)$은 n번의 기수이고, $(2n-3)$은 $(n-1)$기수이다. 이 공식의 실례는 다음과 같은 것이다.

$$1+3=4=2^2, \ 1+3+5+9=3^2, \ 1+3+5+7=16=4^2$$

수학적 귀납적 추리는 정수간의 다른 체계를 증명하는 데에도 사용되는데, 몇 개의 예를 들면 다음과 같은 것이 있다.

$$1+2+3+\cdots\cdots+(n-1)+n=\frac{n(n+1)}{2}$$

$$2+2^1+2^2+2^3+\cdots\cdots+2^{n-2}+2^{n-1}=2^n$$

$$1^2+2^2+3^2+4^2+\cdots\cdots+(n-1)^2+n^2=\frac{n(n+1)(2n+1)}{6}$$

4) 기하학적 귀납적 추리

이것은 기하학상의 귀납적 추리이다.

예를 들면, 어떤 임의의 이등변 삼각형에 대하여 밑변의 두 각이 서로 같은 것을 증명할 때에는 모든 이등변 삼각형에 있어서 같다는 것을 추리하는 것 같은 것이다. 즉 기하학상, 임의의 사례에서 발견된 바로서, 일반의 경우에 타당한 지식을 얻는 귀납적 추리이다.

7. 유비적 추리

유비적 추리는 귀납적 추리와 비슷하나, 귀납적 추리가 특수에서 일반으로 추리하는 데 대하여, 유비적 추리는, 특수에서 특수에로 추리하는 것을 의미한다. 즉 두 개의 사실이 여러 점에 있어서, 서로 유사한 것을 인정하고, 그것에 의하여 한 사실의 속성이 다른 사실에도 있으리라고 추리하는 것 같은 것이다. 이것을 형식으로 표현하면 다음과 같다.

A는 $a \cdot b \cdot c$이다.
B도 $a \cdot b \cdot c$이며, 또한 d이다.
그러므로 A는 d일 것이다.

예를 들면, 화성과 지구를 비교할 때에, 같이 태양계에 속하는 유성이며, 육지가 있고, 공기가 있고, 물이 있고, 그외에도 여러 가지 점으로 서로 유사할 뿐 아니라, 또한 그것들은 인간의 생활에 있어서 필요한 것이므로, 화성에도 지구와 같이 인간이 생활하고 있을 것이라고 추리하는 따위다.

유비적 추리로 얻는 결론은 항상 개연적이다. 유사한 점이 많고, 더욱이 그것들이 본질적 속성인 경우에는 그 개연성은 증가

되나, 도저히 절대로 확실할 수는 없다. 이 추리를 함에 있어서 주의할 점은 다음과 같다.

(1) 비교되는 유사점은 본질적이며, 적극적인 속성이어야 한다.

(2) 추리된 속성은 이미 알고 있는 유사점 또는 다른 본질적 속성과 상합적(相合的)인 것이어야 한다.

이 추리는 매거적 추리와 진정한 귀납적 추리를 응용할 수 없는 경우에 사용하는 것으로, 학문 연구에 있어서 상당한 효과적인 성적을 나타내고 있다.

8. 연역적 추리와 귀납적 추리와 유비적 추리

연역적 추리와 귀납적 추리와 유비적 추리는 추리의 세 가지로서, 추리인 점에 있어서 공통한 관계를 가질 뿐 아니라, 서로 밀접한 상보의 관계를 가지고 있다.

먼저 연역적 추리와 귀납적 추리의 관계를 고찰하여보면, 연역적 추리는 귀납적 추리의 조력을 빌리고, 귀납적 추리는 연역적 추리의 조력을 빌려, 그 효과를 나타냄을 볼 수 있다.

연역적 추리의 전제가 되는 전칭적 판단은 대개 세 연원에서 오는 것이라고 하겠다.

(1) 다른 연역적 추리의 결론,

(2) 선천적 직관적 지식,

(3) 귀납적 추리의 결론.

(1)의 경우에는 다른 연역적 추리의 전제가 다시금 문제될 것이며, (2)의 경우에는 기하학의 공리 같은 것으로 극소할 것이고, 대개는 (3)의 경우가 많다. 그러므로 연역적 추리의 자료

는 귀납적 추리가 제공하는 것이라고 할 것이다. 그리고 귀납적 추리는 특수한 사실을 보편적 의의로 해석하여 객관적 확실성을 가진 보편타당적인 법칙을 발견하는 것을 목적으로 하며, 인과율과 자연의 제일성을 근거로 하는 추리이다.

귀납적 추리는 이러한 인과율, 자연의 제일성 또는 다른 보편적 법칙 같은 원리를 대전제로 하여, 그것을 특수한 경우에 응용하는 일종의 연역 추리라고 할 수 있다. 그리고 또한 특수한 사실에서 일반적 결론을 끌어낼 때에는 연역적 추리와 같은 좁은 의미의 논리적 추리를 빌리지 아니할 수 없다. 이런 점을 생각할 때에 연역적 추리와 귀납적 추리는 서로 배척하는 것이 아니라, 상보함으로써 각기의 특징을 살릴 수 있음을 알 수 있다. 그러나 양추리의 차이점을 든다면 다음과 같은 것을 들 수 있다.

첫째, 연역적 추리에 있어서는 결론이 정당하냐 아니하냐가 문제이다. 전제에서 정당한 결론만 추리하여내면 된다. 그러나 귀납적 추리에 있어서는 결론의 진위를 논하게 된다. 그리하여, 결론이 진인 경우에는 다른 모든 그러한 경우에도 진이고, 위인 경우에는 다른 모든 경우에도 위이다. 이것은 귀납적 비약에 의하는 것으로서, 귀납적 추리의 결론은 다른 명제에도 이렇게 관련을 가진다.

둘째, 연역적 추리의 결론의 가치 평가는, 전제와 모순이 있느냐 없느냐 하는 데서 결정된다. 만일 전제를 시인하고, 바른 결론을 부정하게 되면 그 사이에 모순이 생기게 된다. 이렇게 연역적 추리에 있어서는 전제와 결론간에 밀접한 논리적 관계가 있다. 이에 대하여 귀납적 추리에 있어서는, 전제와 결론간의 논리적 관계뿐 아니라, 그것이 실제의 사실과 부합되느냐 않느냐 하는 것이 문제된다. 귀납적 추리의 결론은 귀납적 비약에 의하여 다른 명제에도 관련을 가지게 되므로, 그 진위성이 문제될 것은 첫째의 차이점에서 오는 당연한 귀결이라고 할 것이다.

다음에 연역적 추리와 귀납적 추리의 두 추리와 유비 추리의 관계도 역시 상보의 관계를 가지고 있다. 유비적 추리는 연역적 추리와 귀납적 추리를 사용할 수 없는 경우에 사용한다. 그러므로, 유비적 추리는 연역적 추리와 귀납적 추리가 미치지 못하는 면을 보조하는 소임을 한다고 볼 수 있다. 그리고 유비적 추리는 귀납적 추리로 인도하는 전계단이 되는 경우가 많다. 이런 의미에서 유비 추리는 귀납적 추리와는 특히 밀접한 관계를 가지고 있다고 할 것이다.

이제 세 추리의 가치를 논술하면, 논증의 추리로서는 연역적 추리가 가장 가치가 있고, 새로운 진리를 발견하는 추리로서는 귀납적 추리가 가장 가치가 있다. 그러나 그것은 비교적인 의미에서 그런 것이고, 세 추리는 모두 각각 독특한 가치를 가지고 있다. 때와 경우에 따라서 어떤 추리가 다른 추리보다 나은 때가 있으나, 또한 다른 때와 다른 경우에는 다른 추리가 나은 때도 있어, 일반적으로 가치를 논하기는 곤란하다.

세 추리는 과학 연구에 있어서 모두 필요한 추리이나, 연역적 추리는 새로운 문제를 생각해내며, 또한 연구를 정리하는 추리이며, 귀납적 추리는 새로운 진리를 발견하는 추리이다. 유비적 추리는 그 결과가 개연적이므로 확실성이 적다. 그러나 유비적 추리의 개연적 진리가 귀납적 추리의 진리를 도입시키는 전계단이 되는 수가 많다. 이와 같이 연역적 추리와 귀납적 추리와 유비적 추리는 서로 특징을 가지고 상보하는 데서 과학 연구에 큰 가치를 나타내고 있다.

제 2 편

기호 논리

기호 논리학 *Symbolic Logic, Mathematical Logic, Logistic* 은 19세기 중엽부터 발전된 현대 논리학이다. 이 체계는 이론 *theory; a system of assertions about objects* 이 아니라, 언어 *language; a system of signs and of rules for their use* 이다. 순수 논리학은 언어의 체계이지만, 이 체계는 주어진 이론에 관한 것이 아니라, 언어의 도식 *Schema* 이며, 골격 *Skeleton* 이다. 이 도식으로부터 필요에 의하여 어떤 기호의 증명을 통하여 적당한 언어의 체계를 세울 수 있다.

개념·이론·주장·연역 등의 과학적 제요소를 논리적으로 분석하려면, 그것들을 기호로 옮겨놓는 것이 좋다. 기호로 옮겨놓는 데에서 일상 언어보다 애매하지 아니하고, 정확한 형태의 기호를 가지게 된다. 따라서 이러한 방법을 사용하는 데에서 연역법의 순수성과 정확성을 더욱 용이하고 세밀하게 검출할 수 있다. 기호를 사용하지 아니하면 명백하지 아니하다. 기호를 사용하지 아니하면 애매한 전제가 무의식중에 포함되기 쉽다. 이러한 많은 예는 기하학의 역사에서 발견되는 바이며, 특히 유클리드의 다른 제공리로부터 그의 평행선의 공리를 풀어내려던 기도 같은 데에서 발견하게 된다.

언어 대신에 인위적 기호를 사용함으로써 얻는 또 다른 이점은, 기호 형식의 간결성과 명료성이다. 언어로 표시하면 여러 줄이 필요한 것을 몇 줄로 표시할 수 있다. 따라서, 조작·비교·추리를 용이하고 신속하게 할 수 있다. 정확성 *Exactness* 과 간결성 *Brevity* 의 이점은 수학에도 나타난다. 만일, 수학에서 언어를 그대로 사용하고, 수의 사용이라든가, 다른 기호의 사용을 거부하였더라면, 오늘날과 같은 높은 정도의 발전은 매우 곤란하였을 것이며, 심리학적으로 불가능했을 것이다. 이러한 점을 실증하는 것으로서, 다음의 초보적인 형식을 생각해보아도 될 것이다. 이것을 일상적인 말로 번역해보면 이해가 될 것이다.

$$(x+y)^3 = x^3 + 3x^2y + 3xy^2 + y^3$$

기호 방법 *Symbolic Method* 은 수와 수적 함수 등을 탐구하는 데에 수학에 이점이 되고, 기호 논리학은 어떤 종류의 개념을 다루는 데에 있어서나, 그 일반성을 탐구하는 데에 이점이 있다.

우리는 먼저 단독 명제와 일반 명제를 구별하고, 재래의 직접 추리의 대상 관계가 기호 논리에서 어떻게 달라지는가를 보기로 한다.

단독 명제 *Singular Proposition* 라는 것은 주어가 단독인 경우의 명제로서, 소크라테스, 백두산, 한강 같은 고유명사와 술어가 결합되어서 이루어지는 주장의 문장이다. 이것을 기호화하면, 개체 상수 *Individual Constants* 'a' 'b' 'c' 등과 술어 상수 *Predicate Constants* 'H' 'I' 'J' 등의 결합으로 된다. 예컨대,

소크라테스는 사람이다.   Hs

아리스토텔레스는 사람이다.   Ha

김유신은 사람이다.   Hk

위의 개체 상수 s, a, k의 변수를 x로 표시하고, 술어 H의 변수를 ϕ로 표시해서, 단독 명제의 명제 함수 *Propositional Function*는 ϕx로 표시한다. ϕx, Ψy 등은 단독 명제의 명제 함수이다. 명제 함수의 변수 x, y, z를 상수 a, b, c로 대치시키는 과정을 '예화 *Instantiation*'라고 부른다. 가령, Hx를 $H_a H_b H_c$ 등으로 예화시키는 것이다.

일반 명제 *General Proposition*라는 것은 주어가 어떤 *some* 또는 모든 *all*의 일부나 전부의 양을 가리키는 명사로 되어 있는 명제이다.

어떤 x는 죽는다. $(\exists x)Mx$

모든 x는 죽는다. $(x)Mx$

$(\exists x)$를 존재 정량 *Existential Quantifier*, (x)를 보편 정량 *Universal Quantifier*이라고 부른다. 존재 정량과 보편 정량의 관계를 대당의 방형(方形)으로 표시하면 아래와 같다.

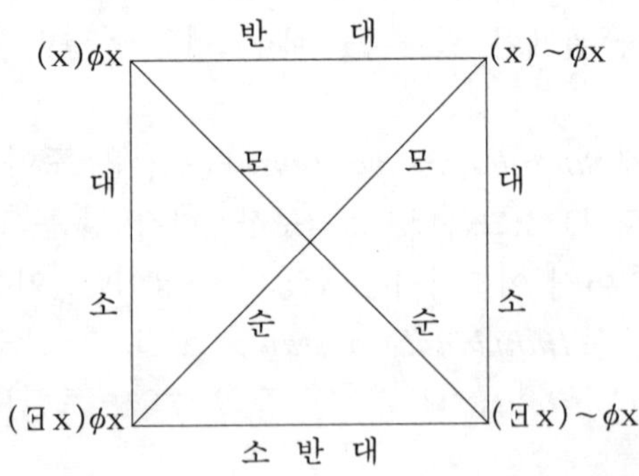

112

위에 있는 두 명제는 반대로 다 같이 잘못일 수는 있으나, 다 같이 진일 수는 없다. 밑에 있는 두 명제는 소반대로 다 같이 진일 수는 있으나 다 같이 위일 수는 없다. 대각선으로 있는 각각의 두 명제는 모순으로, 하나가 진이면 다른 것은 위이다. 양쪽의 대소 대당 관계는 위의 명제가 진일 때에 밑의 명제는 진이다.

고전 논리의 주어-술어 명제 *Subject-Predicate Proposition*, A·E·I·O의 대당 관계는 기호화시켜볼 때에 모순 대당만이 성립된다. A명제는 다음과 같이 기술되고 기호화된다.

Given any x in the universe, x is human $\supset x$ is mortal.

$$(x)(Hx \supset Mx)$$

E명제는 다음과 같이 기술되고 기호화된다.

Given any x in the universe, x is human $\supset x$ is not mortal.

$$(x)(Hx \supset {\sim} Mx)$$

I명제는 다음과 같이 기술되고 기호화된다.

There exists at least one x such that x is human $\cdot$ x is mortal.

$$(\exists x)(Hx \cdot Mx)$$

O명제는 다음과 같이 기술되고 기호화된다.

There exists at least one x such that x is human $\cdot$ x is not mortal.

$$(\exists x)(Hx \cdot \sim Mx)$$

술어 변수를 ϕ와 ψ로 기술하여 고전 논리의 네 개의 일반적 주어-술어 명제를 대당의 방형으로 표시하면 아래와 같이 모순 대당만이 성립될 수 있다.

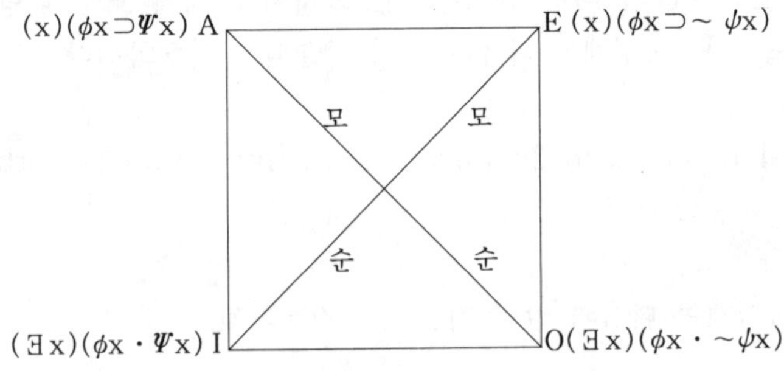

A·E·I·O 명제의 대당 관계가 일반 논리에서의 대당 관계와 달라지는 것은 기술의 차이에서 온다. 고전 논리의 명제를 엄격히 분석해서 그 뜻에 따라 기술하면 기호 논리의 기술이 정당하다. 명제를 언어로써 기술하는 것과 기호로써 기술하는 것의 정밀성의 차이를 여기에서 찾아볼 수 있다. 일상 언어를 논리적 관념으로 바꿈에 있어 어떤 기계적인 규칙은 아직 없다. 그러므로 일상 언어의 의미를 먼저 이해하고 나서, 그 의미를 명제 함수와 정량을 조건으로 해서 재표현하는 수밖에 없다. 재래의 논리는 일상 언어를 사용했기 때문에, 기호 논리보다 정확성이 적었던 것을 여기에서도 찾아볼 수 있다.

우리는 이제 현대 논리, 즉 기호 논리의 체계를 다룸으로써 현대 논리의 구조와 기능을 살펴보기로 한다.

1. 기본적인 논리적 연결어

명제를 결합시키는 연결어 중에서 기본적인 것에는 다음의
네 가지가 있다.
1. ∼(not) 아니다 〔모순 기능〕
2. ·(and) 그리고 〔결합 기능〕
3. ∨(or) ……이나 ……이다 〔선택 기능〕
4. ⊃(if then) ……이면 ……이다 〔함축 기능〕
이 기호를 명제와 붙여서 표시하면 아래와 같이 된다.

$$p$$
$$\sim p$$
$$p \cdot q$$
$$p \vee q$$
$$p \supset q$$

p나 q는 명제를 가리키는 기호다. ∼p는 'p가 아니다,' p·q
는 'p와 q,' p∨q는 'p이거나 q,' p⊃q는 'p면 q'를 가리킨다.
　선택을 표시하는 ∨(or)에는 두 가지 의미가 있다. 즉 포괄
적 선택 *Inclusive Disjunction*과 배타적 선택 *Exclusive Dis-
junction*이 그것이다.
　포괄적 선택이라는 것은, 두 가지 중의 어느 하나이거나, 또
는 두 가지가 다 될 수 있는 경우이다. p∨q는 p이거나 q거나
또는 둘 다(p or q or both)를 의미한다. 예컨대,

그는 야간 학생이거나 주간 학생이다.

이 경우에 있어서 그는 어느 하나도 될 수 있을 것이고, 또는 주야를 겸하는 둘 다도 될 수 있을 것이다.
　배타적 선택이라는 것은 두 가지 중의 하나이고 결코 두 가지가 다 될 수 없는 경우이다. 기호로 표시하면 p∧q이다. 이것은 p거나 q거나이고 둘 다는 아니다(p or q but not both)를 의미한다. 예컨대,

그는 서울서 났거나, 아니 났거나이다.

선택적인 경우에 있어서, 두 가지를 포괄하는 선택이 있는 동시에, 또한 두 가지를 모두 배척하는 경우도 있다. 예컨대,

그는 뉴욕서 났거나 서울서 났거나이다.

이런 경우에, 그는 뉴욕서도 서울서도 아니 난 경우가 있을 것이다. 이것을 기호로 표시하면 다음과 같다.

　　　p↓q

p⊃q이다 하는 함축 명제 *Implicative Proposition* 에는 세 가지 종류의 의미가 포함되어 있다.
　첫째, 실질적 함축 *Material Implication*
　실질적 함축이라는 것은 함축이라고 부르기보다는 조건적이라고 부르는 것이 좋을 것이다. ‘만일 ……이면 ……이다’ 할

때에 전건과 후건과의 사이에 논리적 관계가 없고, 전건이 조건의 소임을 하고, 후건은 그 조건 아래서 그런 사실이 일어난다는 것이다. 이것은 ∼p∨q로 정의된다. 예컨대,

네가 학교에 가면, 나는 회사에 가겠다.
만일 전쟁이 나면, 나는 네게서 백 원을 받겠다.

이런 경우에는 전건과 후건에 아무 논리적 관계가 없다. '만일 ……면 ……이다'의 관계밖에 없다.
둘째, 논리적 함축 *Logical Implication, Formal Implication, Strict Implication*

논리적 함축이라는 것은 전건과 후건과의 사이에 논리적 관계가 있는 것을 말한다. 만일 전건이 그러면 후건은 논리적으로 꼭 그렇다는 것이다.

만일 모든 사람이 죽으면, 모든 정치가들은 죽는다.
만일 비가 많이 오면, 홍수가 난다.
만일 쇠에 불을 달구면, 쇠는 녹는다.

이때의 가언적 판단은 전건과 후건과의 관계에 논리적 관계가 있다. 전건이 그러면 후건은 필연적으로 그렇게 된다. 이것은 전건과 후건과의 함축적 관계에 있어서, 전건과 후건의 진위 관계가 부정할 수 없는 필연적 관계임을 말하는 것이다. 따라서 논리적 함축은 실질적 함축보다 그 개념에 있어서 범위가 좁다.
논리적 함축은 두 가지로 구분된다. 하나는 러셀의 형식적 함축 *Formal Implication* 이며, 다른 하나는 루이스C. L. Lewis 의 엄격한 함축이다.

(1) 형식적 함축

형식적 함축은 아래와 같이 명제간의 외연을 다루는 명제 함수의 논리적 함축을 가리킨다.

$$(x) : \varphi x . \supset . \Psi x$$

(2) 엄격적 함축

이것은 아래와 같이 명제간의 내포를 다루는 명제의 논리적 함축을 가리킨다.

$$p \rightarrow\!\!\!3\, q$$

엄격적 함축을 실질적 함축과 비교하여보면, 다음과 같은 차이가 생긴다.

$$p \rightarrow\!\!\!3\, q = Df \sim \rightarrow\!\!\!3\, \Diamond\,(p.\sim q) \qquad \Diamond 표는 가능함$$
$$p \supset q = Df \sim (p.\sim q)$$

셋째, 수학적 함축 *Tautologous Implication*

수학적 함축이라는 것은 가언적 판단에 있어서 전건과 후건이 온전히 같음을 말한다. 예컨대,

다섯에다가 일곱을 넣으면, 열둘이다.
한국에서 제일 아름다운 산이면, 금강산이다.

이것은 가언적 판단에 있어서 전건과 후건이 꼭 같음을 말한다. 따라서 이 수학적 함축은 논리적 함축보다 그 개념에 있어

서 더욱 엄격하고 범위가 좁다.

위의 세 가지 함축에서 우리는 우선 첫째의 실질적 함축을 사용할 것이다.

상술한 ~(Negation), ·(Conjunction), ∨(Alternative), ⊃(If then, Horseshoe)의 기본적인 연결어 이외에 ≡(Triple line)과 |(Alternative denial), ↓(#)(Joint denial, Neither……nor) 등의 연결어가 있다. 그리고 기본적 연결어의 강약의 순서는 아래와 같다.

$$\cdot \quad \vee \quad \supset \quad \equiv$$

2. 교환 정의

교환 정의 *Interdefinitions* 란 ~ · ∨ ⊃ ≡ | ↓ 등의 연결어의 상호의 기능을 교환하는 정의이다.

  1. ∨는 ~과 ·로써 정의를 내릴 수 있다.

$$p \vee q = Df \sim (\sim p \cdot \sim q)$$

  2. ∨는 ~과 ⊃으로써 정의를 내릴 수 있다.

$$p \vee q = Df \sim p \supset q$$

  3. ⊃는 ~과 ∨로써 정의를 내릴 수 있다.

$$p \supset q = Df \sim p \vee q$$

  4. ⊃은 ~과 ·로써 정의를 내릴 수 있다.

$$p \supset q = Df \sim (p \cdot \sim q)$$

  5. ·은 ~과 ⊃으로써 정의를 내릴 수 있다.

$$p \cdot q = Df \sim (p \supset \sim q)$$

  6. ·은 ~과 ∨로써 정의를 내릴 수 있다.

$$p \cdot q = Df \sim (\sim p \vee \sim q)$$

7. ≡은 · 와 ∨와 ∼으로써 정의를 내릴 수 있다.

$$p \equiv q = Df(p \cdot q) \vee (\sim p \cdot \sim q)$$

8. ≡은 ⊃과 · 로써 정의를 내릴 수 있다.

$$p \equiv q = Df(p \supset q) \cdot (q \supset p)$$

9. |는 ∼와 · 로써 정의를 내릴 수 있다.

$$p \mid q = Df \sim (p \cdot q)$$

10. |는 ∼와 ∨로써 정의를 내릴 수 있다.

$$p \mid q = Df \sim p \vee \sim q$$

11. ↓는 ∼과 ∨로써 정의를 내릴 수 있다.

$$p \downarrow q = Df \sim (p \vee q)$$

12. ↓는 ∼과 · 로써 정의를 내릴 수 있다.

$$p \downarrow q = Df \sim p \cdot \sim q$$

3. 기본 연결어의 문제

전장에서 논한 ∼ · ∨ ⊃ ≡ | ↓ 등 7개의 연결어 기호를 몇 개의 기본 기호로 환원할 수 있다.

프레게 Frege(1848∼1925)는 ∼과 ⊃의 두 기호로 환원하여 사용하였고, 브렌타노 Brentano(1838∼1907)는 ∼과 · 의 두 기호로 환원하여 사용하였고, 러셀은 ∼과 ∨의 두 기호로 환원함이 좋다고 주장하였다. 이에 대하여 알론초 처치 Alonzo Church는 ∼과 · 과 ∨의 세 기호를 기본 기호로 사용함이 좋을 것이라고 하였다. 이와 반대로 세퍼 Scheffer 는 | 의 한 기호로 환원하였고, 콰인 W. V. Quine 은 →의 한 기호로 환원하였다.

프레게는 ～ ⊃의 두 기호로써 · ∨ ≡의 세 기호를 표시
할 수 있다고 하였다.

$$p \cdot q \to \sim(p \supset \sim q)$$
$$p \vee q \to \sim p \supset q$$
$$p \equiv q \to (p \supset q) \cdot (q \supset p) \to \sim\{(p \supset q) \supset \sim(q \supset p)\}$$

브렌타노는 ～ ·의 두 기호로써 ∨ ⊃ ≡의 세 기호를 표
시할 수 있다고 하였다.

$$p \vee q \to \sim(\sim p \cdot \sim q)$$
$$p \supset q \to \sim(p \cdot \sim q)$$
$$p \equiv q \to (p \supset q) \cdot (q \supset p) \to \sim(p \cdot \sim q) \cdot \sim(q \cdot \sim p)$$

러셀은 ～ ∨의 두 기호로써 · ⊃ ≡의 세 기호를 표시할
수 있다고 하였다.

$$p \cdot q \to \sim(\sim p \vee \sim q)$$
$$p \supset q \to \sim p \vee q$$
$$p \equiv q \to (p \cdot q) \vee (\sim p \cdot \sim q) \to \sim(\sim p \vee \sim q) \vee$$
$$\sim\{\sim(\sim p) \vee \sim(\sim q)\}$$

처치는 ～ · ∨의 세 기호로써 ⊃ ≡의 두 기호를 표시할
수 있으므로 ～ · ∨의 세 기호를 기본 기호로 사용하기를 주
장하였다.

$$p \supset q \to \sim p \vee q$$

$$p\equiv q \rightarrow(p\supset q)\cdot(q\supset p)\rightarrow(\sim p\vee q)\cdot(\sim q\vee p)$$

셰퍼는 ～ · ∨ ⊃ ≡의 다섯 기본 기호를 |의 한 기호로 환원할 수 있음을 주장하였다.

$$p|q=Df(\sim p\vee\sim q)$$
$$p|q=Df\sim(p\cdot q)$$
$$\sim p\rightarrow p|p$$
$$p\cdot q\rightarrow(p|q)|(p|q)$$
$$p\vee q\rightarrow(p|p)(q|q)$$
$$p\supset q\rightarrow p|(q|q)$$
$$p\equiv q\rightarrow\{(p|p)|(q|q)\}|(p|q)$$

콰인은 ～ · ∨ ⊃ ≡의 다섯 기호를 ↓의 한 기호로 환원할 수 있음을 주장하였다. 그리고 이 생각은 셰퍼에서 얻게 된 것이다.

$$p\downarrow q=Df(\sim p\cdot\sim q)$$
$$p\downarrow q=Df\sim(p\vee q)$$
$$\sim p\rightarrow p\downarrow p$$
$$p\cdot q\rightarrow(p\downarrow p)\downarrow(q\downarrow q)$$
$$p\vee q\rightarrow(p\downarrow q)\downarrow(p\downarrow q)$$
$$p\supset q\rightarrow\{(p\downarrow p)\downarrow q\}\downarrow\{(p\downarrow p)\downarrow q\}$$
$$p\equiv q\rightarrow\{(p\downarrow p)\downarrow q\}\downarrow\{(q\downarrow q)\downarrow p\}$$

4. 명제의 진위표

명제의 진위표 *Truth tables, Matrix method, Matrix analyses* 란 복합한 명제의 진위를 판단하는 표이다.

전장에서 논술한 ～ · ∨ ⊃ ≡ | ↓의 기호를 진위표 *Truth table* 로 표시하면 아래와 같다.

(1) ～ (Negative, Curl)

S	～S
T	F
F	T

S가 진인 경우에는 그것의 부정인 ～S는 위이다.

S가 위인 경우에는 그것의 부정인 ～S는 진이다.

도표의 S는 명제요, ～S는 부정 명제이다. T는 진(Truth 의 약호)이요, F는 위(False 의 약호)이다.

(2) · (Conjunction, Dot)

두 명제 S_1과 S_2가 결합되는 경우에는 S_1과 S_2가 모두 진인 경우에만 진이고 그 이외에는 모두 위이다.

계산할 식의 전체를 가리켜 분자식 *Molecular* 이라고 하고, 하나하나의 명제를 원자 *atom* 라고 한다.

$$S_1 \cdot S_2$$

S_1	S_2	$S_1 \cdot S_2$
T	T	T
F	T	F
T	F	F
F	F	F

먼저 $(S_2 \cdot S_3)$을 계산하고 그것을 또다시 S_1과 연결시켜서 계산하였다. 원자 종류에 따라서 진위의 난이 결정된다. 그 규칙은 2^n이다. 이 표에서는 원자 수가 셋이었기 때문에 $2^3 = 8$이었다.

$$S_1 \cdot (S_2 \cdot S_3)$$

S_1	S_2	S_3	$S_2 \cdot S_3$	$S_1 \cdot (S_2 \cdot S_3)$
T	T	T	T	T
F	T	T	T	F
T	F	T	F	F
F	F	T	F	F
T	T	F	F	F
F	T	F	F	F
T	F	F	F	F
F	F	F	F	F

(3) ∨ (Alternative, Wedge)

$$S_1 \vee S_2$$

S_1	S_2	$S_1 \vee S_2$
T	T	T
F	T	T
T	F	T
F	F	F

$$S_1 \wedge S_2$$

S_1	S_2	$S_1 \wedge S_2$
T	T	F
F	T	T
T	F	T
F	F	F

앞의 경우에 있어서는 p or q or both의 경우로 둘 중의 하나가 진인 경우에는 진이다.

$$(S_1 \vee S_2) \vee S_3$$

S_1	S_2	S_3	$S_1 \vee S_2$	$(S_1 \vee S_2) \vee S_3$
T	T	T	T	T
F	T	T	T	T
T	F	T	T	T
F	F	T	F	T
T	T	F	T	T
F	T	F	T	T
T	F	F	T	T
F	F	F	F	F

먼저 $(S_1 \vee S_2)$의 진위표를 만들고 다시 그것과 S_3과의 진위표를 만든다.

124

∨는 포괄적 선택 *Inclusive Disjunctive*을 말한다. 배타적 선택 *Exclusive Disjunctive* 은 ∧의 기호를 사용한다. ∧는 ~(≡)에 해당한다. 전자는 p or q or both를 말하고, 후자는 p or q but not both를 말한다.

(4) ⊃(If then, Horseshoe)

이것은 '만일 S_1이면 S_2이다'나 혹은 'S_1과 ~S_2가 같이 될 수 없다'를 의미한다. 옆의 표는 ⊃의 진위표이다.

$$S_1 \supset S_2$$

S_1	S_2	$S_1 \supset S_2$
T	T	T
F	T	T
T	F	F
F	F	T

(5) ≡(If and only if, Triple line)

$$S_1 \equiv S_2$$

이것은 $\{(S_1 \supset S_2) \cdot (S_2 \supset S_1)\}$를 의미하는 것으로서 '$S_1$이면 S_2이고, 그리고 S_2이면 S_1이다'를 의미한다.

S_1	S_2	$S_1 \equiv S_2$
T	T	T
F	T	F
T	F	F
F	F	T

해설

S_1	S_2	$S_1 \supset S_2$	$S_2 \supset S_1$	$S_1 \supset S_2 \cdot S_2 \supset S_1$
T	T	T	T	T
F	T	T	F	F
T	F	F	T	F
F	F	T	T	T

(6) |(Stroke, alternative denial, not both p and q)

이것은 둘 중의 하나는 부정되는 것으로서, 둘이 다 같이 진이 될 수 없는 것을 가리킨다.

$S_1 | S_2$

S_1	S_2	$S_1	S_2$
T	T	F
F	T	T
T	F	T
F	F	T

해 설

S_1	S_2	$S_1 \cdot S_2$	$\sim(S_1 \cdot S_2)$
T	T	T	F
F	T	F	T
T	F	F	T
F	F	F	T

(7) $\downarrow$ (#)(sharp, neither……nor, joint denial)

이것은 S_1도 S_2도 아닌 경우이다. 즉 두 경우를 다 부정하는 경우이다.

$S_1 \downarrow S_2$

S_1	S_2	$S_1 \downarrow S_2$
T	T	F
F	T	F
T	F	F
F	F	T

해설   a) $S_1 \downarrow S_2 = (\sim S_1 \cdot \sim S_2)$ b) $S_1 \downarrow S_2 = \sim(S_1 \vee S_2)$

a)

S_1	S_2	$\sim S_1$	$\sim S_2$	$\sim S_1 \cdot \sim S_2$
T	T	F	F	F
F	T	T	F	F
T	F	F	T	F
F	F	T	T	T

b)

S_1	S_2	$S_1 \vee S_2$	$\sim(S_1 \vee S_2)$
T	T	T	F
F	T	T	F
T	F	T	F
F	F	F	T

(8) 이상의 각 기호가 서로 합하여 성립된 경우.

예 : 만일, 철수 아버지가 자동차를 아니 사면, 그의 아내가 섭섭해할 것이다.

만일, 철수 아버지가 자동차를 사면, 철수가 학교에

갈 수 없을 것이다.

철수의 어머니는 섭섭해하지 아니하였다.

그러므로 철수는 학교에 갈 수 없었다.

이것을 기호로 표시하면 다음과 같다.

$$\sim A \supset B$$
$$A \supset \sim C$$
$$\underline{\quad \sim B \quad}$$
$$\sim C$$

이것을 진위표로 표시하면 다음과 같다.

$$[\{(\sim A \supset B) \cdot (A \supset \sim C)\} \cdot \sim B] \supset \sim C$$

A	B	C	~A	~B	~C	~A⊃B	A⊃~C	(~A⊃B)·(A⊃~C)	{(~A⊃B)·(A⊃~C)}·~B	[{(~A⊃B)·(A⊃~C}·~B]⊃~C
T	T	T	F	F	F	T	F	F	F	T
F	T	T	T	F	F	T	T	T	F	T
T	F	T	F	T	F	T	F	F	F	T
F	F	T	T	T	F	F	T	F	F	T
T	T	F	F	F	T	T	T	T	F	T
F	T	F	T	F	T	T	T	T	F	T
T	F	F	F	T	T	T	T	T	T	T
F	F	F	T	T	T	F	T	F	F	T

진위표에 의하면 이 추리는 전부진(全部眞)*Tautology*의 경우로서, 바른 추리임을 알 수 있다. 그리고 이 경우는 ~과 · 와 ⊃이 결합된 경우이다.

예 : 그가 사람이면 죽는다.

그는 사람이다.

그러므로 그는 죽는다.

이것을 기호로 표시하면 다음과 같다.

$$A \supset B$$
$$\underline{A}$$
$$\therefore B$$

이것을 진위표로 표시하면 다음과 같다.

$$\{(A \supset B) \cdot A\} \supset B$$

A	B	A⊃B	(A⊃B)·A	{(A⊃B)·A}⊃B
T	T	T	T	T
F	T	T	F	T
T	F	F	F	T
F	F	T	F	T

이 예도 전부진으로서 바른 추리이다.

진위표에는 전부진의 경우와 전부위(全部僞)*Self-inconsistent*, 즉 자가당착(모순)의 경우와 일부진(一部眞)*Contingent*, 즉 우연진(偶然眞)인 경우의 세 경우가 있다.

A) 전부진의 예

$$(p \cdot q) \supset q$$

p	q	p·q	(p·q)⊃q
T	T	T	T
F	T	F	T
T	F	F	T
F	F	F	T

B) 전부위의 예

$$\sim\{(p \cdot q) \supset q\}$$

p	q	p·q	(p·q)⊃q	~{(p·q)⊃q}
T	T	T	T	F
F	T	F	T	F
T	F	F	T	F
F	F	F	T	F

C) 일부진의 경우

$$\sim\{(p \vee q) \supset q\}$$

p	q	p∨q	(p∨q)⊃q	~{(p∨q)⊃q}
T	T	T	T	F
F	T	T	T	F
T	F	T	F	T
F	F	F	T	F

상술한 진위표로써 모든 명제의 진위의 기능을 조사할 수 있다.

5. 명제의 계산법

I. 전제 조건

명제의 계산법 *Sentential Calculus, Calculus of Sentences, Propositional Calculus, Calculus of Proposition, Theory of Deduction* 이란, 논리적 규칙을 따라 명제와 명제와의 논리적 결합이 정당함을 증명하는 방법을 가리킨다.

명제를 계산하는 데는 다음의 세 가지 전제 조건이 필요하다.

1) 기본 기호 *Primitive Symbols*
(1) 연결어 *Connectives*

$\sim \quad \lor \quad \cdot \quad \supset \quad \equiv$

(2) 가변 명제의 기호 *Statement variables*

p q r s

(3) 고정 명제의 기호 *Constant statements*

A B C

(4) 괄호의 기호 *Punctuation Signs*

( ) { } 〔 〕

2) 형성 규칙

모든 명제적 표현은 기초적 명제와 명제 변수의 결합에서 성립된다. 그러므로, 형성 규칙 *The Formation Rules* 에는 우선 다음의 세 개의 규칙이 있다.

(1) 모든 기초적 명제나 명제적 변수는 명제적 표현이다.

(2) 명제적 표현을 부정할 때에는 부정적 표현도 명제적 표현이다.

(3) 결합 기호에 의해서 결합된 명제의 표현도 명제적 표현이다.

위에서 보는 바와 같이, 형성 규칙은 잘 형성된 표현 *well-formed expression* 을 만들기 위한 규칙이다. 형성 규칙에 어긋나면, 잘못된 형식의 표현이 되어, 의미를 잃게 된다.

3) 연역의 규칙

명제를 계산하는 데는 연역의 규칙 *Rules of Derivation*, 즉 정리의 규칙 *Metatheorem* 을 필요로 한다.

(1) 대입 규칙 Rule of Substitution 〔Metatheorem Ⅰ〕
$p \supset (p \vee q)$에 p 대신 r을 대용하여도 그 결과는 동일하다.
즉 전부진에다가 어떤 명제를 대입하여도 그 결과는 전부진이
된다.

예 : (a) S_1 $p \supset q \equiv \sim p \vee q$
S_2 $r \supset q \equiv \sim r \vee q \dfrac{r}{p}$
(b) S_1 $\sim(p \cdot q) \equiv (\sim p \vee \sim q)$
S_2 $\sim\{p \cdot (r \vee s)\} \equiv [\sim p \vee \{\sim(r \vee s)\}] \dfrac{r \vee s}{q}$

주의 ① 대입할 때에는 양쪽을 모두 해야 한다.
② 한 변수 대신에 많은 변수를 대입하는 것은 좋으나,
그 반대는 안 된다.

예 : $\dfrac{-p}{p}$, $\dfrac{p \supset q}{q}$, $\dfrac{\sim r \vee s}{p}$ 등은 좋으나, 상하가
바뀐 것은 안 된다.

(2) 대치 규칙 Rule of Replacement 〔Metatheorem Ⅱ〕
(a) $\sim \vee$을 $\supset$으로 대치시킬 수 있다.
S_1 $(p \cdot q) \supset (\sim r \vee s)$
S_2 $(p \cdot q) \supset (r \supset s)$
(b) $\sim(\sim p \vee \sim q)$를 $p \cdot q$로 대치시킬 수 있다.
S_1 $\{\sim(\sim r \vee \sim s)\} \supset \{(p \cdot q) \cdot (q \supset r)\}$
S_2 $(r \cdot s) \supset \{(p \supset q) \cdot (q \supset r)\}$

(c) $(p \supset q) \cdot (q \supset p)$를 $p \equiv q$로 기호를 변경시킬 수 있다.

S_1 $(p \supset q) \cdot (q \supset p)$

S_2 $p \equiv q$

이 규칙에 의하여 모든 교환 정의를 명제의 계산에 이용할 수 있다.

(3) 추리의 제규칙 Rule of Inference; The transformation rules 〔Metatheorem Ⅲ〕

진정한 전제에서 추리의 규칙을 이용하여 연역한 정리는 전부진이다.

(a) 분리 규칙 *Detachment ── Modus ponens*

S_1과 $S_1 \supset S_2$가 모두 옳다면, S_2는 S_1과 $S_1 \supset S_2$에서 끌어낼 수 있다. 일명 함축 규칙 *Principle of Implication* 이라고도 한다.

$$\frac{\begin{array}{c} S_1 \supset S_2 \\ S_1 \end{array}}{S_2} \qquad p \supset q \cdot p \therefore q$$

(b) 부정 추리의 규칙 *Rule of negative inference, Modus tollens*

만일 $S_1 \supset S_2$가 진이고, 그리고 S_2가 위라면, $\sim S_1$을 주장할 수 있다.

$$\frac{\begin{array}{c} S_1 \supset S_2 \\ \sim S_2 \end{array}}{\sim S_1} \qquad p \supset q \cdot \sim q \therefore \sim p$$

(c) 선언적 추리 제 1 칙 *First rule of disjunctive infer-ence, Modus ponendo tollens*

만일, $S_1 \wedge S_2$가 진이고 S_1이 진이면, $\sim S_2$를 주장할 수 있다.

$$\frac{\begin{array}{c} S_1 \wedge S_2 \\ S_1 \end{array}}{\sim S_2}$$

(d) 선언적 추리 제 2 칙 *Second rule of disjunctive infer-ence, Modus tollendo ponens*

만일, $S_1 \wedge S_2$가 진이고, S_1이 위이면, S_2를 주장할 수 있다.

$$\frac{\begin{array}{c} S_1 \wedge S_2 \\ \sim S_1 \end{array}}{S_2}$$

(e) 항진적 유도 규칙 *Rule of tautological derivability*

만일, q를 p에서 끌어낼 수 있다면 $p \supset q$는 전부진이다.

$$\frac{\begin{array}{c} p \\ \vdots \\ q \end{array}}{p \supset q}$$

(4) 부속의 규칙 Rule of Adjunction 〔Metatheorem Ⅳ〕

만일, P와 Q가 각각 공리(公理)나 정리(定理)인 경우에, P와 Q의 연결인 P·Q도 정리가 된다는 규칙이다. 이것은 P∨

P≡P와 같은 ≡(equivalence)의 정리를 증명하는 데 필요한 규칙이다.

가령, (P∨P)⊃P에 P⊃(P∨P)가 부속되는 경우, 전자와 후자가 다 같이 공리나 정리이면, (P∨P)⊃P・P⊃(P∨P)도 정리가 된다. 이것은 P∨P≡P에서 ≡의 정의에 의하여 파생된 것으로, 전자와 후자가 증명되어 정리가 된다면, 그 양자의 합인 P∨P≡P도 정리가 된다. 그것은 이 부속의 규칙에 의해서 가능하다.

이 밖에도 초급 논리학에서 사용된 모든 추리의 규칙을 여기에 이용할 수 있다.

4) 기본 공리

명제의 계산에는 자명의 공리인 기본 공리 *Primitive Statement, Primitive Proposition, Axioms, Primitive Logical Formulas* 를 필요로 한다.

화이트헤드와 러셀은 다음의 5개의 기본 공리를 세웠다.

Ps. 1 (p∨p)⊃p   Principle of Tautology
Ps. 2 q⊃(p∨q)   Principle of Addition
Ps. 3 (p∨q)⊃(q∨p)   Principle of Permutation
Ps. 4 {p∨(q∨r)}⊃{q∨(p∨r)}   Associative Principle
Ps. 5 (q⊃r)⊃{(p∨q)⊃(p∨r)}   Principle of Summation

위의 제4공리는 다른 공리로부터 도출됨이 증명되었다.

힐베르트 Hilbert 와 아케르만 Ackermann 은 다음 4개의 기본 공리를 세웠다.

（1）(p∨p)⊃p
（2）p⊃(p∨q)
（3）(p∨q)⊃(q∨p)
（4）(p⊃q)⊃{(r∨p)⊃(r∨q)}

루카시에비치 Lukasiewicz 는, 프레게의 6개의 공리를 간단히 하여, 다음 3개의 공리를 세웠다.

（1）p⊃(q⊃p)
（2）{p⊃(q⊃r)}⊃{(p⊃q)⊃(p⊃r)}
（3）(~p⊃~q)⊃(q⊃p)

그런데, 우리는 프린치피아의 체계를 다루고자 하므로, 화이트헤드와 러셀의 공리를 택하게 될 것이다.

Ⅱ. 분자식의 참고 목록

1. (p⊃q)≡(~q⊃~p)
   전환의 원칙
2. (p⊃q)≡(~p∨q)
3. (p∨q)≡(q∨p) ⎫
4. (p・q)≡(q・p) ⎬ 교환의 법칙 *Commutative Law*
5. (p≡q)≡(q≡p) ⎭
6. ~(p・q)≡(~p∨~q) ⎫ 2 원성의 원칙 *Duality Principle*
7. ~(p∨q)≡(~p・~q) ⎭

2원성의 원칙이라는 것은 기호를 변경시켜서 같은 의미식을 만드는 것을 가리킨다. 같은 의미의 분자식은, 선택 기호(∨)

를 접속 기호(·)로, 또는 접속 기호를 선택 기호로 바꾸고, 그
것에 속하는 요소를 변경하고, 또는 전체의 표현의 기호를 변경
함으로써 만들 수 있다.

8. $\sim(p\supset q)\equiv(p\cdot\sim q)$ } 부분적 2원성의 원칙 *Partial*
9. $(p\supset q)\equiv\sim(p\cdot\sim q)$ } *Duality Principle*

부분적 2원성의 원칙이라고 부르는 것은 동등한 표현을 만드
는 데 있어서 부분적으로 변경시키는 까닭이다. 조건 기호($\supset$)
를 접속 기호로, 혹은 접속 기호를 조건 기호로 변경시키고, 둘
째 부분의 기호와 전체 표현의 기호를 변경시켜서 동등한 표현
을 만든다.

10. $p\vee(q\vee r)\equiv(p\vee q)\vee r$ } 결합의 법칙 *Associative*
11. $\{p\cdot(q\cdot r)\}\equiv\{(p\cdot q)\cdot r\}$ } *Laws*
12. $(p\equiv q)\equiv\{(p\supset q)\cdot(q\supset p)\}$

이것은 이중 조건 기호($\equiv$)를 동등한 한 쌍의 조건 기호로
바꾸는 원칙이다.

13. $p\equiv\sim\sim p\equiv p\equiv(p\vee p)\equiv(p\cdot p)$ 동일의 원칙 *Principles of Identity*
14. $\{(p\cdot q)\supset r\}\equiv\{p\supset(q\supset r)\}$ 수출의 원칙 *Principle of Exportation*
15. $\{p\vee(q\cdot r)\}\equiv\{(p\vee q)\cdot(p\vee r)\}$
16. $\{p\cdot(q\vee r)\}\equiv\{(p\cdot q)\vee(p\cdot r)\}$

17. $\{p \supset (q \cdot r)\} \equiv \{(p \supset q) \cdot (p \supset r)\}$
18. $\{(p \lor q) \supset r)\} \equiv \{(p \supset r) \cdot (q \supset r)\}$
19. $\{p \supset (q \lor r)\} \equiv \{(p \supset q) \lor (p \supset r)\}$

분배의 법칙
Distributive Laws

분배의 법칙은 새로운 기호를 쓰지 않고 분배를 달리하는 데
서 동등한 분자식을 얻는 법칙이다.

20. $\{(p \supset q) \cdot (q \supset r)\} \supset (p \supset r)$ 3단논법의 원칙 *Syllogism Principle*

21. $\{p \cdot (p \supset q)\} \supset q$ 분리 규칙 *Modus Ponens*

이 규칙은 가언적 판단에 있어서 전건이 진이면 후건은 따라
서 진으로 전건을 주장하는 데서, 후건을 가언적 판단에서 분리
시켜서 주장할 수 있는 것을 말한다.

22. $\{\sim q \cdot (p \supset q)\} \supset \sim p$ 후건 부정의 규칙 *Modus Tollens*

가언적 판단에 있어서 후건이 부정되면 전건은 따라서 부정
된다.

23. $\{\sim p \cdot (p \lor q)\} \supset q$
24. $\{\sim q \cdot (p \lor q)\} \supset p$

선택의 명제에 있어서 한쪽이 부정될 때에 다른 쪽은 진일 수
있다.

25. $(p \cdot q) \supset p$ ⎫
26. $(p \cdot q) \supset q$ ⎭ 단순화의 원칙 *Principles of Simplification*

27. $p \vee {\sim} p$ ⎫
28. $p \supset p$ ⎬ 항진의 원칙 *Tautology Principles*
29. ${\sim}(p \cdot {\sim}p)$ ⎭

30. $\{(p \supset q) \cdot (r \supset s) \cdot (p \vee r)\} \supset (q \vee s)$ 양도 논법의 원칙
Principle of Dilemma

두 가지 가언적 판단에 있어서, 양쪽의 전건을 선택적으로 긍정하면, 양쪽의 후건을 선택으로 긍정하게 된다.

31. $(p \supset q) \supset \{(p \cdot r) \supset (q \cdot r)\}$ ⎫
32. $(p \supset q) \supset \{p \supset (p \cdot q)\}$ ⎭ 요소 부가를 허락하는 원칙

조건적 명제에 있어서는 명제의 양요소나 혹은 한 요소에다가 다른 요소를 부가시킬 수 있다.

Ⅲ. 정리의 체계

정리 *Theorem* 란 증명된 토톨로지를 가리킨다. 언제나 진일 수 있는 토톨로지를 발견하여 체계를 세우는 것을 정리의 체계라고 부른다. 정리의 체계는 논리학자에 따라서 다소 차이가 있으나, 대체로 유사한 점이 많으므로 프린치피아에 있는 체계를 대략 소개하려고 한다.

정의(定義)　1. $p \supset q = {\sim}p \vee q$

정리(定理)　1. $(p \supset {\sim}p) \supset {\sim}p$　Principle of reductio ad
　　　　　　　　　　　　　　　　　　　absurdum

Demonstration(증명)

     (1) $(p \lor p) \supset p$　Ps. 1

     (2) $(\sim p \lor \sim p) \supset \sim p$　$\dfrac{\sim p}{p}$　Substitution

     (3) $(p \supset \sim p) \supset \sim p$　정의 1. Replacement

정리 2. $q \supset (p \supset q)$

(T)

Dem. (1) $q \supset (p \lor q)$　Ps. 2

     (2) $q \supset (\sim p \lor q)$　$\dfrac{\sim p}{p}$

     (3) $q \supset (p \supset q)$　정의 1. Replace.

정리 3. $(p \supset \sim q) \supset (q \supset \sim p)$

Dem. (1) $(p \lor q) \supset (q \lor p)$　Ps. 3

     (2) $(\sim p \lor \sim q) \supset (\sim q \lor \sim p)$　$\dfrac{\sim p}{p}$, $\dfrac{\sim q}{q}$　Sub.

     Def. 1

     (3) $(p \supset \sim q) \supset (q \supset \sim p)$　Replace.

정리 4. $\{p \supset (q \supset r)\} \supset \{q \supset (p \supset r)\}$　Commutative Principle

Dem. (1) $\{p \lor (q \lor r)\} \supset \{q \lor (p \lor r)\}$　Ps. 4

     (2) $\{\sim p \lor (\sim q \lor r)\} \supset \{\sim q \lor (\sim p \lor r)\}$　$\dfrac{\sim p}{p}$, $\dfrac{\sim q}{q}$
     Sub.

     (3) $\{p \supset (q \supset r)\} \supset \{q \supset (p \supset r)\}$　Replace.

정리 5. $(q \supset r) \supset \{(p \supset q) \supset (p \supset r)\}$　Syllogism

Dem. (1) $(q \supset r) \supset \{(p \lor q) \supset (p \lor r)\}$　Ps. 5

     (2) $(q \supset r) \supset \{(\sim p \lor q) \supset (\sim p \lor r)\}$　$\dfrac{\sim p}{p}$

     (3) $(q \supset r) \supset \{(p \supset q) \supset (p \supset r)\}$　Replace.

정리 6. $(p \supset q) \supset \{(q \supset r) \supset (p \supset r)\}$　Syllogism

     (1) $\{p \supset (q \supset r)\} \supset \{q \supset (p \supset r)\}$　T. 4

     (2) $[(q \supset r) \supset \{(p \supset q) \supset (p \supset r)\}] \supset [(p \supset q) \supset$

$$\{(q\supset r)\supset(p\supset r)\}]\ \frac{q\supset r}{p},\ \frac{p\supset q}{q},\ \frac{p\supset r}{r}\ \text{Sub.}$$

(3) $(q\supset r)\supset\{(p\supset q)\supset(p\supset r)\}$ T. 5

(4) $(p\supset q)\supset\{(q\supset r)\supset(p\supset r)\}$ (2)와 (3) Detach-
ment

정리 7. $p\supset(p\vee p)$

    (1) $q\supset(p\vee q)$ Ps. 2

    (2) $p\supset(p\vee p)$ $\ \dfrac{p}{q}\ $ Sub.

정리 8. $p\supset p$ 동일률

    (1) $(q\supset r)\supset\{(p\supset q)\supset(p\supset r)\}$ T. 5

    (2) $\{(p\vee p)\supset p\}\supset\{p\supset(p\vee p)\supset(p\supset p)\}$ $\ \dfrac{p\vee p}{q},\ \dfrac{p}{r}$

    (3) $(p\vee p)\supset p$ Ps. 1.

    (4) $\{p\supset(p\vee p)\}\supset(p\supset p)$ (2)와 (3) Det.

    (5) $p\supset(p\vee p)$ T. 7

    (6) $p\supset p$ (4)와 (5) Det.

정리 9. $\sim p\vee p$ 배중률

    (1) $p\supset p$ T. 8

    (2) $\sim p\vee p$ 정의 1. Replace.

정리 10. $p\vee\sim p$ 배중률

    (1) $(p\vee q)\supset(q\vee p)$ Ps. 3

    (2) $(\sim p\vee p)\supset(p\vee\sim p)$ $\ \dfrac{\sim p}{p},\ \dfrac{p}{q}$

    (3) $\sim p\vee p$ T. 9

    (4) $p\vee\sim p$ (2)와 (3) Det.

정리 11. $p\supset\sim(\sim p)$ Double Negation

    (1) $p\vee\sim p$ T. 10

    (2) $\sim p\vee\sim(\sim p)$ $\ \dfrac{\sim p}{p}$

(3) $p \supset \sim(\sim p)$ Replace.

정리 12. $p \vee \sim \{\sim(\sim p)\}$

(1) $(q \supset r) \supset \{(p \vee q) \supset (p \vee r)\}$ Ps. 5

(2) $[\sim p \supset \sim \{\sim(\sim p)\}] \supset (p \vee \sim p) \supset [p \vee \sim \{\sim(\sim p)\}]$ $\dfrac{\sim p}{q}$, $\dfrac{\sim \{\sim(\sim p)\}}{r}$

(3) $p \supset \sim(\sim p)$ T. 11

(4) $\sim p \supset \sim \{\sim(\sim p)\}$ $\dfrac{\sim p}{p}$

(5) $(p \vee \sim p) \supset [p \vee \sim \{\sim(\sim p)\}]$ (2)와 (4) Det.

(6) $p \vee \sim p$ T. 10

(7) $p \vee \sim \{\sim(\sim p)\}$ (5)와 (6) Det.

정리 13. $\sim(\sim p) \supset p$ Double Negation

(1) $(p \vee q) \supset (q \vee p)$ Ps. 3

(2) $[p \vee \sim \{\sim(\sim p)\}] \supset [\sim \{\sim(\sim p)\} \vee p]$ $\dfrac{\sim \{\sim(\sim p)\}}{q}$

(3) $p \vee \sim \{\sim(\sim p)\}$ T. 12

(4) $\sim \{\sim(\sim p)\} \vee p$ (2)와 (3) Det.

(5) $\sim(\sim p) \supset p$ Replace.

정리 14. $(\sim p \supset q) \supset (\sim q \supset p)$

(1) $(q \supset r) \supset \{(p \supset q) \supset (p \supset r)\}$ T. 5

(2) $\{q \supset \sim(\sim q)\} \supset [(\sim p \supset q) \supset \{\sim p \supset \sim(\sim q)\}]$ $\dfrac{\sim p}{p}$, $\dfrac{\sim(\sim q)}{r}$

(3) $p \supset \sim(\sim p)$ T. 11

(4) $q \supset \sim(\sim q)$ $\dfrac{q}{p}$

(5) $(\sim p \supset q) \supset \{\sim p \supset \sim(\sim q)\}$ (2)와 (4) Det.

(6) $(p \supset \sim q) \supset (q \supset \sim p)$ T. 3

(7) $\{\sim p \supset \sim (\sim q)\} \supset \{\sim q \supset \sim (\sim p)\}$ $\dfrac{\sim p}{p}, \dfrac{\sim q}{q}$

(8) $(q \supset r) \supset \{(p \supset q) \supset (p \supset r)\}$ T. 5

(9) $\{\sim (\sim p) \supset p\} \supset [\{\sim q \supset \sim (\sim p)\} \supset (\sim q \supset p)]$
$\dfrac{\sim q}{p}, \dfrac{\sim (\sim p)}{q}, \dfrac{p}{r}$

(10) $\sim (\sim p) \supset p$ T. 13

(11) $\{\sim q \supset \sim (\sim p)\} \supset (\sim q \supset p)$ (9)와 (10) Det.

(12) $(q \supset r) \supset \{(p \supset q) \supset (p \supset r)\}$ T. 5

(13) $[\{\sim p \supset \sim (\sim q)\} \supset \{\sim q \supset \sim (\sim p)\}] \supset [(\sim p \supset q) \supset (\sim p \supset \sim (\sim q))] \supset [(\sim p \supset q) \supset \{\sim q \supset \sim (\sim p)\}]$ $\dfrac{\sim p \supset q}{p}, \dfrac{\sim p \supset \sim (\sim q)}{q}, \dfrac{\sim q \supset \sim (\sim p)}{r}$

(14) $[(\sim p \supset q) \supset \{\sim p \supset \sim (\sim q)\}] \supset [(\sim p \supset q) \supset \{\sim q \supset \sim (\sim p)\}]$ (7)과 (13) Det.

(15) $(\sim p \supset q) \supset \{\sim q \supset \sim (\sim p)\}$ (5)와 (14) Det.

(16) $(q \supset r) \supset \{(p \supset q) \supset (p \supset r)\}$ T. 5

(17) $[\{\sim q \supset \sim (\sim p)\} \supset \{\sim q \supset p)\}] \supset [[(\sim p \supset q) \supset \{\sim q \supset \sim (\sim p)\}] \supset \{(\sim p \supset q) \supset (\sim q \supset p)\}]$ $\dfrac{\sim p \supset q}{p}, \dfrac{\sim q \supset \sim (\sim p)}{q}, \dfrac{\sim q \supset p}{r}$

(18) $[(\sim p \supset q) \supset \{\sim q \supset \sim (\sim p)\}] \supset \{(\sim p \supset q) \supset (\sim q \supset p)\}$ (11)과 (17) Det.

(19) $(\sim p \supset q) \supset \{\sim q \supset p)$ (15)와 (18) Det.

정리 15. $(p \supset q) \supset (\sim q \supset \sim p)$

(1) $p \supset \sim (\sim p)$ T. 11

(2) $q \supset \sim (\sim q)$ $\dfrac{q}{p}$

(3) $(p \supset q) \supset \{p \supset \sim (\sim q)\}$ T. 5에 의하여

$$(4) \quad (p \supset {\sim} q) \supset (q \supset {\sim} p) \quad \text{T. 3}$$

$$(5) \quad \{p \supset {\sim}({\sim} q)\} \supset ({\sim} q \supset {\sim} p) \quad \frac{{\sim} q}{q}$$

$$(6) \quad (p \supset q) \supset ({\sim} q \supset {\sim} p) \quad (3)\text{과 } (5) \text{ Syll.}$$

정리 16.　$({\sim} q \supset {\sim} p) \supset (p \supset q)$

$$(1) \quad (p \supset {\sim} q) \supset (q \supset {\sim} p) \quad \text{T. 3}$$

$$(2) \quad ({\sim} q \supset {\sim} p) \supset \{p \supset {\sim}({\sim} q)\} \quad \frac{{\sim} q}{p},\ \frac{p}{q}$$

$$(3) \quad {\sim}({\sim} p) \supset p \quad \text{T. 13}$$

$$(4) \quad {\sim}({\sim} q) \supset q \quad \frac{q}{p}$$

$$(5) \quad \{p \supset {\sim}({\sim} q)\} \supset (p \supset q) \quad \text{T. 5에 의하여}$$

$$(6) \quad ({\sim} q \supset {\sim} p) \supset (p \supset q) \quad (2)\text{와 } (5) \text{ Syll.}$$

14. 15. 16.　The principle of transposition

정리 17.　$({\sim} p \supset p) \supset p$

$$(1) \quad p \supset {\sim}({\sim} p) \quad \text{T. 11}$$

$$(2) \quad ({\sim} p \supset p) \supset \{{\sim} p \supset {\sim}({\sim} p)\} \quad \text{T. 5에 의하여}$$

$$(3) \quad (p \supset {\sim} p) \supset {\sim} p \quad \text{T. 1}$$

$$(4) \quad \{{\sim} p \supset {\sim}({\sim} p)\} \supset {\sim}({\sim} p) \quad \frac{{\sim} p}{p}$$

$$(5) \quad ({\sim} p \supset p) \supset {\sim}({\sim} p) \quad (2)\text{와 } (4) \text{ Syll.}$$

$$(6) \quad {\sim}({\sim} p) \supset p \quad \text{T. 13}$$

$$(7) \quad ({\sim} p \supset p) \supset p \quad (5)\text{와 } (6) \text{ Syll.}$$

정리 18.　$p \supset (p \lor q)$

$$(1) \quad q \supset (p \lor q) \quad \text{Ps. 2}$$

$$(2) \quad p \supset (q \lor p) \quad \frac{p}{q},\ \frac{q}{p}$$

$$(3) \quad (p \lor q) \supset (q \lor p) \quad \text{Ps. 3}$$

$$(4) \quad (q \lor p) \supset (p \lor q) \quad \frac{q}{p},\ \frac{p}{q}$$

$$(5) \quad p \supset (p \lor q) \quad (2)\text{와 } (4) \text{ Syll.}$$

정리 19. ~p⊃(p⊃q)

      (1) p⊃(p∨q) T. 18

      (2) ~p⊃(~p∨q) $\dfrac{\sim p}{p}$

      (3) ~p⊃(p⊃q) Replace.

정리 20. p⊃(~p⊃q)

      (1) ~p⊃(p⊃q) T. 19

      (2) p⊃(~p⊃q) T. 4에 의하여

정리 21. p∨{(p∨q)⊃q}

      (1) ~p∨p T. 9

      (2) ~(p∨q)∨(p∨q) $\dfrac{p∨q}{p}$

      (3) p∨{~(p∨q)∨q} Ps. 4에 의하여

      (4) p∨{(p∨q)⊃q} Replace.

정리 22. ~p∨{(p⊃q)⊃q}

      (1) p∨{(p∨q)⊃q} T. 21

      (2) ~p∨{(~p∨q)⊃q} $\dfrac{\sim p}{p}$

      (3) ~p∨{(p⊃q)⊃q} Replace.

정리 23. p⊃{(p⊃q)⊃q}

      (1) ~p∨{(p⊃q)⊃q} T. 22

      (2) p⊃{(p⊃q)⊃q} Replace.

정리 24. {p∨(q∨r)}⊃{p∨(r∨q)}

      (1) (p∨q)⊃(q∨p) Ps. 3

      (2) (q∨r)⊃(r∨q) $\dfrac{q}{p}$, $\dfrac{r}{q}$

      (3) {p∨(q∨r)}⊃{p∨(r∨q)} Ps. 5에 의하여

정리 25. {p∨(q∨r)}⊃{(p∨q)∨r}

      (1) {p∨(q∨r)}⊃{p∨(r∨q)} T. 24

      (2) {p∨(r∨q)}⊃{r∨(p∨q)} Ps. 4에 의하여

(3) $\{r\vee(p\vee q)\}\supset\{(p\vee q)\vee r\}$ Ps. 3에 의하여

(4) $\{p\vee(q\vee r)\}\supset\{(p\vee q)\vee r\}$ (1) $a\supset b$

    (2) $b\supset c$ (3) $c\supset d$ (4) $a\supset d$

정리 26. $\{(p\vee q)\vee r)\}\supset\{p\vee(q\vee r)\}$

(1) $(p\vee q)\supset(q\vee p)$ Ps. 3

(2) $\{(p\vee q)\vee r\}\supset\{r\vee(p\vee q)\}$ $\dfrac{p\vee q}{p},\ \dfrac{r}{q}$

(3) $\qquad\qquad\supset\{p\vee(r\vee q)\}$ Ps. 4에 의하여

(4) $\qquad\qquad\supset\{p\vee(q\vee r)\}$ T. 24에 의하여

정의 2. $p\vee q\vee r=(p\vee q)\vee r$ Df.

이 정의는 괄호를 피하기 위하여 사용.

정리 27. $(q\supset r)\supset\{(p\vee q)\supset(r\vee p)\}$

(1) $(p\vee q)\supset(q\vee p)$ Ps. 3

(2) $(p\vee r)\supset(r\vee p)$ $\dfrac{r}{q}$

(3) $\{(p\vee q)\supset(p\vee r)\}\supset\{(p\vee q)\supset(r\vee p)\}$ T. 5

(4) $(q\supset r)\supset\{(p\vee q)\supset(p\vee r)\}$ Ps. 4

(5) $(q\supset r)\supset\{(p\vee q)\supset(r\vee p)\}$ (3)과 (4) Syll.

정리 28. $(q\supset r)\supset\{(q\vee p)\supset(r\vee p)\}$

(1) $(p\vee q)\supset(q\vee p)$ Ps. 3

(2) $(q\supset r)\supset\{(p\vee q)\supset(p\vee r)\}$ Ps. 5

(3) $(q\supset r)\supset\{(q\vee p)\supset(p\vee r)\}$ (1)과 (2) Syll.

    Ps. 3

정리 29. $\{p\vee(p\vee q)\}\supset(p\vee q)$

(1) $\{p\vee(q\vee r)\}\supset\{(p\vee q)\vee r)\}$ T. 25

(2) $\{p\vee(p\vee q)\}\supset\{(p\vee p)\vee q\}$ $\dfrac{p}{q},\ \dfrac{q}{r}$

   (3) {(p∨p)∨q}⊃(p∨q) Ps. 1. T. 25에 의하여

   (4) {p∨(p∨q)}⊃(p∨q) (2) a⊃b (3) b⊃c

    (4) a⊃c

정리 30. {q∨(p∨q)}⊃(p∨q)

   (1) {p∨(q∨r)}⊃{q∨(p∨r)} Ps. 4.

   (2) {q∨(p∨q)}⊃{p∨(q∨q)} $\dfrac{q}{p}$, $\dfrac{p}{q}$, $\dfrac{q}{r}$

   (3) {p∨(q∨q)}⊃(p∨q) Ps. 1에 의하여

   (4) {q∨(p∨q)}⊃(p∨q) (2) a⊃b (3) b⊃c

    (4) a⊃c

정리 31. {∼p∨(p⊃q)}⊃(p⊃q)

   (1) {p∨(p∨q)}⊃(p∨q) T. 29

   (2) {∼p∨(∼p∨q)}⊃(∼p∨q) $\dfrac{\sim p}{p}$

   (3) {∼p∨(p⊃q)⊃(p⊃q) Replace.

정리 32. {p⊃(p⊃q)}⊃(p⊃q)

   (1) {∼p∨(p⊃q)}⊃(p⊃q) T. 31

   (2) {p⊃(p⊃q)}⊃(p⊃q) Replace.

정리 33. ∼(p∨q)⊃∼p

   (1) p⊃(p∨q) T. 18

   (2) ∼(p∨q)⊃∼p T. 15에 의하여 Trans.

정리 34. ∼(p∨q)⊃∼q

   (1) q⊃(p∨q) Ps. 2

   (2) ∼(p∨q)⊃∼q Trans.

정리 35. ∼(p∨q)⊃(∼p∨q)

   (1) ∼(p∨q)⊃∼p T. 33

   (2) p⊃(p∨q) T. 18

   (3) ∼p⊃(∼p∨q) $\dfrac{\sim p}{p}$

(4) $\sim(p\lor q)\supset(\sim p\lor q)$ (1)과 (3) Syll.

정리 36. $\sim(p\lor q)\supset(p\lor\sim q)$

    (1) $\sim(p\lor q)\supset\sim q$ T. 34

    (2) $q\supset(p\lor q)$ Ps. 2

    (3) $\sim q\supset(p\lor\sim q)$ $\dfrac{\sim q}{q}$

    (4) $\sim(p\lor q)\supset(p\lor\sim q)$ (1)과 (3) Syll.

정리 37. $\sim(p\lor q)\supset(\sim p\lor\sim q)$

    (1) $\sim(p\lor q)\supset\sim p$ T. 33

    (2) $p\supset(p\lor q)$ T. 18

    (3) $\sim p\supset(\sim p\lor\sim q)$ $\dfrac{\sim p}{p},\ \dfrac{\sim q}{q}$

    (4) $\sim(p\lor q)\supset(\sim p\lor\sim q)$ (1)과 (3) Syll.

정리 38. $\sim(p\supset q)\supset(\sim p\supset q)$

    (1) $\sim(p\lor q)\supset(\sim p\lor q)$ T. 35

    (2) $\sim(\sim p\lor q)\supset\{\sim(\sim p)\lor q\}$ $\dfrac{\sim p}{p}$

    (3) $\sim(p\supset q)\supset(\sim p\supset q)$ Replace.

정리 39. $\sim(p\supset q)\supset(p\supset\sim q)$

    (1) $\sim(p\lor q)\supset(p\lor\sim q)$ T. 36

    (2) $\sim(\sim p\lor q)\supset(\sim p\lor\sim q)$ $\dfrac{\sim p}{p}$

    (3) $\sim(p\supset q)\supset(p\supset\sim q)$ Replace.

정리 40. $\sim(p\supset q)\supset(\sim p\supset\sim q)$

    (1) $\sim(p\lor q)\supset(\sim p\lor\sim q)$ T. 37

    (2) $\sim(\sim p\lor q)\supset\{\sim(\sim p)\lor\sim q\}$ $\dfrac{\sim p}{p}$

    (3) $\sim(p\supset q)\supset(\sim p\supset\sim q)$ Replace.

정리 41. $\sim(p\supset q)\supset(q\supset p)$

    (1) $\sim(p\supset q)\supset(\sim p\supset\sim q)$ T. 40

    (2) $\sim(p\supset q)\supset(q\supset p)$ Trans.

정리 42. $(p \vee q) \supset (\sim p \supset q)$

    (1) $p \supset \sim(\sim p)$ T. 11

    (2) $(p \vee q) \supset \{\sim(\sim p) \supset q)$ T. 28에 의하여

    (3) $(p \vee q) \supset (\sim p \supset q)$ Replace.

정리 43. $(\sim p \supset q) \supset (p \vee q)$

    (1) $\sim(\sim p) \supset p$ T. 13

    (2) $\{\sim(\sim p) \vee q\} \supset (p \vee q)$ T. 28에 의하여

    (3) $(\sim p \supset q) \supset (p \vee q)$ Replace.

정리 44. $(p \vee q) \supset (\sim p \supset q)$

    (1) $p \supset \sim(\sim p)$ T. 11

    (2) $(p \vee q) \supset \{\sim(\sim p) \vee q\}$ T. 28

    (3) $(p \vee q) \supset (\sim p \supset q)$

정리 45. $\sim p \supset \{p \vee q) \supset q\}$

    (1) $(p \vee q) \supset (\sim p \supset q)$ T. 44

    (2) $\sim p \supset \{(p \vee q) \supset q\}$ T. 4 Commu.에 의하여

정리 46. $\sim q \supset \{(p \vee q) \supset p\}$

    (1) $\sim p \supset \{(p \vee q) \supset q\}$ T. 45

    (2) $\sim q \supset \{(q \vee p) \supset p\}$ $\dfrac{q}{p}, \dfrac{p}{q}$

    (3) $\sim q \supset \{(p \vee q) \supset p\}$ Ps. 3에 의하여

정리 47. $(\sim p \supset q) \supset \{(p \vee q) \supset q\}$

    (1) $(\sim p \supset q) \supset \{(\sim p \vee q) \supset (q \vee q)\}$ T. 28에 의하여

    (2) $\{(\sim p \vee q) \supset (q \vee q)\} \supset \{(\sim p \vee q) \supset q\}$ Ps. 1에 의하여

    (3) $(\sim p \supset q) \supset \{(p \vee q) \supset q\}$ (1) $a \supset b$ (2) $b \supset c$ (3) $a \supset c$ Replace.

정리 48. $(p\supset q)\supset\{(\sim p\supset q)\supset q\}$

    (1) $(\sim p\supset q)\supset\{(p\supset q)\supset q\}$ T. 47

    (2) $(p\supset q)\supset\{(\sim p\supset q)\supset q\}$ Commu.

정리 49. $(p\vee q)\supset\{(p\supset q)\supset q\}$

    (1) $(p\vee q)\supset(\sim p\supset q)$ T. 44

    (2) $(\sim p\supset q)\supset\{(p\supset q)\supset q\}$ T. 47

    (3) $(p\vee q)\supset\{(p\supset q)\supset q\}$ (1)과 (2) Syll.

정리 50. $(p\supset q)\supset\{(p\vee q)\supset q\}$

    (1) $(p\vee q)\supset\{(p\supset q)\supset q\}$ T. 49

    (2) $(p\supset q)\supset\{(p\vee q)\supset q\}$ Commu.

정리 51. $(p\vee q)\supset\{(\sim p\vee q)\supset q\}$

    (1) $(p\vee q)\supset\{(p\supset q)\supset q\}$ T. 49

    (2) $(p\vee q)\supset\{(\sim p\vee q)\supset q\}$ Replace.

정리 52. $(p\vee q)\supset\{(p\vee\sim q)\supset p\}$

    (1) $(p\vee q)\supset\{(\sim p\vee q)\supset q\}$ T. 51

    (2) $(q\vee p)\supset\{(\sim q\vee p)\supset p\}$ $\dfrac{q}{p},\ \dfrac{p}{q}$

    (3) $(p\vee q)\supset\{(p\vee\sim q)\supset p\}$ Ps. 3에 의하여

정리 53. $(p\supset q)\supset\{(p\supset\sim q)\supset\sim p\}$

    (1) $(p\vee q)\supset\{(p\vee\sim q)\supset p\}$ T. 52

    (2) $(\sim p\vee q)\supset\{(\sim p\vee\sim q)\supset\sim p\}$ $\dfrac{\sim p}{p}$

    (3) $(p\supset q)\supset\{(p\supset\sim q)\supset\sim p\}$ Replace.

정리 54. $\{(p\vee q)\supset q\}\supset(p\supset q)$

    (1) $(\sim p\supset q)\supset(p\vee q)$ T. 43

    (2) $\{(p\vee q)\supset q\}\supset\{(\sim p\supset q)\supset q\}$ T. 6에 의하여

    (3) $p\supset(\sim p\supset q)$ T. 20

    (4) $\{(\sim p\supset q)\supset q\}\supset(p\supset q)$ T. 6에 의하여

(5) $\{(p \lor q) \supset q\} \supset (p \supset q)$ (2)와 (4) Syll.

정리 55. $\{(p \supset q) \supset q\} \supset (p \lor q)$

    (1) $\{(p \lor q) \supset q\} \supset (p \supset q)$ T. 54

    (2) $\{(\sim p \lor q) \supset q\} \supset (\sim p \supset q)$ $\dfrac{\sim p}{p}$

    (3) $(\sim p \supset q) \supset (p \lor q)$ T. 43

    (4) $\{(\sim p \lor q) \supset q\} \supset (p \lor q)$ (2)와 (3) Syll.

    (5) $\{(p \supset q) \supset q\} \supset (p \lor q)$ Replace.

정리 56. $\{(p \supset q) \supset q\} \supset \{(q \supset p) \supset p\}$

    (1) $\{(p \supset q) \supset q\} \supset (p \lor q)$ T. 55

    (2) $\{(p \supset q) \supset q\} \supset (q \lor p)$ Ps. 3

    (3) $(p \lor q) \supset \{(p \supset q) \supset q\}$ T. 49

    (4) $(q \lor p) \supset \{(q \supset p) \supset p\}$ $\dfrac{q}{p}, \dfrac{p}{q}$

    (5) $\{(p \supset q) \supset q\} \supset \{(q \supset p) \supset p\}$ (2)와 (4) Syll.

정리 57. $(p \supset q) \supset \{(p \lor q \lor r) \supset (q \lor r)\}$

    (1) $(p \supset q) \supset \{(p \lor q) \supset q\}$ T. 50

    (2) $(p \supset q) \supset \{(p \lor q \lor r) \supset (q \lor r)\}$ T. 28 정의 2
        에 의하여

정리 58. $(q \supset p) \supset \{(p \lor q \lor r) \supset (p \lor r)\}$

    (1) $(p \supset q) \supset \{(p \lor q \lor r) \supset (q \lor r)\}$ T. 57

    (2) $(q \supset p) \supset \{(q \lor p \lor r) \supset (p \lor r)\}$ $\dfrac{q}{p}, \dfrac{p}{q}$

    (3) $(q \supset p) \supset \{(p \lor q \lor r) \supset (p \lor r)\}$ Ps. 3에 의하여

정리 59. $(p \lor q) \supset [\{p \lor (q \supset r)\} \supset (p \lor r)]$

    (1) $(q \supset p) \supset \{(p \lor q \lor r) \supset (p \lor r)\}$ T. 58

    (2) $(\sim q \supset p) \supset \{(p \lor \sim q \lor r) \supset (p \lor r)\}$ $\dfrac{\sim q}{q}$

    (3) $(p \lor q) \supset (\sim q \supset p)$ T. 42

    (4) $(p \lor q) \supset \{(p \lor \sim q \lor r) \supset (p \lor r)\}$ (2)와 (3)

Syll.

    (5) $(p \lor q) \supset [\{p \lor (\sim q \supset r)\} \supset (p \lor r)]$ 정의 2

    (6) $(p \lor q) \supset [\{p \lor (q \supset r)\} \supset (p \lor r)]$ Replace.

정리 60. $\{p \lor (q \supset r)\} \supset \{(p \lor q) \supset (p \lor r)\}$

    (1) $(p \lor q) \supset [\{p \lor (q \supset r)\} \supset (p \lor r)]$ T. 59

    (2) $\{p \lor (q \supset r)\} \supset \{(p \lor q) \supset (p \lor r)\}$ T. 4

정리 61. $\{p \supset (q \supset r)\} \supset \{(p \supset q) \supset (p \supset r)\}$

    (1) $\{p \lor (q \supset r)\} \supset \{(p \lor q) \supset (p \lor r)\}$ T. 60

    (2) $\{\sim p \lor (q \supset r)\} \supset \{(\sim p \lor q) \supset (\sim p \lor r)\}$ $\dfrac{\sim p}{p}$

    (3) $\{p \supset (q \supset r)\} \supset \{(p \supset q) \supset (p \supset r)$ Replace.

정리 62. $(q \lor r) \supset \{(\sim r \lor s) \supset (q \lor s)\}$

    (1) $(p \lor q) \supset (\sim p \supset q)$ T. 44

    (2) $(p \lor q) \supset (q \lor p)$ Ps. 3

    (3) $(q \lor p) \supset (p \lor q)$ $\dfrac{q}{p}, \dfrac{p}{q}$

    (4) $(q \lor p) \supset (\sim p \supset q)$ (1)과 (3) Syll.

    (5) $(q \lor r) \supset (\sim r \supset q)$ $\dfrac{r}{p}$

    (6) $(q \lor r) \supset \{(\sim r \lor s) \supset (q \lor s)\}$ T. 28에 의하여

정리 63. $\{q \supset (r \supset s)\} \supset [(p \lor q) \supset \{(p \lor r) \supset (p \lor s)\}]$

    (1) $(q \supset r) \supset \{(p \lor q) \supset (p \lor r)$ Ps. 5

    (2) $\{q \supset (r \supset s)\} \supset [(p \lor q) \supset \{p \lor (r \supset s)\}]$ $\dfrac{r \supset s}{r}$

    (3) $[(p \lor q) \supset \{p \lor (r \supset s)\}] \supset [(p \lor q) \supset \{(p \lor r)$
        $\supset (p \lor s)\}]$ T. 5

    (4) $\{q \supset (r \supset s)\} \supset [(p \lor q) \supset \{(p \lor r) \supset (p \lor s)\}]$
        (2)와 (3) Syll.

정리 64. $(p \lor q \lor r) \supset \{(p \lor \sim r \lor s) \supset (p \lor q \lor s)\}$

    (1) $(q \lor r) \supset \{(\sim r \lor s) \supset (q \lor s)\}$ T. 62

(2) $\{q\supset(r\supset s)\}\supset[(p\vee q)\supset\{(p\vee r)\supset(q\vee s)\}$
 T. 63

(3) $[(q\vee r)\supset\{(\sim r\vee s)\supset(q\vee s)\}]\supset[\{p\vee(q\vee r)$
 $\supset[\{p\vee(\sim r\vee s)\}\supset\{p\vee(q\vee s)\}]\dfrac{q\vee r}{q},\dfrac{\sim r\vee s}{r},$
 $\dfrac{q\vee s}{s}$

(4) $\{p\vee(q\vee r)\}\supset[\{p\vee(\sim r\vee s)\}]\supset\{p\vee(q\vee s)\}$ (1)과 (3) Det.

(5) $(p\vee q\vee r)\supset\{(p\vee\sim r\vee s)\supset(p\vee q\vee s)\}$ 정의 2

정리 65. $\{p\supset(q\supset r)\}\supset[\{p\supset(r\supset s)\}\supset\{p\supset(q\supset s)\}]$

(1) $(p\vee q\vee r)\supset\{p\vee(\sim r\supset s)\supset(p\vee q\vee s)\}$ T. 64

(2) $(\sim p\vee\sim q\vee r)\supset\{(\sim p\vee\sim r\vee s)\supset(\sim p\vee\sim q\vee s)\}\dfrac{\sim p}{p},\dfrac{\sim q}{q}$

(3) $\{\sim p\vee(\sim q\vee r)\}\supset[\{\sim p\vee(\sim r\vee s)\}\supset\{\sim p\vee(\sim q\vee s)\}]$ 정의 2

(4) $\{p\supset(q\supset r)\}\supset[\{p\supset(r\supset s)\}\supset\{p\supset(q\supset s)\}]$
 Replace.

정리 66. $\{(p\vee q)\supset(p\vee r)\}\supset\{p\vee(q\supset r)\}$

(1) $q\supset(p\vee q)$ Ps. 2

(2) $\{(p\vee q)\supset r\}\supset(q\supset r)$ T. 6에 의하여

(3) $\sim p\supset\{(p\vee q)\supset q\}$ T. 45

(4) $\sim p\supset\{(p\vee r)\supset r\}\dfrac{r}{q}$

(5) $\sim p\supset[\{(p\vee q)\supset(p\vee r)\}\supset\{(p\vee q)\supset r\}]$ T. 5

(6) $\sim p\supset[\{(p\vee q)\supset(p\vee r)\}\supset(q\supset r)]$ (2)와 (5) Syll.

(7) $\{(p\vee q)\supset(p\vee r)\}\supset\{\sim p\supset(q\supset r)\}$ T. 4

Commu.

(8) $\{(p \vee q) \supset (p \vee r)\} \supset \{p \vee (q \supset r)\}$ T. 44에 의
하여

정리 67. $\{(p \supset q) \supset (p \supset r)\} \supset \{p \supset (q \supset r)\}$

(1) $\{(p \vee q) \supset (p \vee r)\} \supset \{p \vee (q \supset r)\}$ T. 66

(2) $\{(\sim p \vee q) \supset (\sim p \vee r)\} \supset \{\sim p \vee (q \supset r)\}$ $\dfrac{\sim p}{p}$

(3) $\{(p \supset q) \supset (p \supset r)\} \supset \{p \supset (q \supset r)\}$ Replace.

정의 3. $(p \cdot q) = \sim (\sim p \vee \sim q)$

정의 4. $(p \supset q \supset r) = (p \supset q) \cdot (q \supset r)$

정리 68. $(p \cdot q) \supset (\sim p \vee \sim q)$

정의에 의하여

정리 69. $\sim (\sim p \vee \sim q) \supset (p \cdot q)$

정의에 의하여

정리 70. $(\sim p \vee \sim q) \vee (p \cdot q)$

(1) $p \vee \sim p$ T. 10

(2) $(\sim p \vee \sim q) \vee \sim (\sim p \vee \sim q)$ $\dfrac{\sim p \vee \sim q}{p}$

(3) $(\sim p \vee \sim q) \vee (p \cdot q)$ 정의에 의하여

정리 71. $\sim (p \cdot q) \supset (\sim p \vee \sim q)$ 〔De Morgans Theorem〕

(1) $\sim (\sim p \vee \sim q) \supset (p \cdot q)$ T. 69

(2) $\sim (p \cdot q) \supset (\sim p \vee \sim q)$ Trans.

정리 72. $(\sim p \vee \sim q) \supset \sim (p \cdot q)$ 〔De Morgans Theorem〕

(1) $(p \cdot q) \supset \sim (\sim p \vee \sim q)$ T. 68

(2) $(\sim p \vee \sim q) \supset \sim (p \cdot q)$ Trans.

정리 73. $p \supset \{q \supset (p \cdot q)\}$

$$(1)\ (\sim p \lor \sim q) \lor (p \cdot q)\ \text{T. 70}$$

$$(2)\ \sim p \lor \{\sim q \lor (p \cdot q)\}\ \text{Associ.}$$

$$(3)\ p \supset \{q \supset (p \cdot q)\}\ \text{Replace.}$$

정리 74. $q \supset \{p \supset (p \cdot q)\}$

$$(1)\ p \supset \{q \supset (p \cdot q)\}\ \text{T. 73}$$

$$(2)\ q \supset \{p \supset (p \cdot q)\}\ \text{Commu.}$$

정리 75. $(p \cdot q) \supset (q \cdot p)$

$$(1)\ (\sim p \lor \sim q) \supset \sim (p \cdot q)\ \text{T. 72}$$

$$(2)\ (p \cdot q) \supset \sim (\sim q \lor \sim p)\ \text{Trans.}$$

$$(3)\ (p \cdot q) \supset (q \cdot p)\ \text{정의에 의하여}$$

정리 76. $\sim (p \cdot \sim p)$ 모순율

$$(1)\ p \lor \sim p\ \text{T. 10}$$

$$(2)\ \sim p \lor \sim (\sim p)\ \dfrac{\sim p}{p}$$

$$(3)\ \sim (p \cdot \sim p)\ \text{T. 72에 의하여}$$

정리 77. $(p \cdot q) \supset p$

$$(1)\ q \supset (p \supset q)\ \text{T. 2}$$

$$(2)\ p \supset (q \supset p)\ \dfrac{q}{p},\ \dfrac{p}{q}$$

$$(3)\ \sim p \lor (\sim q \lor p)\ \text{Replace.}$$

$$(4)\ (\sim p \lor \sim q) \lor p\ \text{Associ.}$$

$$(5)\ \sim (\sim p \lor \sim q) \supset p\ \text{T. 44에 의하여}$$

$$(6)\ (p \cdot q) \supset p\ \text{정의에 의하여}$$

정리 78. $(p \cdot q) \supset q$

$$(1)\ (p \cdot q) \supset p\ \text{T. 77}$$

$$(2)\ (q \cdot p) \supset q\ \dfrac{q}{p},\ \dfrac{p}{q}$$

$$(3)\ (p \cdot q) \supset q\ \text{T. 75}$$

정리 77, 78. Principle of Simplification

정리 79. {(p・q)⊃r}⊃{p⊃(q⊃r)} Principle of Exportation
        (1) {(p・q)⊃r⊃{~(~p∨~q)⊃r} 정의에 의하여
        (2)   ⊃{~r⊃(~p∨~q)} Trans.
        (3)   ⊃{~r⊃(p⊃~q)} Replace.
        (4)   ⊃{p⊃(~r⊃~q)} Commu.
        (5)   ⊃{p⊃(q⊃r)} Trans.
정리 80. {p⊃(q⊃r)}⊃{(p・q)⊃r} Principle of Importation.
        (1) {p⊃(q⊃r)}⊃{~p∨(~q∨r)} Replace.
        (2)   ⊃{(~p∨~q)∨r} Associ
        (3)   ⊃{~(~p∨~q)⊃r} T. 44
        (4)   ⊃{(p・q)⊃r} 정의
정리 81. {(p⊃q)・(q⊃r)}⊃(p⊃r) Principle of Syllogism
        (1) (q⊃r)⊃{(p⊃q)⊃(p⊃r)} T. 5
        (2) {(q⊃r)・(p⊃q)}⊃(p⊃r) Importation. T. 80
        (3) {(p⊃q)・(q⊃r)}⊃(p⊃r) T. 75
정리 82. {(q⊃r)・(p⊃q)}⊃(p⊃r) Principle of Syllogism
        (1) (q⊃r)⊃{(p⊃q)⊃(p⊃r)} T. 5
        (2) {(q⊃r)・(p⊃q)}⊃(p⊃r) Imp.
정리 83. {p・(p⊃q)}⊃q
        (1) p⊃{(p⊃q)⊃q} T. 23
        (2) {p・(p⊃q)⊃q} Imp.
정리 84. {(p・q)⊃r}⊃{(p・~r)⊃~q}
        (1) (p⊃q)⊃(~q⊃~p) T. 15
        (2) (q⊃r)⊃(~r⊃~q) $\frac{q}{p}, \frac{r}{q}$
        (3) {p⊃(q⊃r)}⊃{p⊃(~r⊃~q)} T. 5 Syll.
        (4) {(p・q)⊃r}⊃{p⊃(q⊃r)} Imp. Trans.

(5) $\{p\supset(\sim r\supset\sim q)\}\supset\{(p\cdot\sim r)\supset\sim q\}$ Exp. & Trans., Trans. & Imp.

(6) $\{(p\cdot q)\supset r\}\supset\{p\supset(\sim r\supset\sim q)\}$ (3)과 (4) Syll.

(7) $\{(p\cdot q)\supset r\}\supset\{(p\cdot\sim r)\supset\sim q\}$ (5)와 (6) Syll.

정리 85. $(p\cdot q)\supset(p\supset q)$

(1) $\sim(p\supset q)\supset(p\supset\sim q)$ T. 39

(2) $\sim(p\supset\sim q)\supset(p\supset q)$ Trans.

(3) $\sim(\sim p\vee\sim q)\supset(p\supset q)$ Replace.

(4) $(p\cdot q)\supset(p\supset q)$ 정의에 의하여

정리 86. $(p\supset r)\supset\{(p\cdot q)\supset r\}$

(1) $(p\cdot q)\supset p$ T. 12

(2) $(p\supset r)\supset\{(p\cdot q)\supset r\}$ T. 6

정리 87. $(q\supset r)\supset\{(p\cdot q)\supset r\}$

(1) $(p\cdot q)\supset q$ T. 78

(2) $(q\supset r)\supset\{(p\cdot q)\supset r\}$ T. 6

정리 88. $\{(p\supset q)\cdot(p\supset r)\}\supset\{p\supset(q\cdot r)\}$ Principle of Composition

(1) $p\supset\{q\supset(p\cdot q)\}$ T. 73

(2) $q\supset\{r\supset(q\cdot r)\}$ $\dfrac{q}{p},\ \dfrac{r}{q}$

(3) $(p\supset q)\supset[p\supset\{r\supset(q\cdot r)\}]$ T. 5

(4) $(p\supset q)\supset[(p\supset r)\}\supset\{p\supset(q\cdot r)\}]$ T. 61에 의하여

(5) $\{(p\supset q)\cdot(p\supset r)\}\supset\{p\supset(q\cdot r)\}$ Imp.

정리 89. $\{(q\supset p)\cdot(r\supset p)\}\supset\{(q\vee r)\supset p\}$

(1) $\{(p\supset q)\cdot(q\supset r)\}\supset(p\supset r)$ T. 81

(2) $\{(\sim q\supset r)\cdot(r\supset p)\}\supset(\sim q\supset p)$ $\dfrac{\sim q}{p},\ \dfrac{r}{q},\ \dfrac{p}{r}$

(3) $(\sim p \supset q) \supset \{(p \supset q) \supset q\}$ T. 47

(4) $(\sim q \supset p) \supset \{(q \supset p) \supset p\}$ $\dfrac{q}{p}, \quad \dfrac{p}{q}$

(5) $\{(\sim q \supset r) \cdot (r \supset p)\} \supset \{(q \supset p) \supset p)\}$ (2)와 (4)
Syll.

(6) $(\sim q \supset r) \supset [(r \supset p) \supset \{(q \supset p) \supset p)\}]$ Exp.

(7) $(\sim q \supset r) \supset [\{(q \supset p) \cdot (r \supset p)\} \supset p\}$ Commu.
Imp.

(8) $\{(q \supset p) \cdot (r \supset p)\} \supset \{(\sim q \supset r) \supset p\}$ Commu.

(9) $\{(q \supset p) \cdot (r \supset p)\} \supset \{(q \vee r) \supset p\}$ T. 44에 의
하여

정리 90. $(p \supset q) \supset \{(p \cdot r) \supset (q \cdot r)\}$ Principle of the Factor(Peano).

(1) $(p \supset q) \supset \{(q \supset r) \supset (p \supset r)\}$ T. 6

(2) $(p \supset q) \supset \{(q \supset \sim r) \supset (p \supset \sim r)\}$ $\dfrac{\sim r}{r}$

(3) $(p \supset q) \supset \{\sim (p \supset \sim r) \supset \sim (q \supset \sim r)\}$ trans.

(4) $(p \supset q) \supset \{\sim (\sim p \vee \sim r) \supset \sim (\sim q \vee \sim r)$
Replace.

(5) $(p \supset q) \supset \{(p \cdot r) \supset (q \cdot r)\}$ 정의에 의하여

정리 91. $\{(p \supset r) \cdot (q \supset s)\} \supset \{(p \cdot q) \supset (r \cdot s)\}$
Praeclarum Theorema(Leibniz).

(1) $\{(p \supset r) \cdot (q \supset s)\} \supset (p \supset r)$ T. 77에 의하여

(2) $\qquad\qquad\qquad \supset \{(p \cdot q) \supset (r \cdot q)\}$ T. 90
에 의하여

(3) $\qquad\qquad\qquad \supset \{(p \cdot q) \supset (q \cdot r)\}$ T. 75
에 의하여

(4) $\qquad\qquad\qquad \supset (q \supset s)$ T. 78에 의하여

(5) $\supset \{(q \cdot r) \supset (s \cdot r)\}$ T. 90
에 의하여

(6) $\supset \{(q \cdot r) \supset (r \cdot s)\}$ T. 75
에 의하여

(7) $\supset \{(p \cdot q) \supset (r \cdot s)\}$ (3)과
(6) Syll.

정리 92. $\{(p \supset r) \cdot (q \supset s)\} \supset \{(p \lor q) \supset (r \lor s)\}$

(1) $\{(p \supset r) \cdot (q \supset s)\} \supset \{(p \supset r)\}$ T. 77

(2) $\supset \{(q \lor p) \supset (q \lor r)\}$ Ps. 5

(3) $\supset \{(p \lor q) \supset (q \lor r)\}$ Ps. 3

(4) $\supset (q \supset s)$ T. 78

(5) $\supset (r \lor q) \supset (r \lor s)$ Ps. 5

(6) $\supset (q \lor r) \supset (r \lor s)$ Ps. 3

(7) $\supset (p \lor q) \supset (r \lor s)$ (3)과 (6)
Syll.

정의 5 $(p \equiv q) = (p \supset q) \cdot (q \supset p)$

정의 6 $(p \equiv q \equiv r) = \{(p \equiv q) \cdot (q \equiv r)\}$

정리 93. $(p \supset q) \equiv (\sim q \supset \sim p)$
T. 15, T. 16에 의하여

정리 94. $(p \equiv q) \equiv (\sim q \equiv \sim p)$

(1) $(p \supset q) \supset (\sim q \supset \sim p)$ T. 15

(2) $(\sim q \supset \sim p) \supset (p \supset q)$ T. 16

(3) $(p \equiv q) \equiv (\sim q \equiv \sim p)$ (1)과 (2) 정의 5

정리 95. $(p \equiv \sim q) \equiv (q \equiv \sim p)$

(1) $(p \supset \sim q) \supset (q \supset \sim p)$ T. 3

(2) $(\sim p \supset q) \supset (\sim q \supset p)$ T. 14

(3) $(p \equiv \sim q) \equiv (q \equiv \sim p)$ (1)과 (2) 정의 5

정리 96. $p \equiv \sim (\sim p)$

(1) $p \supset \sim (\sim p)$ T. 11

(2) $\sim (\sim p) \supset p$ T. 13

(3) $p \equiv \sim (\sim p)$ (1)과 (2) 정의 5

정리 97. $\{(p \cdot q) \supset r\} \equiv \{(p \cdot \sim r) \supset \sim q\}$

(1) $\{(p \cdot q) \supset r\} \supset \{(p \cdot \sim r) \supset \sim q\}$ T. 84

(2) $\{(p \cdot \sim r) \supset \sim q\} \supset \{p \supset (\sim r \supset \sim q)\}$ Exp.

(3) $\qquad\qquad\qquad \supset \{p \supset (q \supset r)\}$ Trans.

(4) $\qquad\qquad\qquad \supset \{(p \cdot q) \supset r\}$ Imp.

(5) $\{(p \cdot q) \supset r \equiv \{(p \cdot \sim r) \supset \sim q\}$ (1)과 (4) 정의 5

정리 98. $\{(p \cdot q) \supset \sim r\} \equiv \{(q \cdot r) \supset \sim p\}$

(1) $\{(p \cdot q) \supset r\} \equiv \{(p \cdot \sim r) \supset \sim q\}$ T. 97

(2) $\{(p \cdot q) \supset \sim r\} \equiv [\{p \cdot \sim (\sim r)\} \supset \sim q]$ $\dfrac{\sim r}{r}$

(3) $\{(p \cdot q) \supset \sim r\} \equiv \{(p \cdot r) \supset \sim q\}$ T. 96에 의하여

(4) $\{(q \cdot p) \supset \sim r\} \equiv \{(q \cdot r) \supset \sim p\}$ $\dfrac{q}{p}, \dfrac{p}{q}$

(5) $\{(p \cdot q) \supset \sim r\} \equiv \{(q \cdot r) \supset \sim p\}$ T. 75

정리 99. $p \equiv p$ Identity(Reflexive)

$P \supset P$. T. 8에 의하여

정리 100. $(p \equiv q) \equiv (q \equiv p)$ (Symmetrical)

T. 75에 의하여

정리 101. $\{(p \equiv q) \cdot (q \equiv r)\} \supset (p \equiv r)$ (Transitive)

(1) $\{(p \equiv q) \cdot (q \equiv r)\} \supset (p \equiv q)$ T. 77에 의하여

(2) $\qquad\qquad\qquad \supset (p \supset q)$ T. 77에 의하여

(3) $\qquad \supset (q\equiv r)$ T. 78에 의하여

(4) $\qquad \supset (q\supset r)$ T. 77에 의하여

(5) $\qquad \supset (p\supset r)$ (2)와 (4) Syll.

(6) $\qquad \equiv (q\equiv r)$ T. 78

(7) $\qquad \supset (r\supset q)$ T. 78

(8) $\qquad \equiv (p\equiv q)$ T. 77

(9) $\qquad \supset (q\supset p)$ T. 78

(10) $\qquad \supset (r\supset p)$ (7)과 (9) Syll.

(11) $\qquad \supset (p\equiv r)$ (5)와 (10)에 의
하여

정리 102. $p\equiv (p \cdot p)$

(1) $(p \cdot q)\supset p$ T. 77

(2) $(p \cdot p)\supset p$ $\dfrac{p}{q}$

(3) $p\supset \{q\supset (p \cdot q)\}$ T. 73

(4) $p\supset \{p\supset (p \cdot p)\}$ $\dfrac{p}{q}$

(5) $p\supset (p \cdot p)$ T. 32에 의하여

(6) $p\equiv (p \cdot p)$ (2)와 (5) 정의 5

정리 103. $p\equiv (p\vee p)$

(1) $(p\vee p)\supset p$ Ps. 1

(2) $p\supset (p\vee q)$ Ps. 2

(3) $p\supset (p\vee q)$ $\dfrac{p}{q}$

(4) $p\equiv (p\vee p)$ (1)과 (3) 정의 5

정리 104. $(p \cdot q)\equiv (q \cdot p)$

　　　 T. 75에 의하여

정리 105. $(p\vee q)\equiv (q\vee p)$

　　　 Ps. 3에 의하여

정리 106. $\{(p \cdot q) \cdot r\} \equiv \{p \cdot (q \cdot r)\}$

    (1) $\{(p \cdot q) \supset \sim r\} \equiv \{(q \cdot r) \supset \sim p\}$ T. 98

    (2) $\{(p \cdot q) \supset \sim r\} \equiv p \supset \sim (q \cdot r)$ Trans.

    (3) $\sim \{(p \cdot q) \supset \sim r\} \equiv \sim \{p \supset \sim (q \cdot r)\}$ T. 94에 의하여

    (4) $\sim \{\sim (p \cdot q) \vee \sim r\} \equiv \sim \{\sim p \vee \sim (q \cdot r)\}$ Replace.

    (5) $\{(p \cdot q) \cdot r\} \equiv \{p \cdot (q \cdot r)\}$ 정의 3에 의하여

정리 107. $\{(p \vee q) \vee r\} \equiv \{p \vee (q \vee r)\}$

    (1) $\{p \vee (q \vee r)\} \supset \{(p \vee q) \vee r\}$ T. 25

    (2) $\{(p \vee q) \vee r\} \supset \{p \vee (q \vee r)\}$ T. 26

    (3) $\{(p \vee q) \vee r\} \equiv \{p \vee (q \vee r)\}$ (1)과 (2)에 의하여

    정의 7. $p \cdot q \cdot r = (p \cdot q) \cdot r$

정리 108. $(p \equiv q) \supset \{(p \cdot r) \equiv (q \cdot r)\}$

    (1) $(p \equiv q) \supset \{(p \cdot r) \equiv (q \cdot r)\}$ T. 90에 의하여

정리 109. $(p \equiv q) \supset \{(p \vee r) \equiv (q \vee r)\}$

    (1) $(p \equiv q) \supset \{(p \vee r) \equiv (q \vee r)\}$ Ps. 4에 의하여

정리 110. $\{p \cdot (q \vee r)\} \equiv \{(p \cdot q) \vee (p \cdot r)\}$ First form of distributive Law.

    (1) $p \supset \{q \supset (p \cdot q)\}$ T. 73

    (2) $p \supset \{r \supset (p \cdot r)\}$ $\dfrac{r}{q}$

    (3) $p \supset [\{q \supset (p \cdot q)\} \cdot \{r \supset (p \cdot r)\}]$ (1)과 (2) T. 88에 의하여

(4) $p \supset [(q \vee r) \supset \{(p \cdot q) \vee (p \cdot r)\}]$ T. 92에 의
하여

(5) $\{p \cdot (q \vee r)\} \supset \{(p \cdot q) \vee (p \cdot r)\}$ Imp.

(6) $\{(p \cdot q) \supset p\} \cdot \{(p \cdot r) \supset p\}$ T. 77에 의하여

(7) $\{(p \cdot q) \vee (p \cdot r)\} \supset p$ T. 89에 의하여

(8) $\{(p \cdot q) \supset q\} \cdot \{(p \cdot r) \supset r\}$ T. 78에 의하여

(9) $\{(p \cdot q) \vee (p \cdot r)\} \supset (q \vee r)$ T. 92에 의하여

(10) $\{(p \cdot q) \vee (p \cdot r)\} \supset \{p \cdot (q \vee r)\}$ (7)과 (9)
Comp.

(11) $\{p \cdot (q \vee r)\} \equiv \{(p \cdot q) \vee (p \cdot r)\}$ (5)와 (10)
정의 5

정리 111. $\{p \vee (q \cdot r)\} \equiv \{(p \vee q) \cdot (p \vee r)\}$ The second form
of distributive law

(1) $(p \cdot q) \supset p$ T. 77

(2) $(q \cdot r) \supset q \ \dfrac{q}{p}, \ \dfrac{r}{q}$

(3) $\{p \vee (q \cdot r)\} \supset (p \vee q)$ Ps. 4에 의하여

(4) $(p \cdot q) \supset p$ T. 77

(5) $(r \cdot q) \supset r \ \dfrac{r}{p}$

(6) $(q \cdot r) \supset r$ T. 75에 의하여

(7) $\{p \vee (q \cdot r)\} \supset (p \vee r)$ Ps. 4에 의하여

(8) $\{p \vee (q \cdot r)\} \supset \{(p \vee q) \cdot (p \vee r)\}$ (3)과 (7)
Comp.

(9) $\{(p \vee q) \cdot (p \vee r)\} \supset \{(\sim p \supset q) \cdot (\sim p \supset r)\}$
Replace.

(10) $\qquad\qquad\qquad \supset \{\sim p \supset (q \cdot r)\}$ T. 88

(11) $\qquad\qquad\qquad \supset \{p \vee (q \cdot r)\}$ T. 44

$$(12)\ \{p \lor (q \cdot r)\} \equiv \{(p \lor q) \cdot (p \lor r)\}\quad (8)\ \ (11)$$

정의 5

정리 112. $\sim(p \cdot q) \equiv (\sim p \lor \sim q)$ 〔De Morgans Theorem〕

   a) $\sim(p \cdot q) \supset (\sim p \lor \sim q)$

      (1) $\sim(\sim p) \supset p$ T. 13

      (2) $\sim\{\sim(\sim p \lor \sim q)\} \supset (\sim p \lor \sim q)\quad \dfrac{\sim p \lor \sim q}{p}$

      (3) $\sim(p \cdot q) \supset (\sim p \lor \sim q)$ Replace.

   b) $(\sim p \lor \sim q) \supset \sim(p \cdot q)$

      (1) $p \supset \sim(\sim p)$ T. 11

      (2) $(\sim p \lor \sim q) \supset \sim\{\sim(\sim p \lor \sim q)\}\quad \dfrac{\sim p \lor \sim q}{p}$

      (3) $(\sim p \lor \sim q) \supset \sim(p \cdot q)$ Replace.

정리 113. $\sim(p \lor q) \equiv (\sim p \cdot \sim q)$ 〔De Morgans Theorem〕

   a) $\sim(p \lor q) \supset (\sim p \cdot \sim q)$

      (1) $p \supset p$ T. 8

      (2) $\sim(p \lor q) \supset \sim(p \lor q)\quad \dfrac{\sim(p \lor q)}{p}$

      (3) $\sim(p \lor q) \supset \sim\{\sim(\sim p) \lor \sim(\sim q)\}$ T. 11, T. 13

      (4) $\sim(p \lor q) \supset (\sim p \cdot \sim q)$ Replace.

   b) $(\sim p \cdot \sim q) \supset \sim(p \lor q)$

      (1) $p \supset p$ T. 8

      (2) $\sim(p \lor q) \supset \sim(p \lor q)\quad \dfrac{\sim(p \lor q)}{p}$

      (3) $\sim\{\sim(\sim p) \lor \sim(\sim q)\} \supset \sim(p \lor q)$ T. 11, T. 13

      (4) $(\sim p \cdot \sim q) \supset \sim(p \lor q)$ Replace.

Ⅳ. 중요한 원칙의 목록

(1) Principle of Tautology.　　$(p \lor p) \supset p$　　Ps. 1

(2) Principle of Addition.　　$q \supset (p \lor q)$　　Ps. 2

(3) Principle of Permutation. $(p \lor q) \lor (q \lor p)$
Ps. 3

(4) Associative Principle. $\{p \lor (q \lor r)\} \supset \{q \lor (p \lor r)\}$
Ps. 4

(5) Principle of Summation. $(q \supset r) \supset \{(p \lor q) \supset (p \lor r)\}$
Ps. 5

(6) Principle of reductio ad absurdum. $(p \supset \sim p) \supset \sim p$
T. 1

(7) Principle of Simplification. $q \supset (p \supset q)$ T. 2
Principle of Simplification. $(p \cdot q) \supset p$ T. 77
Principle of Simplification. $(p \cdot q) \supset q$ T. 78

(8) Commutative Principle. $\{p \supset (q \supset r)\} \supset \{q \supset (p \supset r)\}$
T. 4

(9) Principle of Identity. $p \supset p$ T. 8

(10) Principle of Exportation. $\{(p \cdot q) \supset r\} \supset \{p \supset (q \supset r)\}$ T. 79

(11) Principle of Importation. $\{p \supset (q \supset r)\} \supset \{(p \cdot q) \supset r\}$ T. 80

(12) Principle of Syllogism. $(q \supset r) \supset \{(p \supset q) \supset (p \supset r)\}$ T. 5
Principle of Syllogism. $(p \supset q) \supset \{(q \supset r) \supset (p \supset r)\}$ T. 6
Principle of Syllogism. $\{(p \supset q) \cdot (q \supset r)\} \supset (p \supset r)$ T. 81
Principle of Syllogism. $\{(q \supset r) \cdot (p \supset q)\} \supset (p \supset r)$ T. 82
Principle of Syllogism. $\{(p \equiv q) \cdot (q \equiv r)\} \supset (p \equiv r)$ T. 101

(13) Principle of Composition. $\{(p \supset q) \cdot (p \supset r)\} \supset \{p \supset (q \cdot r)\}$ T. 88

(14) Principle of the Factor. $(p \supset q) \supset \{(p \cdot r) \supset (q \cdot r)\}$
T. 90

(15) Principle of Transposition. $(p \supset \sim q) \supset (q \supset \sim p)$ T. 3
Principle of Transposition. $(\sim p \supset q) \supset (\sim q \supset p)$ T. 14

Principle of Transposition. $(p{\supset}q){\supset}({\sim}q{\supset}{\sim}p)$ T. 15
Principle of Transposition. $({\sim}q{\supset}{\sim}p){\supset}(p{\supset}q)$ T. 16
Principle of Transposition. $(p{\supset}q){\equiv}({\sim}q{\supset}{\sim}p)$ T. 93
Principle of Transposition. $(p{\equiv}q){\equiv}({\sim}p{\equiv}{\sim}q)$ T. 94

6. 기능적 계산법

기능적 계산법 *Functional Calculus* 은 기능에 관한 계산으로, 기능적 계산법이란 결국 문장으로 보면 술어(述語)에 관한 논리이다. 문장의 주어는 유 *Class* 가 되는 데 반해서 술어는 주어의 기능이 된다. 기호 논리에 있어서는 주어는 x에 대한 술어로 $F(x)$로 기술되며 Monadic Predicate Calculus가 되어 모든 술어의 계산은 Monadic Predicate Calculus가 된다. 그래서 '모든 사람은 죽는다'는 $(x)F(x){\supset}(x)G(x)$로 기술되어야 한다. 양화(量化)*Quantification* 는 유뿐 아니라, 술어(기능)에도 적용된다. 양화는 유와 술어의 주연의 문제로 주어나 술어의 양화를 말하는 것으로 전부와 일부의 두 종류가 있게 된다. 그래서 전부 *all*, 즉 (x)와 일부, 즉 $(\exists x)$ 다시 말해서 양적으로 적어도 하나가 되는 두 종류가 있게 된다. 다시 말해서 전부와 일부의 두 종류가 있게 된다. 전부의 의미는 가령 모든 사람이라고 할 때의 모든은 제한 없는 모든이 아니고 제한이 있는 모든을 가리킨다. 즉 서울에 살고 있는 모든 사람이라든가 이 교실에 있는 모든 학생이라든가 하는 경우같이 한계가 있는 모든을 의미한다. 그리고 일부라고 할 때의 의미는 약간, 어떤의 의미뿐 아니라 적어도 하나라는 의미로 사용된다.

F를 사람의 기호로 할 때의 모든 사람은 $(x)F(x)$로 표시되

며, 어떤 사람은 $(\exists x)F(x)$로 표시하여 적어도 한 사람이라는 뜻을 가지게 된다. 그래서 '모든 사람은 죽는다'는 $(x)F(x) \supset g(x)$로 나타내고 어떤 사람은 직장을 가지고 있다는 것은 $(\exists x)f(x) \supset h(x)$로 표시된다. 술어의 변수는 f, g, h로 표시되며 고정 술어는 F, G, H로 표시된다. 술어의 논리의 계산을 위해서는 명제의 논리의 공리에다가 다음의 두 공리를 첨가해야 한다.

Ps 6 $(x)f(x) \supset f(y)$

Ps 7 $f(y) \supset (\exists x)f(x)$

명제의 계산법에서는, 명제를 전체적으로 고찰하였을 뿐이고, 명제의 내적 논리적 구조는 문제시하지 아니하였다. 기능적 계산법에서는 명제의 주개념과 빈개념의 기능을 고찰하여 그 논리적 관계를 계산한다.

I. 정량법

정량법 *Quantification* 이라는 것은 전칭과 특칭의 양을 정하는 것이다. 전칭 정량을 일반 정량 *Universal Quantifier* 이라고 하여 (x)의 기호로 표시하고, 특칭 정량을 존재 정량 *Existential Quantifier* 이라고 하여 $(\exists x)$의 기호로 표시한다. 그리고 일반 정량에 있어서 여러 가지 개체의 정량을 구별하기 위하여 아래와 같이 표시한다.

(x), (y), (z)

존재 정량에 있어서 여러 가지 정량을 구별하기 위하여 아래

166

와 같은 기호를 사용한다.

$(\exists x),\ (\exists y),\ (\exists z)$

구체적인 예를 들면
'어떤 x이든 만일 x가 사람이면, x는 죽는다'는 아래와 같이
표시한다.

$(x)\ (x$는 사람이다 $\supset x$는 죽는다$)$

위의 공식에 있어서 (x)를 일반 정량이라고 부른다.

'몇 x가 있는데, 만일 x가 소〔牛〕면, x는 죽는다'

이것은 존재 정량의 예로 모든 x를 가리키는 것이 아니고, 어
떤 일부의 x에 관하여 말하는 것으로, 아래와 같이 표시한다.

$(\exists x)\ (x$는 소이다 $\supset x$는 죽는다$)$

위의 공식에 있어서 $(\exists x)$를 존재 정량이라고 한다.

Ⅱ. 개체 변수

개체 변수 *Individual Variables* 라는 것은 주개념을 나타내는
기호이다. $x,\ y,\ z$의 소활자 기호로 표시한다.
가령 모든 사람에 대하여, '사람은 죽는다'를 기호로 표시하
면 다음과 같다.

$$(x)\,死(x)$$

혹은 '어떤 고양이가 있는데, 그것이 고양이면, 그것은 죽는다'를 기호로 표시하면, 다음과 같이 표시할 수 있다.

$$(\exists y)\,[\,猫(y)\supset 死(y)\,]$$

위의 예에 있어서 (y)는 개체 변수이다. 그것은 개체를 가리키는 것으로, 개든 소든 나무든 어떤 개체로든지 변화할 수 있는 성질을 가지고 있다.

개체 변수에 있어서, 어떤 제한을 가지고 있는 것을 제한 변수 *Bound Variable* 라 하고, 제한이 없는 것을 무제한 변수 *Free Variable* 라고 부른다.

예를 들어 설명하면 다음과 같다.

$$(\exists z)\,(x=y+z)$$

위의 공식에 있어서 x와 y는 무제한 변수이고, z는 제한 변수이다.

다른 예를 들면,

$$(x,\ y)\,[\,(\exists z)\ (x=y+z)\,]$$

의 공식에 있어서는 $x,\ y,\ z$는 모두 제한 변수인 것과 같다.

$$(x)\,\{(x=y+z)\}\supset(y<x)$$

위의 식에 있어서 $y<x$의 y는 무제한 변수이다.

술어 변수 *Predicate Variables* 라는 것은 명제의 빈개념을 나타내는 기호이다. 이것은 F, G, H의 기호로 나타낸다.

가령 '어떤 사람이든, 사람은 동물이다'를 기호로 나타내면 다음과 같다.

$$(x)F(x)$$

위의 기호에 있어서 처음의 (x)는 일반 정량을 표시하는 기호이고, 둘째번의 (x)는 개체 변수의 기호이고, F는 개체의 기능을 나타내는 개체의 술어 변수 기호이다.

가령 '어떤 시계가 있는데, 그것이 만일 시계라면, 그것은 시간을 가리킨다'를 기호로 표시하면 다음과 같다.

$$(\exists y)[F(y) \supset G(y)]$$

위의 공식에 있어서 $(\exists y)$는 존재 정량을 가리키고, (y)는 개체 변수 기호이며, F와 G는 술어 변수 기호이다.

Ⅳ. 제규칙

1) 대입 규칙 Rule of Substitution

1. 정리에 있어서 일어나는 문장 변수 *Sentential Variable* 는 어떤 변수로서도 대입할 수 있다.
2. 자유로운 개체 변수는 다른 개체 변수로 대입할 수 있다.
3. 술어 변수는 어떤 술어 변수로도 대입할 수 있다.

2) 함축 규칙 Rule of Implication

  1. 정량에 관한 규칙

$$\mathrm{A} \supset \mathrm{B}(x) \to \mathrm{A} \supset (x)\mathrm{B}(x)$$

  2. $\mathrm{B}(x) \supset \mathrm{A}$

$$(\exists x)\mathrm{B}(x) \supset \mathrm{A}$$

3) 다시 쓰는 닫힌 변수 Rewriting Bound Variables

닫힌 개체 변수는 어떤 다른 닫힌 개체 변수로도 대치할 수 있다. 이 대리는 보편, 존재 정량의 모든 범위내에서 해야 한다.

4)

보편, 존재 정량의 의미로부터 다음과 같은 동치 공식을 얻을 수 있다.

$$(\exists x)\mathrm{A}(x) \equiv (\bar{x})\bar{\mathrm{A}}(x)$$
$$(\exists x)\bar{\mathrm{A}}(x) \equiv (\bar{x})\mathrm{A}(x)$$
$$(\overline{\exists x})\mathrm{A}(x) \equiv (x)\bar{\mathrm{A}}(x)$$
$$\overline{\exists(x)}\ \bar{\mathrm{A}}(x) \equiv (x)\mathrm{A}(x)$$

이러한 관계를 토대로 존재 정량을 보편 정량으로 표현할 수 있으며, 그 반대도 가능하다.

규칙 또는 Metatheorem의 일람표

규칙 1 $(a \lor a) \supset a$

규칙 2 $(a \lor b) \supset b$

규칙 3 $(a \lor b) \supset (b \lor a)$

규칙 4　$(a \supset b) \supset (ca \supset cb)$

규칙 5　$\{(a \supset b) \cdot (b \supset c)\} \supset (a \supset c)$　Syllogism

규칙 6　$(A \supset B) \cdot (B \supset A)$　$\phi(A) \supset \phi(B) \cdot \phi(B) \supset \phi(A)$

규칙 7　$B \supset (A \supset C) \cdot (A \cdot B) \supset C$이면 $A \supset (B \supset C)$로 대치 가능

규칙 8　$A \supset B$는 $A \supset (A \supset B)$로 대치 가능

규칙 9　$A \supset (B \supset C(x)) \supset A \supset (B \supset (x)C(x))$

규칙 10　$A(x, y \cdots\cdots, u)$와 $B(x, y \cdots\cdots, u)$가 $\equiv$일 때에 대치에 의해서 D가 C로부터 나온 것이면 $C \equiv D$도 또한 정리이다.

규칙 11　Duality 의 원칙

규칙 12　Duality 의 연장 원칙

규칙 13　함축의 규칙　$\{a \cdot a \supset b\} \supset b$

규칙 14　$A \supset B(x) \supset A \supset (x)B(x)$

규칙 15　대입 규칙

규칙 16　정량의 규칙　$A \cdot B(x), \ B(x) \supset A \rightarrow (Ex)B(x) \supset A$

규칙 17　정량 변수를 다시 쓰는 규칙　$(x)F(x) \supset F(z)$
$$(y)F(y) \supset F(z)$$

규칙 18　문장적 계산법의 제거의 규칙
$$\text{예) } Xa \cdot \overline{X}a \equiv (X \cdot \overline{X}) \vee a$$

규칙 19　부정의 규칙
$$\overline{A(x)} \text{은 } \overline{A}(x) \text{와 동등하며}$$
$$\overline{(x)A(x)} \text{은 } \overline{x}A(x) \text{와 동등하며}$$
$$\overline{E(x)A(x)} \text{은 } \overline{(Ex)}A(x) \text{와 동등한 데서}$$

다음의 동등식을 추리할 수 있다.
$$E(x)\overline{A}(x) \equiv (\overline{x})\overline{A}(x)$$
$$E(x)\overline{A}(x) \equiv (\overline{x})A(x)$$

$$\overline{E(x)}A(x) \equiv (\bar{x})A(x)$$
$$E(x)\bar{A}(x) \equiv (x)A(x)$$

Ⅴ. 기능적 계산법의 종류

기능적 계산법에는 초급 기능적 계산법 *Lower functional calculus, Functional calculus of first order* 과 상급 기능적 계산법 *Higher functional calculus, functional calculus of second order* 의 두 가지가 있다. 초급 기능적 계산법이라는 것은 개체 변수의 정량을 다루는 것이고, 상급 기능적 계산법이라는 것은 술어 변수의 정량을 다루는 것이다. 따라서 후자는 술어 정량 *Predicate Quantifiers* 을 가지게 된다. 이제 예를 들어 설명하면 다음과 같다.

모든 x에 있어서 만일 x가 F이면, x는 G이다.
모든 사람에 있어서, 만일 그 사람들이 옷을 입는다면, 그 사람들은 몸이 가려져 있을 것이다.

이것을 기호로 표시하면 다음과 같다.

$$(x)(F(x) \supset G(x))$$

이것은 x라는 개체 변수의 기능을 표시한 것으로, 초급 기능적 계산에 속한다.

모든 x와 y에 있어서, x는 F요, y도 F인데 x와 y는 같지 않다면, x가 y보다 무겁거나, y가 x보다 무겁거나 둘 중의 하나이다.

모든 쇠와 나무에 있어서, 쇠는 다섯이요, 나무도 다섯인데,

쇠와 나무가 중량이 다르다면, 쇠가 나무보다 무겁거나, 나무가
쇠보다 무겁거나 그 둘 중의 하나이다. 이것을 기호로 표시하면
다음과 같다.

$$(x)(y)\{ \exists(x) \cdot F(y) \cdot \sim(x=y)\} \supset \{G(x,y) \vee G(y,x)\}$$

이것은 x와 y라는 개체 변수의 기능을 생각한 것으로서, 역
시 초급 기능적 계산에 속하나, 이렇게 2개의 개체 변수의 정
량을 가진 식을 2개 개체 정량 분자식이라고 한다.

모든 F와 x에 있어서, x는 F거나 x는 F가 아닌 것이거나
이다.

모든 죽는 것과, 사람에 있어서, 사람은 죽는 것이거나 아니
죽는 것이거나이다.

이것을 기호로써 표시하면 다음과 같다.

$$(F)(x)(F(x) \vee \sim F(x))$$

이것은 F라는 술어의 정량을 말하는 것으로 상급 기능적 계
산에 속한다.

이와 같이 개체 변수의 정량을 다루는 것을 초급 기능적 계산
이라 하고, 술어 변수의 정량을 다루는 것을 상급 기능적 계산
이라고 한다.

VI. 초급 기능적 계산법의 진위표

명제적 기능 *Propositional Function* 의 진위표는 명제의 진위
표와 유사하다. 그러나, 명제의 진위표가 진과 위의 두 값으로
구분되는 데 대하여, 세 값으로 구분된다. 즉 진과 위와 혼합

기능의 세 값이다. 이것을 기호 A, E, M으로 표시하고자 한다. 혼합 기능은 미정인 것으로, 진도 될 수 있고 위도 될 수 있는 기능이다.

명제적 기능으로부터 유도된 진술은 아래 표와 같은 표로써 표시한다.

$f(\hat{x})$	$(x)f(x)$	$(\exists x)f(x)$	$f(x)$
A	T	T	T
M	F	T	T,F
E	F	F	F

기능의 부정에 관한 진위표는 다음과 같다.

$f(\hat{x})$	$\overline{f(x)}$
A	E
M	M
E	A

기능의 연결에 관한 진위표는 다음과 같다.

$f(\hat{x})$	$g(\hat{x})$	$f(\hat{x}) \vee g(\hat{x})$	$f(\hat{x}) \cdot g(\hat{x})$	$f(\hat{x}) \supset g(\hat{x})$	$f(\hat{x}) \equiv g(\hat{x})$
A	A	A	A	A	A
A	M	A	M	M	M
A	E	A	E	E	E
M	A	A	M	A	M
M	M	A, M	M, E	A, M	A, M, E
M	E	M	E	M	M
E	A	A	E	A	E
E	M	M	E	A	M
E	E	E	E	A	A

위의 명제적 기능의 진위표에 의하여 몇 개의 정리를 계산하여, 계산의 본보기로 삼고자 한다.

(1) $(x)F(x) \supset (\exists x)F(x)$

F($\hat{x}$)	(x)F(x)	⊃	(∃x)F(x)
A	A	A	A
M	E	A	A
E	E	A	E

(2) $(x)(F(x) \lor G(x)) \supset (x)F(x) \lor (\exists x)G(x)$

F($\hat{x}$)	G($\hat{x}$)	(x)	F(x)	∨	G(x)	⊃(x)	F(x)	∨(∃x)	G(x)
A	A	A	A	A	A	A	A	A	A
A	M	A	A	A	M	A	A	A	M
A	E	A	A	A	E	A	A	A	E
M	A	A	M	A	A	A	E	A	A
M	M	A, E	M	A, M	M	A	E	A	A
M	E	E	M	M	E	A	E	E	E
E	A	A	E	A	A	A	E	A	A
E	M	E	E	M	M	A	E	A	A
E	E	E	E	E	E	A	E	E	E

전부진

(3) $\sim(\exists x)F(x) \lor (x)G(x) \equiv (x)\sim F(x) \lor (x)G(x)$

F($\hat{x}$)	G($\hat{x}$)	~	(∃x)	F(x)	∨	(x)	G(x)	≡	(x)	~	F(x)	∨	(x)	G(x)
A	A	E	A	A	A	A	A	A	E	E	A	A	A	A
A	M	E	A	A	E	E	M	A	E	E	A	E	E	M
A	E	E	A	A	E	E	E	A	E	E	A	E	E	E
M	A	E	A	M	A	A	A	A	E	M	M	A	A	A

M	M	E	A	M	E	E	M	A	E	M	M	E	E	M
M	E	E	A	M	E	E	E	A	E	M	M	E	E	E
E	A	A	E	E	A	A	A	A	A	A	E	A	A	A
E	M	A	E	E	A	E	M	A	A	A	E	A	E	M
E	E	A	E	E	A	E	E	A	A	A	E	A	E	E

전부진

Ⅶ. 정언적 3단논법의 기호논리적 증명

1) 보편적 예화의 규칙

명제적 기능의 모든 대치례(代置例)가 진일 때에만 명제적 기능의 보편적 양화가 진일 것이므로, 명제적 기능의 어떤 예도 그 보편적 양화로부터 추리할 수 있다는 규칙을 세울 수 있다. 이 규칙은 다음과 같은 기호로 표시된다.

$$(x)F(x) \supset F(z) \qquad (z\text{는 어떤 개체적 기호})$$

이 보편적 예화(U.I.)의 규칙을 응용하면 다음과 같은 3단논법을 기호 논리로 풀 수 있다.

'모든 인간은 죽는다.
소크라테스는 사람이다.
그러므로 소크라테스는 죽는다.'

1. $(x)(H(x) \supset M(x))$
2. $H(s) \quad /\therefore M(s)$
3. $H(s) \supset M(s)$ 1, U.I.
4. $M(s)$ 3, 2, Det.

2) 보편적 일반화의 규칙

어떤 선택된 개체의 기능을 $F(y)$로 표시한다면, 그것은 U.I. 에 의하여 $(x)F(x)$로부터 추리된다. 어떤 임의의 선택된 개체에 관하여 진인 것은 모든 개체에 관하여 진이어야 하므로, 그 반대의 추리도 동등하게 타당하다. 이 규칙을 기호로 표시하면 다음과 같다.

$$F(y) \supset (x)F(x) \quad (y는 \text{ 어떤 임의로 선택된 개체})$$

이 보편적 일반화(U.G.)의 규칙을 이용하면 다음과 같은 3단 논법을 기호 논리로 풀 수 있다.

'모든 죽는 것은 완전하지 아니하다.'
모든 인간은 죽는다.
그러므로 모든 인간은 완전하지 아니하다.'

1. $(x)(M(x) \supset \sim P(x))$
2. $(x)(H(x) \supset M(x)) \quad / \therefore (x)(H(x) \supset \sim P(x))$
3. $H(y) \supset M(y) \qquad$ 2, U.I.
4. $M(y) \supset \sim P(y) \qquad$ 1, U.I.
5. $H(y) \supset \sim P(y) \qquad$ 3, 4, Syll.
6. $(x)(H(x) \supset \sim P(x))$ 5, U.G.

3) 존재적 보편화의 규칙

명제적 기능의 존재적 양화는 그 명제적 기능이 적어도 한 대치례가 진인 경우에만 진이므로, 명제적 기능의 존재적 양화는 그 명제적 기능의 어떤 대치례로부터 타당하게 추리될 수 있다. 이 존재적 보편화(E.G.)의 규칙을 기호로 표시하면 다음과 같다.

$$F(z) \supset (\exists x)F(x) \quad (z\text{는 어떤 개체적 기호})$$

4) 존재적 예화의 규칙

명제적 기능의 존재적 양화는 적어도 한 개체가 그러한 기능을 가졌다는 것을 주장할 수 있다. 이것은 명제적 기능의 존재적 양화로부터 먼저 일어나지 않았던 개체의 기능의 진리성을 추리하는 규칙으로, 기호로써 표시하면 다음과 같다.

$$(\exists x)F(x) \supset F(z) \quad (z\text{는 먼저 일어나지 않았던 개체})$$

이 존재적 예화(E.I.)의 규칙과 기술한 존재적 보편화의 규칙을 이용하면 다음의 3단논법을 기호 논리로 풀 수 있다.

'모든 사람은 생각한다.
어떤 동물은 사람이다.
그러므로 어떤 동물은 생각한다.'

1. $(x)(H(x) \supset T(x))$
2. $(\exists x)(A(x) \cdot H(x)) \quad /\therefore (\exists x)(A(x) \cdot T(x))$
3. $A(w) \cdot H(w)$ 2, E.I.
4. $H(w) \supset T(w)$ 1, U.I.
5. $H(w) \cdot A(w)$ 3, Com.
6. $H(w)$ 5, Simp.
7. $T(w)$ 4, 6, Det.
8. $A(w)$ 3, Simp.
9. $A(w) \cdot T(w)$ 8, 7, Conj.
10. $(\exists x)(A(w) \cdot T(w))$ E.G.

1) 부정의 정의

정의 8. $\sim(x)F(x) = \mathrm{Df}.\ (\exists x)\sim F(x)$

정의 9. $\sim(\exists x)F(x) = \mathrm{Df}.\ (x)\sim F(x)$

2) 선택의 정의

정의 10. $(x)F(x) \vee (\exists y)G(y) = \mathrm{Df}.\ (x)(\exists y)(F(x) \vee G(y))$

정의 11. $(\exists y)G(y) \vee (x)F(x) = \mathrm{Df}.\ (x)(\exists y)(G(y) \vee F(x))$

3) 정량 기호의 제법칙

1. $(x)(F(x) \cdot G(x)) \equiv [(x)F(x) \cdot (x)G(x)]$
2. $(\exists x)(F(x) \vee G(x)) \equiv [(\exists x)F(x) \vee G(x)]$
3. $(\exists x)(F(x) \supset G(x)) \equiv [(x)F(x) \supset (\exists x)G(x)]$
4. $(x)(F(x) \cdot G(x)) \supset [(x)F(x) \supset (x)G(x)]$
5. $(x)(F(x) \cdot G(x)) \supset [(x)F(x) \cdot (\exists x)G(x)]$
6. $(x)F(x) \vee (x)G(x) \supset (x)(F(x) \vee G(x))$
7. $(x)(F(x) \supset G(x)) \supset [(\exists x)F(x) \supset (\exists x)G(x)]$
8. $(\exists x)(F(x) \cdot G(x)) \supset [(\exists x)F(x) \cdot (\exists x)G(x)]$
9. $[(\exists x)(F(x) \supset (\exists x)G(x)] \supset (\exists x)(F(x) \supset G(x))$
10. $[(\exists x)(F(x) \supset (x)G(x)] \supset (\exists x)(F(x) \supset G(x))$
11. $[(\exists x)(F(x) \cdot (x)G(x)] \supset (\exists x)(F(x) \cdot G(x))$
12. $(\exists x)(F(x) \cdot G(x)) \supset (\exists x)F(x)$

4)

A, E, I, O를 초급 기능적 계산법의 기호로 표시하면 다음
과 같다.

A. 모든 s는 p이다.　　$(x)(F(x) \supset G(x))$
E. 모든 s는 p가 아니다.　$(x)(F(x) \supset \sim G(x))$
I. 어떤 s는 p이다.　　$(\exists x)(F(x) \cdot G(x))$
O. 어떤 s는 p가 아니다.　$(\exists x)(F(x) \cdot \sim G(x))$

그리고 다음과 같이 표시할 수도 있다.

A. $\sim(\exists x)(F(x) \cdot \sim G(x))$
E. $\sim(\exists x)(F(x) \cdot G(x))$
I. $\sim(x)(F(x) \supset \sim G(x))$
O. $\sim(x)(F(x) \supset G(x))$

5)

이 체계에 나타나는 제정리의 유형에는 두 가지 종류가 있는
데 하나는 명제 계산과 유추할 수 있는 것이며 예컨대

$(x)F(x) \lor (x)F(x) \supset (x)F(x)$　　　　$(p \lor p) \supset p$
$(\exists x)F(x) \supset (\exists x)F(x)$　　　　　$(p \supset p)$
$(x)F(x) \cdot (x)G(x) \supset (x)F(x)$　　　　$(p \cdot q) \supset p$

이것은 명제에다가 단순히 기능을 대입시키는 데서 추리가
가능한 명제들이다.

다른 하나는 명제 계산에서 단순한 대입에서 유추할 수 없는

것으로 예컨대

$(\exists x)(F(x) \cdot G(x)) \supset (\exists x)F(x) \cdot \exists(x)G(x)$

$(x)(F(x) \supset G(x)) \supset (\exists x)F(x) \supset (\exists x)G(x)$

$(x)(F(x) \cdot G(x)) \equiv (x)F(x) \cdot (x)G(x)$

$(x)(F(x) \supset G(x)) \supset (x)F(x) \supset (x)G(x)$

$(x)(F(x) \supset G(x) \cdot (x)F(x) \supset (x)G(x)$

$(x)(F(x) \supset G(x)) \supset \sim(\exists x)(F(x) \cdot \sim G(x))$

$(x)F(x) \supset G(x) \cdot (\exists x)F(x) \cdot H(x) \supset (\exists x)G(x) \cdot H(x)$

이것은 4)의 정량 기호를 합하고 분리하는 규칙과 대입의 규칙으로 양기호에 영향을 주지 않는 제한을 더해서 추리해야 연역이 가능한 정리들이다. 이 밖에 다른 규칙에 의한 정리들이 있다. 예컨대 다음의 상급 기능적 계산(확장된 술어 논리)의 명제 같은 것이다.

$(P)(x)(P(x) \vee \sim P(x))$

$(F)(x)(F(x) \vee \sim F(x))$

$(\exists F)(x)(F(x) \vee \sim F(x))$

정리 1. $(x)F(x) \supset (\exists x)F(x)$
 Dem. (1) $(x)F(x) \supset F(y)$ Ps. 6
   (2) $F(y) \supset (\exists x)F(x)$ Ps. 7
   (3) $(x)F(x) \supset (\exists x)F(x)$ Syll.
정리 2. $(x)(p \vee F(x)) \equiv p \vee (x)F(x)$
 a) $(x)(p \vee F(x)) \supset (p \vee (x)F(x))$
 Dem. (1) $(x)F(x) \supset F(y)$ Ps. 6

$(2)\quad (x)(p\lor F(x))\supset(p\supset F(y))$ Ps. 4

$(3)\quad (x)(p\lor F(x))\supset(\sim p\supset F(y))$ Replace.

$(4)\quad \{(x)(p\lor F(x))\cdot\sim p\}\supset F(y)$ Imp.

$(5)\quad \{(x)(p\lor F(x)\cdot\sim p\}\supset(y)F(y)$ U.G.

$(6)\quad (x)(p\lor F(x))\supset(\sim p\supset(y)F(y))$ Exp.

$(7)\quad (x)(p\lor F(x))\supset(p\lor(y)F(y))$ Replace.

$(8)\quad (x)(p\lor F(x))\supset(p\lor(x)F(x))\ \dfrac{x}{y}$

b) $(p\lor(x))F(x)\supset(x)(p\lor F(x))$

Dem. (1) $(x)F(x)\supset F(y)$ Ps. 6

$\quad (2)\quad (p\lor(x)F(x))\supset(p\lor F(y))$ Ps. 4

$\quad (3)\quad (p\lor(x)F(x))\supset(y)(p\lor F(y))$

$\quad (4)\quad (p\lor(x)F(x))\supset(x)(p\lor F(x))\ \dfrac{x}{y}$ Sub.

정리 3. $\{(x)(F(x)\supset G(x))\cdot(x)(G(x)\supset H(x)\}\supset(x)$
$\quad\quad (F(x)\supset H(x))$

$(x)F(x)\supset G(x)$

$(x)G(x)\supset H(x)$

_________________ Syll.

$(x)F(x)\supset H(x)$

정리 4. $\{(x)(F(x)\supset G(x))\cdot(\exists x)(F(x)\cdot H(x)\}\supset(\exists$
$\quad\quad x)(G(x)\cdot H(x))$

$(x)F(x)\supset G(x)$

$(\exists x)F(x)\cdot H(x)$

_________________ Syll.

$(\exists x)G(x)\cdot H(x)$

정리 5 $[(x)\{A(x)\supset(E(x)\lor H(x))\}\cdot(x)H(x)\supset D(x)]\supset$
$\quad\quad (x)\{(A(x)\cdot\sim E(x))\supset D(x)\}$

$\quad\quad (1)\quad (x)A(x)\supset(x)(E(x)\lor H(x))$

(2) $(x)A(x) \supset (\sim E(x) \supset H(x))$ Replace.

(3) $(x)(A(x) \cdot \sim E(x)) \supset H(x)$ Imp.

(4) $(x)(H(x) \supset D(x))$

(5) $(x)(A(x) \cdot \sim E(x)) \supset D(x)$ (3)과 (4) Syll.

정리 6. $\{(x)(\sim E(x) \supset \sim (S(x)) \cdot (x)E(x) \supset C(x))\} \supset$
$(x)(S(x) \supset C(x))$

(1) $(x)(\sim E(x) \supset \sim S(x))$

(2) $(x)(S(x) \supset E(x))$ Trans.

(3) $(x)E(x) \supset C(x))$

(4) $(x)\{S(x) \supset C(x)\}$ (2)와 (3) Syll.

정리 7. $\{(x)(S(x) \supset E(x)) \cdot \sim E(x)\} \supset \sim S(x)$

(1)$(x)(S(x) \supset E(x))$

(2) $\sim E(x)$

$$\overline{}\quad \text{Syll.}$$

$$\sim S(x)$$

정리 8. $\{(x)(y)(F(x, y) \supset G(x, y)\} \cdot (x)(y)(G(x, y) \supset$
$H(x, y))\} \supset (x)(y)(F(x, y) \supset H(x, y))$

$(x)(y)(F(x, y) \supset H(x, y))$

$(x)(y)F(x, y) \supset G(x, y)$

$(x)(y)G(x, y) \supset H(x, y)$

$$\overline{}\quad \text{Syll.}$$

$(x)(y)F(x, y) \supset H(x, y)$

정리 9. $\{(x)(y)(F(x, y) \supset G(x, y)) \cdot (\exists x)(\exists y)(F(x, y) \supset$
$H(x, y))\} \supset (\exists x)(\exists y)(G(x, y) \supset H(x, y))$

$(x)(y)F(x, y) \supset G(x, y)$

$(\exists x)(\exists y)F(x, y) \cdot H(x, y)$

$$\overline{}\quad \text{Syll.}$$

$(\exists x)(\exists y)G(x, y) \cdot H(x, y)$

정리 10. $(x)(y)(D(x, y) \supset D(y, x)) \supset \sim (\exists(x)(\exists y)(D(x, y) \cdot \sim D(y, x))$

      (1) $(x)((y)D(x, y) \supset D(y, x))$

      (2) $\sim (\exists x)(\exists y)(D(x, y) \cdot \sim D(y, x))$ Duality.

정리 11. $\{(x=y) \cdot F(x)\} \supset F(y)$

    $x=y$

    $F(x)$

$$\frac{}{F(y)} \qquad \text{T. 78}$$

정리 12. $(F(x) \cdot G(y)) \supset (x)((F(x) \supset G(x))$

     $F(x)$

     $G(x)$

$$\frac{}{(x)F(x) \supset G(x)} \qquad \text{T. 85}$$

정리 13. $(Ms \cdot \sim Md) \supset s \neq d$

    Ms

    $\sim Md$

$$\frac{}{s \neq d}$$

정리 14. $\{(s=d) \cdot Ms\} \supset Md$

    $s=d$

    Ms

$$\frac{}{Md}$$

정리 15. $(\exists x)F(x) \equiv \sim (x) \sim F(x)$

  a) $(\exists x)F(x) \supset \sim (x) \sim F(x)$

      (1) $(x)(F(x) \supset F(y))$ Ps. 6

      (2) $(x) \sim F(x) \supset \sim F(y)$ $\dfrac{\sim F}{F}$

(3) $\sim\sim F(y)\supset\sim(x)\sim F(x)$ Trans.

(4) $F(y)\supset\sim(x)\sim F(x)$

(5) $(\exists y)F(y)\supset\sim(x)\sim F(x)$

(6) $(\exists x)F(x)\supset\sim(x)\sim F(x)$ $\dfrac{x}{y}$

b) $\sim(x)\sim F(x)\supset(\exists x)F(x)$

---

(1) $F(y)\supset(\exists x)F(x))$ Ps. 7

(2) $\sim(\exists x)F(x)\supset\sim F(y)$ Trans.

(3) $\sim(\exists x)F(x)\supset(y)\sim F(y)$ U.G.

(4) $\sim(y)\sim F(y)\supset\sim\sim(\exists x)F(x)$ Trans.

(5) $\sim(x)\sim F(x)\supset(\exists x)F(x)$ $\dfrac{x}{y}$

정리 16. $F(y)\vee\sim(x)F(x)$

(1) $(x)F(x)\supset F(y)$ Ps. 6

(2) $\sim F(y)\supset\sim(x)F(x)$ Trans.

(3) $\sim\sim F(y)\vee\sim(x)F(x)$ Replace.

(4) $F(y)\vee\sim(x)F(x)$

정리 17. $\sim((\exists x)F(x)\cdot r)\supset\sim((x)F(x)\cdot r)$

(1) $(x)F(x)\supset(\exists x)F(x)$ F. 1

(2) $((x)F(x)\cdot r)\supset((\exists x)F(x)\cdot r)$ T. 90

(3) $\sim((\exists x)F(x)\cdot r)\supset\sim((x)F(y)\cdot r)$
     Trans.

정리 18. $\sim((x)F(x)\cdot r)\vee((\exists x)F(x)\cdot r)$

(1) $\sim((\exists x)F(x)\cdot r)\supset\sim((x)F(x)\cdot r)$ F. 19

(2) $((x)F(x\cdot r))\supset(\exists x)F(x)\cdot r)$ Trans.

(3) $\sim((x)F(x)\cdot r\vee(\exists x)F(x)\cdot r)$ Replace.

정리 19. $(x)F(x)\cdot(x)G(x)\supset(x)F(x)$ T. 77

(1) $q\supset(p\supset q)$ T. 2

(2) $p \supset (q \supset p)$ $\dfrac{q}{p}$, $\dfrac{p}{q}$

(3) $(x)F(x) \supset ((x)G(x) \supset (x)F(x))$ $\dfrac{(x)F(x)}{p}$, $\dfrac{(x)G(x)}{q}$

(4) $\sim (x)F(x) \lor (\sim (x)G(x) \lor (x)F(x))$

Replace.

(5) $\sim (\sim (x)F(x) \lor \sim (x)G(x)) \supset (x)F(x)$

Replace associate

(6) $(x)F(x) \cdot (x)G(x) \supset (x)F(x)$ 정의에 의하여

정리 20. $(x)F(x) \cdot (x)G(x) \supset ((x)F(x) \supset (x)G(x))$ T. 85

(1) $\sim (p \supset q) \supset (p \supset \sim q)$ T. 39

(2) $\sim ((x)F(x) \supset (x)G(x)) \supset ((x)F(x) \supset \sim (x)G(x))$ $\dfrac{(x)F(x)}{p}$, $\dfrac{(x)G(x)}{q}$

(3) $\sim ((x)F(x) \supset \sim (x)G(x)) \supset ((x)F(x) \supset (x)G(x))$ Trans.

(4) $\sim (\sim (x)F(x) \lor \sim (x)G(x))((x)F(x) \supset (x)G(x))$ Replace.

(5) $(x)F(x) \cdot (x)G(x) \supset ((x)F(x) \supset (x)G(x))$ 정의에 의하여

Ⅸ. 초급 기능적 계산의 전부진표

(1) $(x)(F(x) \cdot G(x)) \equiv (x)F(x) \cdot (x)G(x)$

(2) $(x)(F(x) \lor (x)G(x)) \supset (x)(F(x) \supset (x)G(x))$

(3) $(x)(F(x) \lor G(x)) \supset (x)F(x) \lor (\exists x)G(x)$

(4) $(x)(F(x) \supset G(x)) \supset (x)F(x) \supset (x)G(x)$

(5) $(x)((F(x) \supset G(x)) \supset (\exists x)F(x) \supset (\exists x)G(x)$

(6) $(x)(\mathrm{F}(x)\equiv\mathrm{G}(x))\supset(x)\mathrm{F}(x)\equiv(x)\mathrm{G}(x)$

(7) $(x)(\mathrm{F}(x)\equiv\mathrm{G}(x))\supset((\exists x)\mathrm{F}(x)\equiv(\exists x)$
$\quad\mathrm{G}(x))$

(8) $(x)(\mathrm{F}(x)\cdot(x)(\mathrm{F}(x)\supset\mathrm{G}(x))\supset(x)\mathrm{G}(x)$

(9) $(\exists x)(\mathrm{F}(x)\cdot\mathrm{G}(x))\supset(\exists x)\mathrm{F}(x)\cdot(\exists x)\mathrm{G}(x)$

(10) $(\exists x)(\mathrm{F}(x)\vee\mathrm{G}(x))\equiv(\exists x)(\mathrm{F}(x)\vee(\exists x)\mathrm{G}(x))$

(11) $(\exists x)(\mathrm{F}(x)\supset\mathrm{G}(x))\equiv(x)(\mathrm{F}(x)\supset(\exists x)\mathrm{G}(x)$

(12) $((\exists x)(\mathrm{F}(x)\supset(\exists x)\mathrm{G}(x))\supset(\exists x)(\mathrm{F}(x)\supset\mathrm{G}(x))$

(13) $((\exists x)(\mathrm{F}(x)\supset(x)\mathrm{G}(x))\supset(x)(\mathrm{F}(x)\supset\mathrm{G}(x))$

(14) $((\exists x)\mathrm{F}(x)\cdot(x)\mathrm{G}(x))\supset(\exists x)\mathrm{F}(x)\cdot\mathrm{G}(x)$

(15) $(x)(a\cdot\mathrm{F}(x))\equiv a\cdot(x)\mathrm{F}(x)$

(16) $(x)(a\vee\mathrm{F}(x))\equiv a\vee(x)\mathrm{F}(x)$

(17) $(x)(a\supset\mathrm{F}(x))\equiv a\supset(x)\mathrm{F}(x)$

(18) $(x)(\mathrm{F}(x)\supset a)\equiv(\exists x)\mathrm{F}(x)\supset a$

(19) $(x)(\mathrm{F}(x)\equiv a)\supset((x)\mathrm{F}(x)\equiv a)$

(20) $((x)a)\equiv a$

(21) $(\exists x)(a\cdot\mathrm{F}(x))\equiv a\cdot(\exists x)\mathrm{F}(x)$

(22) $(\exists x)(a\vee\mathrm{F}(x))\equiv a\vee(\exists x)\mathrm{F}(x)$

(23) $(\exists x)(a\supset\mathrm{F}(x))\equiv a\supset(\exists x)\mathrm{F}(x)$

(24) $(\exists x)(\mathrm{F}(x)\supset a)\equiv(x)\mathrm{F}(x)\supset a$

(25) $((\exists x)\mathrm{F}(x)\equiv a)\supset(\exists x)(\mathrm{F}(x)\equiv a)$

(26) $((\exists x)a)\equiv a$

(27) $\overline{x\mathrm{F}(x)}\equiv(\exists x)\overline{\mathrm{F}(x)}$

(28) $\overline{(\exists x)\mathrm{F}(x)}\equiv(x)\overline{\mathrm{F}(x)}$

(29) $(x)\overline{\mathrm{F}(x)}\supset\overline{(x)\mathrm{F}(x)}$

(30) $\overline{(\exists x)\mathrm{F}(x)}\supset(\exists x)\overline{\mathrm{F}(x)}$

(31) $(y)\mathrm{F}(y)\supset\mathrm{F}(x)$

(32) $F(x) \supset (\exists y)F(y)$

(33) $(x)F(x) \supset (\exists x)F(x)$

(34) $(x)(y)F(x, y) \equiv (y)(x)F(x, y)$

(35) $(\exists x)(\exists y)F(x, y) \equiv (\exists y)(\exists x)F(x, y)$

(36) $(\exists x)(y)F(x, y) \supset (y)(\exists x)F(x, y)$

(37) $(\exists x)(y)F(x) \cdot G(y) \equiv (y)(\exists x)F(x) \cdot G(y)$

(38) $(\exists x)(y)(F(x) \lor G(y)) \equiv (y)(\exists x)(F(x) \lor G(y))$

(39) $(\exists x)(y)(F(x) \supset G(y)) \equiv (y)(\exists x)(F(x) \supset G(y))$

(40) $(x)(y)(F(x, y) \lor G(x, y)) \supset (\exists x)(y)F(x, y) \lor (x)$
    $(\exists y)G(x, y)$

(41) $(x)(y)(F(x, y)) \supset (x)F(x, x)$

(42) $(\exists x)(y)F(x, y) \supset (\exists x)F(x, x)$

$cf.$ Hans Reichenbach, *Element of Symbolic Logic,* pp. 134~
    35.

X. 상급 기능적 계산법

상급 기능적 계산법 *Functional Calculus of Higher Order,
Predicate Calculus of Second Order* 이란 것은 술어 변수를 정
량하여 그 기능을 계산하는 것을 말한다.

가령, '사람은 생각한다'에 있어서 '생각한다'를 정량하고,
'사람'을 정량하고, '사람은 생각하거나 아니 하거나이다'를 공
식으로 표시하면,

$$(P)(x)((P(x) \lor \overline{P(x)})$$

와 같다.

상급 기능적 계산은 술어 변수를 정량하는 것인데, 술어 변수

188

에는 일반 정량과 존재 정량의 두 가지가 있다.

가령, 불변 변수 *Constant variables* A를 정량하고, 술어 변수 F를 일반 정량한 예를 들면 다음과 같다.

$$(A)(F)\{(x)(A \supset F(x)) \equiv (A \supset (x)F(x))\}$$

그리고 술어 변수의 존재 정량의 예를 들면 다음과 같다.

$$(\exists F)(\exists G)(\exists x)(y)(F(x, x) \lor \sim F(y, y) \lor G(x, y))$$

이것은 술어 변수 F와 G를 존재 정량한 예이다.
이제 상급 기능적 계산의 예를 몇 개 들면 다음과 같다.

HF 1. $(F)(\exists G)(x)(y)(F(x, y) \lor \sim G(x, y))$
$$\text{명제 계산 T. 10에 의하여}$$

HF 2. $(F)(F(y) \lor \sim (x)F(x))$
$$\text{F. 16에 의하여}$$

HF 3. $(F)((\exists x)F(x) \lor (x)F(x))$
$$\text{p} \lor \text{p에 의하여}$$

HF 4. $(F)(\sim (\exists x)F(x) \supset (x)F(x))$
    (1) $(F)((\exists x)F(x) \lor (x)F(x))$ HF. 3
    (2) $(F)(\sim (\exists x)F(x) \supset (x)F(x))$ Replace.

HF. 5. $(\exists F)\{\sim ((x)F(x) \cdot r) \lor (\exists x)F(x) \cdot r)\}$
$$\text{F. 18에 의하여}$$

HF. 6. $(\exists F)[\{(x)(F(x) \supset G(x) \cdot (\exists x)F(x) \cdot H(x)\} \supset$
    $(\exists x)(G(x) \cdot H(x))]$ F. 4에 의하여

이와 같이, 상급 기능적 계산은 술어를 정량하는 점이 다르고, 추리의 규칙을 적용함에 있어서는 하급 기능적 계산과 별다름이 없다.

XI. 동일성과 기술의 이론

동일성 *Identity* 과 기술 *Description* 의 이론은 프레게가 이미 충분히 논술한 것으로, 러셀의 이론은 새로운 것이 첨가된 것이 아니고 본질적으로는 동일하다. 이 두 이론은 수를 논리적으로 정의하는 데 불가결한 것이다.

1) 동일성

$x=y$, 즉 '두 개물(個物) x와 y가 같다'는 것은 x와 y가 모든 성질을 공유한다는 의미로 그 정의는 아래와 같이 내리게 된다.

(1) $(x=y)=\mathrm{Df}(F)(F(x)\supset F(y))$

(2) $x\neq y=\mathrm{Df}\sim(x=y)$

(3) $(x=y=z)=\mathrm{Df}\cdot(x=y\cdot y=z)$

개물의 동일성이라는 것은 술어의 동일성을 의미하는 것으로, 따라서 동일성의 개념은 술어논리학, 즉 명제 기능적 논리학의 개념으로부터 구성된다. 따라서 동일성에 관한 제정리는 명제 기능 계산의 제정리로부터 유도된다.

2) 기술

기술이라는 것은 한 개물을 고유명사로 부르는 대신에 보편적인 성질로써 부르는 것을 가리킨다. 가령 '소크라테스'라고 하는 대신에 '조각사의 아들로서 독배를 마시고 죽은 희랍의 철학자라는 성질을 가진 유일한 x'라고 한다면 이것은 기술이 된다. 기술의 정의는 다음과 같이 표시된다.

$$(\daleth x)(Fx) \cdot G(\daleth x)(Fx) = Df(\exists b)\{(x)(Fx \equiv (x=b)) \cdot Gb\}$$

$(\daleth x)(Fx)$는 'F의 성질을 가진 유일의 x'를 표시하며, $G(\daleth x)(Fx)$는 'F의 성질을 가진 유일의 x'가 G의 성질을 가지는 것을 표시한다.

이 기술에 의하여, 체계로부터 고유명사를 없이하고, 보편적인 개념으로써만 체계를 구성할 수가 있다. 그리고 이 기술의 제정리는 기능적 논리학으로부터 도출될 수 있다.

7. 유의 계산법 (집합 논리)

유(類)라는 것은 종류를 가리킨다. 가령 '소크라테스는 영리하다' 할 때에, 이것을 다른 말로 고치면, 소크라테스는 영리한 축에 든다는 말이다. 또 '서울은 대도시이다' 할 때에, 이것을 다른 말로 고치면 서울은 대도시 중의 하나에 든다는 말이다. 이와 같이, 어떤 종류 중의 하나라는 것을 기호 ϵ 로 표시한다.[1] 그리하여 위에 든 예를 기호로 표시하면 다음과 같다.

$$x \epsilon F$$

Ⅰ. 유의 계산의 전제 조건

$x \epsilon F$는 다음과 같이 정의된다.

---

1) ϵ 는 $\acute{\epsilon}\sigma\tau i$ 의 약자로 페아노 Peano 가 처음으로 사용하였다.

$$x \in F = Df.\ F(x)$$

따라서, 유는 기능으로 대치시키는 데서 제거될 수 있다. 러셀은 모든 유의 계산을 기능적 계산으로 환원시켰다. 즉 유의 계산을 일변수 기능적 계산으로 환원시켜 계산함으로써 기능적 계산과 통일시켰다. 모든 유의 계산은 일변수 기능 계산으로 환원시켜 계산할 수 있으므로, 우선 유를 기능으로 표시하는 정의를 다루고자 한다.

정의 1. $x \in F = Df.\ F(x)$

2. $F \subset G \equiv Df.\ (x)(F(x) \supset G(x))$

3. $F = G \equiv Df.\ (x)(F(x) \equiv G(x))$

4. $FG = Df.\ F(x) \cdot G(x)$

5. $F + G = Df.\ F(x) \vee G(x)$

6. $x \in \bar{F} = Df.\ F(x)$

7. $\bar{V} = Df.\ F(x) \vee F(x)$

8. $\wedge = Df.\ \bar{V}$

유의 계산에서는 =와 ≡를 구별한다. 좌변이 명제인 경우에는 ≡를 사용한다. 위의 정의에서 2와 3은 양류간의 관계를 나타내는 명제이므로 ≡를 사용하였다. 유를 나타내는 F와 G는 a와 b로 쓰고, $\vee$은 1로 $\wedge$은 0으로 쓰는 것이 유의 계산을 밝히기 위하여 더욱 좋다.

고전 논리학은 유의 논리학이었다. 즉 유를 다루는 논리학에 그쳤었다. 앞에서 다룬 명제의 계산이나, 명제 기능의 계산을 다루지도 못했고, 뒤에서 다룰 관계의 계산을 다루지도 못하고, 다만 유에 관한 간단한 추리를 다루었을 뿐이다. 그것도 주로 언어를 사용하였고, 간단한 기호를 보조로 사용하는 데 그쳤었다.

모든 사람은 죽는다.
모든 영웅은 사람이다.
그러므로 모든 영웅은 죽는다.

이것을 고전 논리학에서는 다음과 같이 표시했었다.

$$
\begin{array}{c}
M-P \\
S-M \\
\hline
\therefore \ S-P
\end{array}
$$

그런데 이것을 현대의 유의 계산 기호로 표시하면 다음과 같이 된다.

$$
\begin{array}{c}
a \subset b \\
c \subset a \\
\hline
\therefore \ c \subset b
\end{array}
\qquad
\{(a \subset b) \cdot (c \subset a)\} \supset (c \subset b)
$$

러셀은 기호 논리학의 입장에서 유를 명제 기능의 계산과 통일시켜 다루었으나 유의 계산을 대수적 논리학 *Logic of Algebra* 이라고 하여 독립시켜 다루는 학자도 적지 않고, 또 그렇게 하는 것이 이용에 편리하므로, 여기서도 따로 다루어 그 체계를 소개하고자 한다.

1) 기본 기호 Primitive Symbols

C (모든 유들의 집합 *The collection of all classes*)

× (∩, ·, 곱함 *multiplication*)

＋ (∪, ∨ 더함 *addition*)

－ (∼ 補함 *complementation*)

a, b, c……($α$, $β$, $γ$……류 *class*)

Ⅰ (∨, 보편류 *universal class*)

O (∧, 영류 *null class*)

⊂ (포함 *inclusion*)

＝ (동등 *equality*)

≠ (불동등 *inequality*)

2) 기본 공리 Fundamental Principle, Axioms

유를 계산하는 데는 10개의 기본 공식이 필요하다.

$Ⅰ_a$ a와 b가 C일 때에는 $a+b$는 C이다.

$Ⅰ_b$ a와 b가 C일 때에는 $a×b$는 C이다.

$Ⅱ_a$ 어느 Ca에 대하여, $a+o=a$가 되는 Co가 있다.

$Ⅱ_b$ 어느 Ca에 대하여, $a×1=a$가 되는 C_1이 있다.

$Ⅲ_a$ a와 b가 C일 때에는 $a+b=b+a$이다.

$Ⅲ_b$ a와 b가 C일 때에는 $a×b=b×a$이다.

$Ⅳ_a$ a와 b와 c가 C일 때에는 $a+(b×c)=(a+b)×(a+c)$가 된다.

$Ⅳ_b$ a와 b와 c가 C일 때에는 $a×(b+c)=(a×b)+(a×c)$가 된다.

Ⅴ 1과 o이 있고, 그것이 독특한 것이라면, 다음과 같이 되는 a와 $\bar{a}$가 있다. $a+\bar{a}=1$ $a×\bar{a}=o$

Ⅵ $a≠b$가 되는 a와 b가 C에 있다.

3) 정의

(1) $(a \subset b) = (ab = a)$

(2) $(a \subset b) = (a\bar{b} = o)$

4) 연역적 추리의 규칙

규칙 1 대입 규칙

어떤 유를 지시하는 a, b, c는 전제나 정리에 있어서 다른 것으로 대입할 수 있다.

예를 들어 설명하면

$a + (b \times c) = (a + b) \times (a + c)$에다가 b를 o로, c를 $\bar{a}$로 대입하면

$a + (o \times \bar{a}) = (a + o) \times (a + \bar{a})$의 식을 얻을 수 있는 것 같은 것이다.

규칙 2 같은 요소는 서로 대입시킬 수 있다.

가령, $a \times 1 = a$이고 $a + \bar{a} = 1$이라면 1 대신에 $a + \bar{a}$를 대입시켜서

$a \times (a + \bar{a}) = a$를 얻을 수 있는 것 같은 것이다.

또한 $a + o = a$이고 $a + o = a + (a \times \bar{a})$이라면 거기에서

$a = a + (a \times \bar{a})$를 끌어낼 수 있는 것 같은 것이다.

규칙 3 공리가 포함되어 있거나 정리로 만든 것은 그 자체를 정리라고 부를 수 있다.

규칙 4 공리와 정리를 합한 것은 그 자체가 정리이다.

규칙 5 자체를 부정한 것이나, 잘못된 공리나 정리를 포함한 것은 잘못이고, 그것의 부정은 진리이다.

규칙 6 만일 A를 가정하고, B를 A가 허하는 대입법에 의하여 공리나 정리에서 연역할 수 있다면, A⊃B는 정리라고 할 수 있다.

유 *Class* 의 계산의 체계라는 것은 유를 계산하여 정리를 하나씩 세워나가는 것이다.

정리 1 $a+o=a$가 되는 유 o는 기껏해야 하나이다.

증명 (1) $a+o_1=a$ (a)

(2) $a+o_2=a$ (b)

---

(1) $o_2+o_1=o_2$ (a)의 a를 o_2로 대입

(2) $o_1+o_2=o_1$ (b)의 a를 o_1로 대입

(3) $o_2+o_1=o_1+o_2$ III_a

(4) $o_2=o_1+o_2$ o_2+o_1을 o_2로 대입

(5) $o_2=o_1$ (2)와 (4)

(6) $a+o=a$

정리 2 $a\times1=a$가 되는 유 1은 기껏해야 하나이다.

증명 (1) $a\times1_1=a$ (a)

(2) $a\times1_2=a$ (b)

---

(1) $1_2\times1_1=1_2$ (a)의 a를 1_2로 대입

(2) $1_1\times1_2=1_1$ (b)의 a를 1_1로 대입

(3) $1_2\times1_1=1_1\times1_2$ III_b

(4) $1_2=1_1\times1_2$ $1_2\times1_1$을 1_2로 대입, 규칙 2

(5) $1_2=1_1$ (2)와 (4)

(6) $a\times1=a$

정리 3 $a+a=a$

증명 (1) $a=a+(a\times\bar{a})$ II_a의 o에 $a\times\bar{a}$ 대입

(2) $a=(a+a)\times(a+\bar{a})$ IV_a

(3) $a=(a+a)\times1$ V

(4) $a=(a+a)$ II_b

정리 **4** $a \times a = a$

증명 (1) $a = a + (a \times \bar{a})$ II_b의 1에 $a + \bar{a}$ 대입

(2) $a = (a \times a) + (a \times \bar{a})$ IV_b

(3) $a = (a + a) \times o$ V

(4) $a = a \times a$ II_a

정리 **5** $a = a$

증명 (1) $a + a = a + a$ III_a의 b에 a 대입

(2) $a + a = a$ 정리 3

(3) $a = a$ 정리 3

정리 **6** $a + 1 = 1$

증명 (1) $a + 1 = (a + 1) \times 1$ II_b의 a에 $a + 1$ 대입

(2) $a + 1 = 1 \times (a + 1)$ III_b

(3) $a + 1 = (a + \bar{a}) \times (a + 1)$ V

(4) $a + 1 = a + (\bar{a} \times 1)$ IV_a

(5) $a + 1 = a + \bar{a}$ II_b, $\bar{a} \times 1 = \bar{a}$

(6) $a + 1 = 1$ V

정리 **7** $a \times o = o$

증명 (1) $a \times o = (a \times o) + o$ II_a의 a에 $a \times o$ 대입

(2) $a \times o = o(a \times o)$ III_a

(3) $a \times o = (a \times \bar{a}) + (a \times o)$ V

(4) $a \times o = a \times (\bar{a} + o)$ IV_b

(5) $a \times o = a \times \bar{a}$ II_a, $\bar{a} + o = \bar{a}$

(6) $a \times o = o$ V_2

정리 **8** $a + (a \times b) = a$

실례: 사과나 청사과의 유는 사과의 유이다.

증명 (1) $a + (a \times b) = (a \times 1) + (a \times b)$ II_b

(2) $\qquad\qquad = a \times (1 + b)$ IV_b

$$
\begin{aligned}
(3)\quad &= a\times(b+1) && \text{III}_a\\
(4)\quad &= a\times 1 && \text{정리 } 6\\
(5)\quad &= a && \text{II}_b
\end{aligned}
$$

정리 9 $a\times(a+b)=a$

증명 (1) $a\times(a+b)=(a\times a)+(a\times b)$ IV$_b$
 (2) $\qquad\qquad = a+(a\times b)$ T. 4
 (3) $\qquad\qquad = a$ 정리 8

정리 10 $1\neq o$

증명 가정 $1=o$

VI에 의하여

$a\neq1,\ a\neq o$ 이러한 유 a가 있어야 한다.

 (1) $a+o=a+o$ 정리 5
 (2) $a+1=a+o$ $1=o$이라고 가정한 까닭에
 (3) $a=1$ II$_a$ 정리 6
  이것은 $a\neq1$과 모순

그러므로 reductio ad absurdum$((p\supset\sim p)\supset\sim p)$에 의하여서

$$1\neq o$$

정리 11 $a\neq\bar a$

증명 가정 $a=\bar a$

 (1) $a\times a=o$ V $(a\times\bar a=o)$와 가정
 (2) $a=o$ 정리 4
 (3) $a+a=1$ V $(a+\bar a=1)$와 가정
 (4) $a=1$ 정리 3
 (5) $o=1$ (2)와 (4) 이것은 (정리 10)에 모순

따라서 reductio ad absurdum에 의하여 $a\neq\bar a$

정리 12 $a=ab+a\bar b$

실례 소의 유는, 암소와 암소 아닌 소의 유를 합한 것과 같다.

증명 (1) $a=a\times1$ II$_b$

(2) $=a\times(b+\bar{b})$ V

(3) $=ab+a\bar{b}$ IV$_b$

이 정리는 새로운 표현을 붙여서 확장할 수 있는 것을 보여준다. 가령,

$$ac=ac(b)+ac(d)$$

정리 **13** $(a=b)\supset(\bar{a}=\bar{b})$

실례: 만일 삼각형의 유가 각이 셋 있는 것과 동일한 것이라면, 비삼각형의 유는 각이 셋이 있지 않은 것과 동일하다.

증명 $a=b$ 가정

(1) $\bar{a}+(b\bar{b})=\bar{a}$ II$_a$ 에다가

     a에 $\bar{a}$ 대입, o에 $b\bar{b}$ 대입

(2) $(\bar{a}+b)\times(\bar{a}+\bar{b})=\bar{a}$ IV$_a$

(3) $(\bar{a}+a)\times(\bar{b}+\bar{b})=\bar{a}$ $a=b$

(4) $1\times(\bar{b}+\bar{b})=\bar{a}$ III$_a$ & V

(5) $1\times\bar{b}=\bar{a}$ 정리 3

(6) $\bar{b}=\bar{a}$ III$_b$ & II$_b$

정리 **14** $(b=\bar{a})\supset(a=\bar{b})$

증명 $b=\bar{a}$ 가정

(1) $a=ab+a\bar{b}$ 정리 12

(2) $a=a\bar{a}+a\bar{b}$ $b=\bar{a}$

(3) $a=o+a\bar{b}$ V

(4) $a=a\bar{b}$ III$_a$ & II$_a$ (a)

(5) $\bar{b}=\bar{b}a+\bar{b}\bar{a}$(정리 12)에다가 a를 $\bar{b}$로, b를 a로 대입

$$(6)\quad \bar{b}=\bar{b}a+\bar{b}b \quad b=\bar{a}$$

$$(7)\quad =\bar{b}a+o \quad \text{III}_b \quad \text{V}$$

$$(8)\quad =\bar{b}a \quad \text{II}_a$$

$$(9)\quad \bar{b}=a\bar{b} \quad \text{III}_b \ (b)$$

$$(10)\quad a=\bar{b} \quad (a)\text{와} \ (b)\text{에 의하여}$$

정리 **15** $\{(a=b) \cdot (b=a)\} \supset (a=c)$

증명 $a=b,\ b=c$

$$(1)\quad a+b=c+b \quad \text{III}_a \ \& \ \text{가정}$$

$$(2)\quad a+a=c+b \quad a=b$$

$$(3)\quad a=c+b \quad \text{정리 3}$$

$$(4)\quad a=c+c \quad \text{가정}$$

$$(5)\quad a=c \quad \text{T. 3}$$

정리 **16** $a=\bar{\bar{a}}$

증명 $(1)\quad (\bar{a}=\bar{a}) \supset (a=\bar{\bar{a}}) \quad$ 정리 14의 b에 $\bar{a}$ 대입

$\quad\quad (2)\quad \bar{a}=\bar{a} \quad\quad$ 정리 5

$\quad\quad (3)\quad a=\bar{\bar{a}} \ (1)$과 (2)의 modus ponens

정리 **17** $\bar{1}=0$

증명 $(1)\quad \bar{1}\times 1=\bar{1} \quad \text{II}_b$

$\quad\quad (2)\quad 1\times\bar{1}=o \quad \text{V}$

$\quad\quad (3)\quad \bar{1}=o \quad \text{III}_b$

정리 **18** $\bar{o}=1$

증명 $(1)\quad \bar{1}=o \quad$ 정리 17

$\quad\quad (2)\quad (\bar{1}=o) \supset (\bar{o}=\bar{\bar{1}}) \quad$ 정리 14

$\quad\quad (3)\quad \bar{o}=1 \quad (1)$과 (2) modus ponens

정리 **19** $(a=b) \supset (ac=bc)$

증명 $a=b$ 가정

$\quad\quad (1)\quad ac=ac \quad$ 정리 5

$$(2) \quad ac=bc \quad a=b$$

정리 20 $\quad a+(b+c)=(a+b)+c$

associative principle

증명 수학의 덧셈의 결합 법칙 Associative Law와 같음.

정리 21 $\quad a\times(b\times c)=(a\times b)\times c$

associative principle

증명 수학의 곱셈의 결합 법칙 Associative Law와 같음.

유에 관한 De Morgan의 법칙. 두 유의 합의 부정은, 두 유를 각각 부정한 것을 곱한 것과 같고, 두 유의 곱의 부정은, 두 유를 각각 부정한 것을 합한 것과 같다.[2]

정리 22 $\quad \overline{a+b}=\bar{a}\times\bar{b}$

증명 (1) $a+\bar{a}=1$ $\quad$ V

(2) $b+\bar{b}=1$ $\quad$ V

(3) $(a+\bar{a})(b+\bar{b})=1$ $\quad$ 정리 4

(4) $(ab+a\bar{b}+\bar{a}b)+\bar{a}\bar{b}=1$ $\quad$ distributive & associative

(5) $ab+a\bar{b}+\bar{a}b$

(6) $ab+a\bar{b}+\bar{a}b+ab$ $\quad$ principle of tautology

(7) $a(b+\bar{b})+b(a+\bar{a})$ $\quad$ IV_b

(8) $a+b$ $\quad\quad\quad\quad\quad$ II_b

(9) $a+b$와 $\bar{a}\bar{b}$는 서로 배타적이기 때문에

(10) $\overline{a+b}=\bar{a}\times\bar{b}$

정리 23 $\quad \overline{a\times b}=\bar{a}+\bar{b}$

증명 (1) $a+\bar{\bar{a}}=1$ $\quad$ V

---

2) 수학의 $+$는 논리학의 $\vee$ 기호에 해당하고, 수학의 $\times$는 논리학의 $\cdot$ 기호에 해당함. 수학에서는 $+$를 Sum, $\times$를 Product라고 부르나, 논리학에서는 $\cdot$를 Product라고 부르고, $\vee$를 Sum이라고 부른다.

$(2)\ \ b+\bar{b}=1\quad V$

$(3)\ \ (a+\bar{a})(b+\bar{b})=1\quad$ 정리 4

$(4)\ \ ab+(a\bar{b}+\bar{a}b+\bar{a}\bar{b})+=1\quad$ distributive & as-
ociative

$(5)\ \ a\bar{b}+\bar{a}b+\bar{a}\bar{b}$

$(6)\ \ a\bar{b}+\bar{a}b+\bar{a}\bar{b}+\bar{a}\bar{b}\quad$ principle of tautology

$(7)\ \ (a\bar{b}+\bar{a}\bar{b})+(\bar{a}b+\bar{a}b)\quad$ associative

$(8)\ \ \bar{b}(a+\bar{a})+\bar{a}(b+b)\quad \mathrm{IV}_b$

$(9)\ \ \bar{b}+\bar{a}\qquad\qquad\qquad \mathrm{II}_b$

$(10)\ \ \bar{a}+\bar{b}\qquad\qquad\qquad \mathrm{III}_a$

$(11)\ \ ab$와 $\bar{a}+\bar{b}$는 서로 배타적이기 때문에

$(12)\ \ \overline{a\times b}=\bar{a}+\bar{b}$

정의 I. $(a\subset b)\overset{\cdot}{=}(ab=a)$

정의 II. $(a\subset b)\supset(a\bar{b}=o)$

정리 24 $\quad(a\subset b)\supset(\bar{b}\subset\bar{a})$

실례: 만일 모든 사람이 죽는다면, 모든 죽지 아니하는 것
은 사람 속에 들지 아니한다.

가정 $a\subset b$, 정의 I에 의하여 $ab=a$

$(1)\ \ \bar{b}=\bar{b}\bar{a}+\bar{b}\bar{a}\quad$ 정리 12에다가 a를 $\bar{b}$로, b를 $\bar{a}$로
대입

$(2)\quad =\bar{b}\bar{a}+\bar{b}a\quad$ 정리 16

$(3)\quad =\bar{b}\bar{a}+\bar{b}(ab)\quad ab=a$

$(4)\quad =\bar{b}\bar{a}+\bar{b}(ba)\quad \mathrm{III}_b$

$(5)\quad =\bar{b}\bar{a}+(\bar{b}b)a\quad$ 정리 21

$(6)\quad =\bar{b}\bar{a}+oa\quad \mathrm{III}_b\quad V$

$(7)\ \ \bar{b}=\bar{b}\bar{a}\quad \mathrm{III}_b,\ $ 정리 7, II_a

$(8)\ \ \bar{b}\subset\bar{a}\quad$ 정의 I에 의하여

$$명제\ 계산의\ (p \supset q) \supset (\sim q \supset \sim p)와\ 유사$$

정리 25 $\{(a \subset b) \cdot (b \subset a)\} \supset (a = b)$

  증명   가정 $a \supset b,\ b \supset a$

     (1) $a \times b = a,\ b \times a = b$ 정의 Ⅰ

     (2) $a \times b = b \times a$ Ⅲ$_b$

     (3) $a = b$

$$명제\ 계산의\ \{(p \supset q) \cdot (q \supset p)\} \supset (p \equiv q)와\ 유사$$

정리 26 $(a \subset o) \supset (a = o)$

  증명   가정 $a \subset o$

     (1) $a \times o = a$ 정의 1에 의하여

     (2) $a \times o = o$ 정리 7

     (3) $a = o$ (1)과 (2)

정리 27 $(a \subset \bar{a}) \supset (a = o)$

  증명   가정 $a \subset \bar{a}$

     (1) $a \times \bar{a} = a$ 정의 Ⅰ

     (2) $o = a$ Ⅴ

$$명제\ 계산\ (p \supset \sim p) \supset \sim p와\ 유사$$

정리 28 $(\bar{a} \subset a) \supset (a = 1)$

  증명   가정 $\bar{a} \subset a$

     (1) $\bar{a} \times a = \bar{a}$ 정의 Ⅰ

     (2) $o = \bar{a}$ Ⅲ$_b$ & Ⅴ

     (3) $(o = \bar{a}) \supset (\bar{o} = \bar{\bar{a}})$ 정리 13

     (4) $\bar{o} = a$ (2)와 (3)에 분리법 사용

     (5) $1 = a$ 정리 18

정리 29 $\{(b \subset a) \cdot (\bar{b} \subset a)\} \supset (a = 1)$

  정신의 유와 비정신의 유가 물질류에 포함된다면, 물질류는 모든 것을 포함하는 유이다.

증명 가정 $b \supset a$, $\bar{b} \subset a$

     (1) $ba=b$, $\bar{b}a=\bar{b}$ 정의 I

     (2) $b+\bar{b}=1$ V

     (3) $ba+\bar{b}a=1$ $ba=b$ $\bar{b}a=\bar{b}$

     (4) $ab+a\bar{b}=1$ III$_b$

     (5) $a\times(b+\bar{b})=1$ IV$_b$

     (6) $a=1$ V, II$_b$

정리 30 $ab \subset a$

증명 (1) $a\times(a\times b)=(a\times a)\times b$ 정리 21에다가 b를 a
로, c를 b로 대입

     (2) $(ab)a=ab$ III$_b$ 정리 4

     (3) $ab \subset a$ 정의 I

정리 31 $a \subset a+b$

어떤 유는 그 자신과 다른 유와 합한 것 속에 포함된다.

증명 (1) $(\bar{a}\bar{b} \subset \bar{a}) \supset a \subset \overline{\bar{a}\bar{b}}$ (24) & (16)

     (2) $\bar{a}\bar{b} \subset \bar{a}$ 정리 30

     (3) $a \subset a+b$ (1)과 (2)에다 분리법 사용, 정리 22
의 응용

정리 32 $\{(a\bar{b}=o) \cdot (a \neq o)\} \supset (a\bar{b} \neq o)$

증명 가정 $a\bar{b}=o$, $a \neq o$

     (1) $a=ab+o$ 정리 12, 가정

     (2) $a=ab$ II$_a$

     (3) $ab \neq o$ $a \neq o$이므로

정리 33 $\{(a\bar{b}=o) \cdot (ab=o)\} \supset (a=o)$

만일 A와 E가 다 같이 진이라면, 그 주격의 유는 공허한
것이다.

가정 $a\bar{b}=o$, $ab=o$

204

$$(1) \quad a = o + o \quad \text{정리 12, 가정}$$

$$(2) \quad a = o \quad \text{정리 3}$$

정리 34 $\{(a\bar{b}=o) \cdot (b\bar{c}=o)\} \supset (a\bar{c}=o)$ $\{(a \subset b) \cdot (b \subset c)\}$
$\supset (a \subset c)$

  증명   가정 $a\bar{b}=o$

$$(1) \quad \bar{c}o = o \quad \text{정리 7}$$

$$(2) \quad \bar{c}(a\bar{b}) = o \quad a\bar{b} = o$$

$$(3) \quad (\bar{c}a)\bar{b} = o \quad \text{정리 21}$$

$$(4) \quad (a\bar{c})\bar{b} = o \quad \text{III}_b \ (\text{A})$$

  가정 $b\bar{c} = o$

$$(1) \quad ao = o \quad \text{정리 7}$$

$$(2) \quad a(b\bar{c}) = o \quad b\bar{c} = o$$

$$(3) \quad a(\bar{c}b) = o \quad \text{III}_b$$

$$(4) \quad (a\bar{c})b = o \quad \text{정리 21} \ (\text{B})$$

$$(5) \quad (a\bar{c}) = (a\bar{c})b + (a\bar{c})\bar{b} \quad \text{정리 12}$$

$$(6) \quad a\bar{c} = o + o \quad (\text{A}) \& (\text{B})$$

$$(7) \quad a\bar{c} = o \quad \text{정리 3}$$

정리 35 $\{(ab=o) \cdot (ac \neq o)\} \supset (c\bar{b} \neq o)$

  가정 $ab = o, \ ac \neq o$

$$(1) \quad a = ab + a\bar{b} \quad \text{T. 12}$$

$$(2) \quad ac = (ac)b + (ac)\bar{b} \quad \frac{ac}{a}$$

$$(3) \quad ac = c(ab) + a(c\bar{b}) \quad \text{III}_b, \ \text{T. 20}$$

$$(4) \quad ac = c \times o + a(c\bar{b}) \quad ab = o$$

$$(5) \quad ac = o + a(cb) \quad \text{정리 7}$$

$$(6) \quad ac = a(c\bar{b}) \quad \text{III}_a, \ \text{II}_a$$

$$(7) \quad ac = o \qquad c\bar{b} = o \text{로 가정하면}$$

        이것은 $ac \neq o$에 모순, 그러므로

(8) $c\bar{b}\neq o$

정리 **36** $\{(a\subset b)\cdot(a\subset c)\}\supset\{a\subset(b\cdot c)\}$

　　가정　$a\subset b$　　$ab=a$　　　정의 1

　　　　　$a\subset c$　　$a\bar{c}=o$　　　정의 2

　　(1)　$a=ab+a\bar{b}$　　　T. 12

　　(2)　$ab=(ab)c+(ab)\bar{c}$　$\dfrac{ab}{a}$, $\dfrac{c}{b}$

　　(3)　$a=(ab)c+(ab)\bar{c}$　$ab=a$

　　(4)　$a=(ab)c+b(a\bar{c})$　III_b　T. 20

　　(5)　$a=(ab)c+b\times o$　$a\bar{c}=o$

　　(6)　$a=(ab)c+o$　　　정리 7

　　(7)　$a=(ab)c$　　　　II_a

　　(8)　$a=a(bc)$　　　　정리 20

　　(9)　$a\subset(b\times c)$　　　　정의 1

정리 **37**　$\{(ab=o)\cdot(b\bar{c}=o)\}\supset(c\bar{a}\neq o)$

　　(1)　$b\bar{c}=o$　가정

　　(2)　$c\bar{c}=o$　V_b

　　(3)　$b\bar{c}=c\bar{c}$　　(1) & (2)

　　(4)　$b=c$　　　T. 19

　　(5)　$\bar{a}b=\bar{a}c$　　T. 19

　　(6)　$a\neq\bar{a}$　　　T. 11

　　(7)　$ab\neq\bar{a}b$　　T. 19

　　(8)　$ab=o$　　　　가정

　　(9)　$\bar{a}b\neq o$　　　(7) & (8)

　　(10)　$\bar{a}c\neq o$　　　(5) & (9)

　　(11)　$c\bar{a}\neq o$　　　　III_b

정리 **38**　$\{(ab\neq o)\cdot(b\bar{c}=o)\}\supset ac\neq o$

　　(1)　$ao=o$　T. 7

(2) $b\bar{c}=o$　　가정

(3) $a(b\bar{c})=o$　(1) & (2)

(4) $(ab)\bar{c}=o$　　T. 20

(5) $ab=(ab)(c+\bar{c})$　T. 2, V_1

(6) $ab=abc+ab\bar{c}$　　distribution

(7) $ab=abc$　　선택률

(8) $ab\neq o$　　가정

(9) $abc\neq o$　　(7) & (8)

(10) $(ab)c\neq o$　　T. 20

(11) $ac\neq o$　　(4) & (10)

이 유의 계산 체계는 앰브로스 A. Ambrose 와 라제로비츠 M. Lazerowitz 의 공저 『기호 논리학의 기초 *Fundamentals of Symbolic Logic*』[3]를 참조한 것이다.

8. 논리적 모순의 문제

I. 논리적 모순의 의의

논리적 모순 *Logical Paradox* 의 문제는 그 역사가 길고, 또한 논리학자들을 몹시 괴롭히는 문제이다.

이 모순의 문제를 처음으로 조직적으로 다룬 학자는 러셀이다. 러셀은 그의 유형의 이론 *Theory of Types or the Doctrine of the 'hierachy of types'* 으로써 모순 문제를 해결하려고 하였다. 러셀의 유형의 이론은 절을 바꾸어 설명하기로 하고, 우선 모순 *Paradox* 의 종류를 구별함으로써 논리적 모순의 의의를 밝히고자 한다.

---

3) A. 앰브로스, M. 라제로비츠, 『기호 논리학의 기초』, pp. 291~302.

러셀은 모순에 있어서 세 가지 종류를 구별하였다. 수학적 모순과 논리적 모순과 언어적 모순이 그것이다.[4] 그리하여 그는 수학적 모순의 예로 부랄리-포오티 모순 *Burali-Forti's contradiction*[5]을 들었다. 논리적 모순의 예로 $\alpha \epsilon K \equiv \sim (\alpha \epsilon A)$은 α을 K로 바꾸는 데서 $K \epsilon K \equiv \sim (K \epsilon K)$라는 모순이 생기는 것을 지적하였다. 언어적 모순의 예로서는 에피메니데스 *Epimenides* 의 예를 들었다.

러셀은 이 세 가지 종류의 모순은 일종의 악순환 *Vicious-circle* 에서 오는 것이라고 하였다. 그리하여 악순환의 원리 *Vicious-circle Principle* 를 주장하여, 모순을 피하는 것은 악순환을 피할 것이고, 악순환을 피하는 데는 유형을 구별하는 데 있다고 하여, 유형의 이론을 주장하였다.

유센코 Andrew Paul Ushenko 는 모순을 논리적 모순과 인식론적 모순의 두 가지로 구별하였다. 그리하여 논리적 모순은 유형을 구별하는 데서 해결할 수 있는 것이고, 인식론적 모순은 순서의 구별 *The Distinction of Order*, 즉 첫번째 인식과 두번째 인식의 순서를 구별하는 데서 해결할 수 있다고 하였다.[6] 그리고 그는 논리적 모순의 가장 유명한 예로, 러셀의 '유의 모순 *Russell's Paradox of the class of classes*'을 들었고, 인식론적 모순의 예로, 고대 희랍 시대에 이미 알려져 있는 에피메니데스의 예를 들었다. 그리고 러셀의 제자 램지 F. Ramsey 가 논리적 모순과 인식론적 모순은 달리 다루어야 할 것이고, 순환논증의 원리에 대하여 의심하게 되었다는 것을 지적하였다.[7] 유센코의 인식론적 모순이 러셀의 언어적 모순에 해당하는 것

---

4) 러셀, 『수학의 원리 *The Principles of Mathematics*』, 서문, p. 13.

5) 제 3 절에서 논함.

6) 유센코, 『논리학의 문제 *The Problem of Logic*』, p. 58.

7) *Ibid.*, p. 62.

임은 그의 에피메니데스의 예로써 추측할 수 있다. 이 인식론적 모순에 대하여서는, 여러 가지 인식에서 오는 모순이라고 해석하는 것이 타당할 것 같다. 예를 들면, 밤에 어떤 바위가, 바위로도 보이고 사람으로도 보인다든가, 혹은 곧은 나무가 물에 들어가서 구부러진 것으로 보여, 나무가 곧게도 보이고, 구부러진 것으로도 보이는 것 같은 것이, 모두 인식론적 모순이다. 이러한 모순은 물론 정당한 인식을 하는 데서 해결될 것이다. 두 가지 종류의 모순을 명백하게 처음으로 구별한 것은, 1926년에 발표된 램지의 논문에 의한 것인데, 그 후부터 논리적 모순 *Logical Paradox*[8])과 인식론적 모순 *Epistemological Paradoxes* 을 구별하게 되었다. 인식론적 모순은 보통 시맨티컬 패러독스 *Semantical Paradoxes* 라고 불려진다. 먼저 논리적 모순의 해결을 상세히 보기 위하여, 러셀의 악순환의 원리와 유형의 이론을 차례로 고찰하고자 한다.

Ⅱ. 악순환의 원리

러셀은, 모든 모순을 분석하여보면, 일종의 악순환의 원리를 범한 데서 생긴 것이라고 하였다.[9]) 따라서 수학적 모순이거나, 논리적 모순이거나, 언어적 모순을 막론하고, 그것을 해결하는 데는, 어떤 점에서 그것이 악순환의 원리를 범하고 있는 것인가를 찾아내면 될 것이라고 말하였다.

그러면, 도대체 악순환의 원리란 무엇인가? 러셀은 이것을 다음과 같이 표현하였다.

"Whatever involves all of a collection must not be one of the collectio"(어떤 집합의 전부를 포함하고 있는 것은 그 집합

---

8) *The Foundations of Mathematics*(London and New York, 1931), p. 561.
9) 『프린치피아』, p. 37 참조.

의 하나가 되어서는 아니 된다).

혹은 반대로 다음과 같이 표현할 수 있다고 하였다.

"If, provided a certain collection had a total, it would have members only definable in terms of that total, then the said collection has no total"[10](어떤 집합이 전체라는 조건 하에서, 만일 그 집합이 그 전체로서만 규정될 수 있는 어떤 부분을 가지고 있다면, 그 소위 집합은 전체가 아니다).

악순환의 원리는, 악순환을 피하게 하는 원리로, 악순환은 전체의 개념을 잘못 생각하는 데서 일어나는 것이다. 가령 원리에서 보는 바와 같이, 어떤 전체가 그 전체의 부분이 될 수 없는 것은 말할 필요도 없다. 그러나, 만일 그렇게 된다고 생각하면, 그것은 부분을 전체로 생각하는 오류를 범하고 있는 것이다. 어떤 것을 증명할 때에, 증명받아야 할 것으로 증명하면, 이것도 또한 악순환 논증이라고 한다. 그 이유는 역시 전체의 부분으로서, 전체를 증명하려는 것이기 때문이다. 이것도 또한 부분을 전체로 잘못 생각하는 데서 생기는 과오이다.

전체에 대한 잘못된 개념에서 생기는 예를 들면, 가령 러셀이 설명한 바와 같이, '모든 명제는 진이거나 위이거나이다'라고 할 때에, 이 '모든 명제'는 실제에 있어서 진도 위도 아닌 '무의미한 명제'를 포함하고 있지 않다. 그러므로 실상은, 그것은 모든 명제를 가리키는 것이 아니다. '모든 명제는 진이거나 위이거나, 무의미한 것이다'라고 할 때에, 이때의 '모든 명제는 진정으로 모든 명제를 포함하고 있는 모든 명제일 것이다. '모든 명제'는 진이거나 위이다'라고 할 때에, 얼른 생각하면 그럴듯하다. 그러나 사실에 있어서는 무의미한 명제, 가령 '모순율은 하늘이다' 하는 것 같은 진도 위도 아닌 쓸데없는 명제도 있다.

---

10) *Ibid.*, p. 37.

210

이렇게 무엇을 의미하는 것 같고, 그럴듯하나, 실상은 그렇지 아니한 데서 모순이 생긴다(러셀, *Inquiry into Meaning and Truth*, p. 218 참조). 모든 모순은 그럴듯하지만, 주의하여 분석하여볼 때에, 그것은 모두 난센스임을 알 수 있다.

이렇게 전체의 개념을 잘못 생각하는 데서 잘못이 생기는 것인데, 그러면 전체의 개념을 바로 가지려면 어떻게 하면 될 것인가? 여기에 대하여 러셀은 유형의 이론을 주장하였다. 어떤 전체를 정확하게 파악하려면, 그것의 유형을, 다른 유형과 잘 구별하여 그 전체를 파악하여야 한다는 것이다. 가령, 1의 전부, 2의 전부, 3의 전부를 파악하려면, 1과 2와 3의 유형을 잘 구별할 수 있어야 한다는 것이다.

러셀이 모순의 해결을 위하여 하나의 악순환의 원리를 주장한 데 대하여, 그의 제자 램지는 악순환의 원리 자체에 대하여 회의를 가지고 있다. 그리고 램지는 또한 논리적 모순과 인식론적 모순을 달리 다룰 것을 주장하고 있다. 가령, 언어적 모순에 대하여 램지는 넓은 의미에서, 언어적 고찰에서 해결할 수 있다고 하였다.[11] 유센코는 논리적 직관 *Logical Intuition*을 주장하여, 모순의 해결은 악순환의 한 가지 원리에서 되는 것이 아니라고 주장하였다.

그러나, 러셀은 유형의 이론으로써(그것이 오늘에 와서는 복잡하여 불편하다고 하지만) 모두 모순을 해결했으므로, 먼저 러셀의 유형의 이론을 좀더 자세히 보고, 그것이 과연 어떻게 모순을 해결하는지 고찰하여보고자 한다.

Ⅲ. 유형의 이론

러셀의 유형의 이론 *Russell's Theory of Types*이라는 것은,

---

11) 램지, *Foundations of Mathematics* 1931, p. 20ff.

명제의 기능 *Propositional Function* 의 논리적 의의를 조직적으로 설명한 것이다. 논리적 존재는 한 종류가 아니고 여러 종류로서, 언어의 표현에 있어서는 같다고 할지라도, 서로 다른 유형의 체계에 속하고 있다는 것이다. 가령 '모든 규칙에는 예외가 있다'고 하는 경우의 '모든 규칙'의 예를 들어보기로 하자. 이 '모든 규칙'이라는 말의 '규칙'은 '모든 규칙에는 예외가 있다'는 규칙의 '규칙'과는 다르다. 첫번의 모든 규칙의 '규칙'은 모든 실제의 규칙을 가리킨 규칙이고, '모든 규칙에는 예외가 있다'는 규칙은 모든 실제 규칙 중에 들어가지 아니하는 규칙을 가리킨 것이다. 다시 말하면 첫번 것은 실제 사실에 대한 규칙 *a rule about things* 이고, 나중 것은 실제 사실의 규칙에 대한 규칙 *a rule about rules about things* 이다. 이렇게 같은 규칙이라는 말을 사용한다고 할지라도 논리적 대상의 유형이 다르다. 모든 규칙의 '규칙'을 개체라 하고, x로 표시한다면, '모든 규칙은 예외를 가지고 있다'의 규칙은 $F(x)$, 즉 x는 F의 기능을 가지고 있다고 표현할 수 있다. 이 경우에 있어서 F는 x의 유형보다 높은 유형에 속하고 있다.

또 가령, '모든 사람은 죽는다'에 있어서 사람을 ϕ로 표시하면, '모든 ϕ는 죽는다'가 될 것이고, 그것은 Fϕ로 표시할 수 있다. 이때에 있어서 F는 ϕ보다 높은 유형으로, 개개의 구체적 사람을 x로 표시한다면, $F(\phi(x))$가 될 것으로, 이 F는 x보다 두 유형이 높게 된다. 기능은 개체보다 한 유형 높다. 이 법칙을 조직적으로 응용하면, 개체와, 개체의 기능과, 개체의 기능의 기능과, 개체의 기능의 기능의 기능 등으로, 무한히 유형의 체계를 만들 수 있을 것이다. 그리하여 개체의 기능을, 유형의 기능 1 이라고 부르면 개체의 기능의 기능을 유형의 기능 2 라고 불러, 이렇게 유형을 무한히 구별하게 된다. 그리고 어떤 명제

212

도, 동시에 서로 다른 유형의 유에 대하여 겸하여 의미를 가질
수 없다.

러셀은 7개의 모순의 예를 들어, 그것이 모두 악순환의 오류
에 빠져 있다는 것을 말하고, 따라서 유형을 구별하는 데서 모
순을 피할 수 있다고 하였다(『프린치피아』, p. 60 참조).

러셀이 첫번에 든 것은, 러셀에 있어서는 언어적 모순이 되
고, 유센코에 있어서는 인식론적 모순이 되는, 희랍인들이 발명
한 유명한 에피메니데스의 예이다.

'크레타인 에피메데니스 Epimenides the Cretan'는, 모든 크
레타인은 거짓말쟁이들이어서, 그들이 말한 말은 전부 거짓말이
라고 하였다. 이 말은 거짓말이었을까? 가령, 어떤 사람이 '나
는 거짓말을 한다'고 말하였다고 가정하자. 그런데 만일, 그가
거짓말을 한다고 하면서 사실에 있어서 거짓말을 하면, 그것이
과연 거짓말일까? 아니다. 거짓말을 한다고 하고, 거짓말을 하
면 그것은 정말을 한 것이다. 그리고 그가 거짓말을 한다면서
정말을 말하면, 그것이야말로 거짓말을 하고 있는 것이다. 그런
데, 이렇게 거짓말을 하면 정말이 되고, 정말을 하면 거짓말이
되어, 어느 경우에나 모순을 가지게 된다는 것이다.

이것에 대한 러셀의 해결은 다음과 같다. 어떤 사람이 '나는
거짓말을 한다'고 할 때에, 이 말을 '내가 무엇을 긍정하는데,
그것이 거짓말인 명제가 있다'고 고쳐서 해석할 수 있다. 다시
말하면 '나는 P를 주장하는데, 그 P는 거짓말이다'라고 해석
할 수 있다. 그런데 '거짓말'이라는 것이 모호하기 때문에, 그것
을 밝히기 위하여 거짓말의 유형을 구별하여야 한다. '나는 거
짓말한다'고 할 때의 거짓말과, 나중에 실제로 하는 거짓말과는
거짓말의 유형이 다르다. 첫번 것을 P_1이라고 하고, 둘째번 것
을 P_2라고 하면, 거짓말한다면서 거짓말하는 것은 $P_2(P_1)$의

기호로 표시할 수 있다. 즉, 첫번 거짓말과 둘째번 거짓말은 같은 유형이 아니다. 그리고 정말을 T의 기호로 표시한다면 T(P_1)은 거짓말이고, $P_2(P_1)$은 정말이다. 이렇게 거짓말의 유형을 구별하면 거기에 하등의 모순도 존재하지 않게 된다. 거짓말을 한다면서 거짓말을 하니까, 말대로 하는 점에서 정말이다. 그러나 그렇다고 그가 말하는 거짓말이 정말이 되는 것은 아니다. 그리고 거짓말을 한다면서 정말을 하니까, 말대로 하지 아니한 점에서 거짓말을 하는 것이다. 그렇다고 정말이 거짓말이 되는 것은 아니다. 이렇게 유형을 밝히는 데서 모순은 해소되고 만다.

러셀은 논리적 모순의 예로서, 유의 유의 모순 *Paradox of the class of classes* 을 들었다.

이 논리적 모순은 본래 '술어의 술어' 또는 '술어의 술어의 술어'의 방식으로 무제한하게 확대시켜가는 데서 어떤 명제가 진이면서 동시에 위가 되는 모순이 생긴다는 모순이다.

가령, '추상적'이라는 성질은 그 자신 추상적이다. 즉 추상적이라는 성질은 추상적이다. 이렇게 자기 자신에 관하여 말할 수 있는 성질을 '술어 가능'이라고 한다. 이에 반하여 '구체적'이라는 성질은 구체적이 아니다. 이와 같이, 자기 자신에 관하여 말할 수 없는 성질을 '술어 불가능'이라고 한다.

이제 '술어 불가능'이라는 성질에 대하여 '술어 불가능한 것은 술어 가능하다'는 명제를 만든다고 하자.

(1) '술어 불가능한 것은 술어 가능하다.'

이 명제가 진이라면 '술어 가능한 것'의 정의에 의하여 주어와 같은 성질의 것이 그 주어의 술어로 되는 것이기 때문에, 다음과 같은 명제가 진이 된다.

(2) '술어 불가능한 것은 술어 불가능하다'

그런데 이 명제가 진이라면, ‘술어 불가능’이라는 술어로 나타낸 성질은 ‘술어 불가능’이라는 주어의 성질과 같기 때문에, 정의에 의하여 ‘술어 가능’한 것이다.

따라서 ‘술어 불가능한 것은 술어 가능하다’는 명제가 진이 된다.

이렇게 (1)과 (2)는 상반된 명제인데, 모두 진이 된다는 것은 모순이다.

이것을 기호화하면 다음과 같이 된다.

‘술어 불가능한 것’이 술어 가능⊃‘술어 불가능한 것’이 술어 불가능

‘술어 불가능한 것’이 술어 불가능⊃‘술어 불가능한 것’이 술어 가능

그러므로 ‘술어 불가능한 것’이 술어 가능≡‘술어 불가능한 것’이 술어 불가능

$$\phi(F) \equiv -\phi(F)$$

이러한 기능 관계의 모순을 유의 관계의 모순으로 나타낸 것이 러셀의 집합론의 모순, 즉 논리적 모순이다. 이것은 다음과 같이 표시된다.

(1) 자기 자신을 그 일원으로서 포함하지 아니하는 모든 집합의 집합을 K라고 한다.

(2) 자기 자신을 일원으로서 포함하는 집합의 집합을 ～K라고 한다.

이제 자기 자신을 일원으로서 포함하지 아니하는 집합의 집합 K는 자기 자신을 일원으로서 포함하는지를 결정하는 다음 식의 진위를 결정하기로 한다.

$$K \epsilon K$$

만일 $K \epsilon K$ 가 진이면, K 는 K 의 일원이다. 그리고 K 의 일원은 정의에 의하여 모든 집합 자신이 그 일원으로서 포함되지 아니하는 집합이기 때문에 K 는 다음과 같이 된다.

$$\sim (K \epsilon K)$$

그러나 $\sim (K \epsilon K)$ 가 진이면 K 는 K 의 일원이 아니다. 그런데 정의에 의하여 집합 자신이 그 일원이 되지 아니하는 집합은 모두 K 의 일원이다. 그러므로 $K \epsilon K$ 가 된다. 즉 여기에서도 다음과 같은 모순이 성립된다.

$$(K \epsilon K) \equiv \sim (K \epsilon K)$$

w 를 어떤 종류에도 속하지 않는 종류라고 하자. 그렇다면 x 가 w 라는 것은 x 가 x 가 아니라는 것과 같다. x 에다가 w 의 가치를 주면 'w 는 w 이다'라는 것은, 'w 가 w 가 아니다'라는 것과 같게 된다. 이것은 모순이다.

$$
\begin{array}{ll}
\quad\quad w & \quad\quad K \\
(x = w) = (x \neq x) & \alpha \epsilon K = \sim (\alpha \epsilon A) \\
(w = w) = (w \neq w) & k \epsilon K = \sim (k \epsilon A)
\end{array}
$$

이 모순은 어떤 종류에도 속하지 아니하는 종류를 가정한 데 잘못이 있다. 어떤 종류에도 속하지 않는 종류가 있을 리 없다.

만일 x가 종류라면, x가 종류가 아니라는 것은 무의미한 것이다. 따라서, 어떤 종류에도 속하지 않는 종류라는 것은 무의미하다. 그러므로 무의미한 것을 의미있는 것같이 생각한 데 이 모순이 있다.

이러한 모순은 술어에 있어 제한을 하는 데서 피할 수 있다. 즉, 술어 사이에 일정한 유형 $Type$의 층계를 만들어 각 층계의 유형을 구별하여 이 유형에 합치되지 아니하는 명제를 무의미한 것으로 보는 것이다. 개물은 o의 유형, 즉 술어$_1$(주어$_o$), 술어$_2$(주어$_1$) …… 술어$_n$(주어$_{n-1}$)로 본다.

술어는 언제나 그것이 속하는 유형보다 한 유형 저위의 유형을 주어로 하고, 두 유형 저위에 있는 것이든가 같은 유형을 주어로 하는 것은 허용되지 아니한다. 위에 말한 '술어 불가능한 것은 술어 가능하다'도 주어와 술어가 같은 유형에 속한다고 생각한다면 무의미한 것으로 배제되지만, 유형이 다른 것으로 생각한다면 하등의 모순이 없게 된다.

'모든'이라는 말을 사용하는 데 있어서도 같은 유형에 속하는 전부에 대하여서만 허용되고 유형의 구별이 없이 사용하는 것을 금한다.

술어의 유형을 구별하여 논리적 모순을 피하는 이 단순 유형론 $The\ Simple\ Theory\ of\ Types$은 논리적 모순만을 해결하는 데는 충분하다. 그러나, 말의 의미에 관한 의미론적 모순, 즉 기술한 '거짓말쟁이의 모순'과 그것과 동류인 '비자기 술어적 형용사 $heterological$ [12])의 모순' 같은 것은 이 단순 유형론만으

---

12) 가령, '짧다'고 하는 형용사는 '우스꽝스럽다'는 형용사에 비하면 짧으므로, 다음과 같이 말할 수 있다.

　　'짧다'는 짧다.

　　이렇게 어떤 말이 가지고 있는 뜻이 그 말의 술어가 될 수 있는 말을 자

로써는 배제할 수 없기 때문에, 러셀은 단순 유형론 속의 유형 각각에 순서를 줌으로써 더욱 제한을 강화시킨 분지 유형 이론 *The Ramified Theory of Types* 을 세웠다. 그러나 이 제한은 너무 강해서 '환원 공리'를 첨가했으나, 이 공리 자신의 성립 근거가 명확하지 아니하여, 일반적으로 받아들이지 않고 있다. 그래서 의미론적 모순은 언어의 충계를 구별하는 데서 피하는 길이 타르스키 Tarski(1902~   ) 등에 의하여 발견되었다.

러셀은 수학적 모순의 예로 '부랄리-포오티의 모순 *Burali-Forti's Contradiction*'을 들었다.

서수를 열거하여 올라가서, 마지막 서수를 N 이라고 부른다면, 이 N 이 가장 클 것이다. 그러나 o 에서 시작하여 N 까지 가면 N+1 이 되어 N 보다 큰 것이 된다. 즉 N 은 N+1 이 된

기 술어적 *autological* 이라고 부른다.

또한 '길다'는 '우스꽝스럽다'란 형용사에 비하면 짧으니까 다음과 같이 말할 수 있다.

'길다'는 길지 않다.

이러한 말을 비자기 술어적 *heterological* 이라고 부른다. 이제 모든 형용사를 이 둘로 구분하여 다음과 같은 물음을 만들어본다.

'비자기 술어적'이라는 말은 비자기 술어적인가?

만일 '"비자기 술어적"은 비자기 술어적이다'가, 진이라면 정의에 의하여 다음과 같이 된다.

'비자기 술어적'은 자기 술어적이다.

그런데, 이것이 진이면 '자기 술어적'이라는 말의 정의에 의하여 다음과 같이 된다.

'비자기 술어적'은 비자기 술어적이다.

이리하여, '비자기 술어적'은 자기 술어적≡'비자기 술어적'은 비자기 술어적이라는 모순이 생긴다는 것이다. 이 모순은 기술한 '술어 불가능의 모순'과 비슷하지만, 술어 불가능의 모순은 술어 불가능이라는 '성질'에 대한 모순이고, 이 경우는 '짧다'든가 '비자기 술어적'이라는 말과 그 '의미'에 대한 모순인 점에 차이가 있다.

218

다. 이것은 모순이다.

이 모순도 유를 구별하는 데서 해결된다. 계열이라는 것은 한 관계이고, 서수는 계열의 한 유이다. 서수의 계열은 한 관계이다. 그리고 서수의 계열은 지정된 서수의 계열보다 높은 유이다. 즉, 서수를 하나에서 열거하여 N까지 간 계열과, o에서 시작하여 N까지 간 계열과는 계열의 유가 다른 것이다. 이 계열의 유가 다른 것을 구별하지 아니한 데서 '부랄리-포오티의 모순'이 성립되었던 것이다.

이렇게 러셀은, 수학적 모순이나 논리학적 모순이나 언어적 모순을 막론하고, 유형의 이론으로써 해결할 수 있다고 하였다. 모든 명제는 기능을 가지고 있는 데서 명제로서의 가치가 있다. 기능이 없는, 다시 말하면 의미없는 명제는 명제의 가치가 없다. 허다한 모순은 무의미한 것을 의미있는 것으로 생각하는 데서 일어난다. 따라서 의미있는 것과 의미없는 것을 구별하고, 의미있는 것 중에서도 서로 다른 유를 구별하여, 유의 체계 *Hierachy of Types* 를 세우는 데서 모든 논리적 모순은 해결될 수 있다.

같은 말이라도 그 말이 의미하는 유형이 다른 때가 많다. 말의 기능이 다를 때에, 그 다른 점을 구별하지 아니하고, 혼돈시키는 데서 여러 가지 모순이 생긴다. 따라서, 진리, 위, 기능, 성질, 유, 관계, 기수, 서수, 이름, 정의 등의 여러 말이 가지고 있는 유형의 체계를 밝히어서 유형의 체계를 명확하게 하면 모든 모순은 해결된다.

러셀은 위에서 본 바와 같이, 모든 논리적 모순에 대하여 순환 논증의 원리를 세워, 모든 논리적 모순이 이 원리에 접촉되는 데서 생기는 것을 주장하고, 이 모순을 밝히기 위하여 명제의 술어의 범위를 밝히는 유를 구별하여야 한다는 유의 이론

Theory of Types 을 주장하였다.

러셀의 유의 이론에 대하여, 그것이 복잡하다고 하여, 새로운 유의 이론이 제창되었다. 그리하여 러셀의 이론을 분지 유형 이론 *The Ramified Theory of Types* 이라고 부르는 데 대하여, 후자를 단순한 유의 이론 *The Simple Theory of Types* 이라고 부른다. 이것은 최근에 널리 적용되는 방법인데, 이 단순한 유형 이론은 분지 유형 이론의 수정으로, 1921년에 슈비스텍 Chwistek 이 제창하고, 1926년에 램지가 제창하고, 1929년에 카르나프가 이를 채택하였다. 논리적 모순을 해결하는 다른 방법으로는 1908년에 체르멜로 Zermelo 가 제창한 체르멜로형 이론 Zermelo set Theory 이 있다. 그리고 논리적 모순의 또 다른 해결 방법으로는 처치 A. Church, 콰인 W. A. Quine, 큐리 H. Curry 와 유센코 등의 방법이 있다.

결국, 논리적 모순은 기능에 관한 것이건, 유에 관한 것이건, 모두 유형의 층계를 구분하는 유형론으로써 해결할 수 있으며, 논리적 모순이 아닌, 의미론적이고 인식 논리적인 언어적 모순은 언어의 층계를 구분하는 데서 해결할 수 있다. 의미론적 모순은 타르스키와 카르나프의 시맨틱스 연구에 의하여 해결을 짓게 되었다. 의미론적 모순을 피하기 위하여서는 다음의 규칙을 지키면 된다.

한 언어 안에서 이 언어에 대하여 말할 수 없다. 그러므로, 이러한 목적을 위하여서는 메타 언어를 사용하여야 한다. 바꾸어 말하면, 한 언어 안에서는 한 층계 낮은 언어에 대하여서만 말할 수 있다.

언어적 모순은 대상 언어에서는 일어나지 아니하며, 언어의 층계를 구별하는 데서 해결된다.

러셀의 유형의 이론은 고전 논리에 비하여, 한 새로운 기능을 발휘하는 것으로, 그것은 모순을 해결하는 방법이 될 뿐 아니라, 중세기에 있어서 실재론과 유명론 사이에 논쟁이 되던 유의 실재 문제를, 유의 체계를 설명하는 데서, 재론할 여지가 없게 만들었다.[13]

9. 관계의 계산법

관계의 계산법이란 관계를 가리키는 명제를 계산하는 방법이다. 아리스토텔레스의 고전 논리학에 있어서는 관계를 가리키는 명제를 따로 다루지 못하였다. 논리학에서 관계에 관한 명제를 따로 다루지 못하였기 때문에, 문장론에 있어서도 오랫동안 그 방면에 관한 연구가 없었다. 관계에 관한 문제를 다루게 된 것은 현대의 기호 논리학이 발전되게 된 이후의 일이었다.

관계를 가리키는 명제는 세 가지로 구분할 수 있다. 다음 제 명제는 성질을 가리키는 것이 아니라, 관계를 가리키고 있다.

첫째, 2중 관계 *Dyadic Relation*

예: 갑은 을보다 크다.
    갑은 을 뒤에 서 있다.
    갑은 을보다 앞서왔다.
    A는 B를 사랑한다.
    부산은 서울보다 작다.
    A는 S의 제자이다.

---

13) Richard von Mises, *Positivism*, p. 122 참조.

이것을 기호로 표시하면 다음과 같다.

$$R(x, y)$$

둘째, 3중 관계 *Triadic Relation*

예: 갑은 을과 병 사이에 있다.
　　갑은 을에 대하여 병에게 질투를 한다.
　　갑은 을에게 책을 주었다.
　　갑은 을보다 늦고, 을은 병보다 늦었다.
　　갑은 을을 병에게 소개하였다.
　　갑은 을에게 돈을 주었다.

이것을 기호로 표시하면 다음과 같다.

$$R(x, y, z)$$

셋째, 다중 관계 *Many-place Relation*
다중 관계란 4 이상이 서로 관계를 가지는 것으로서, 4 이상의 모든 관계를 가리킨다.

예: 갑은 을에게서 책을 천원에 샀다.
　　갑, 을, 병, 정은 같이 축구를 하였다.
　　갑은 을보다 크고, 을은 병보다 크고, 병은 정보다 크고,
　　정은 무보다 크다.

이것을 기호로 표시하면 다음과 같다.

$$R(x_1,\ x_2,\ x_3, \cdots\cdots x_n)$$

I. 관계의 성질

관계의 성질은 대개 세 가지로 분류할 수 있다.

첫째는 대칭 관계 *Symmetrical Relation*을 중심으로 한 성질의 구분이고, 둘째는 3단논법의 관계 *Transitive Relation*을 중심으로 한 성질의 구분이고, 셋째는 재귀 관계 *Reflexive Relation*을 중심으로 한 구분이다.

1) 대칭 관계 중심의 구분
(1) 대칭 관계

대칭 관계 *Symmetrical Relation*이란 동등, 친구, 친척 등의 관계로 뒤집어서 생각할 수 있는 관계이다. 즉 A는 B이고, B는 A일 수 있는 관계이다.

예: A와 B는 남매간이다.
    B와 A는 남매간이다.
    붉은빛과 푸른빛은 같지 않다.
    푸른빛과 붉은빛은 같지 않다.

이것을 기호로 표시하면 다음과 같다.

$$Rxy$$
$$Ryx$$
$$(x)(y)(Rxy \supset Ryx)$$

$$R \subset R^{-1}$$

(2) 무대칭 관계

무대칭 관계 *Non-symmetrical Relation* 란 대칭 관계가 없는 모든 관계를 가리킨다.

예를 들면, '동생'이란 말은 무대칭 관계를 가리키는 말이다.

A는 B의 동생이라면, A는 B의 여동생일 수도 있다. 그러므로 이 말은 관계를 가리키고 있으나, 대칭 관계를 가리키고 있지 않다. 또한 애인이라는 말도 이에 속한다.

$$\sim (R \subset R^{-1})$$

(3) 비대칭 관계

비대칭 관계 *Asymmetrical Relation* 란 대칭 관계가 아닌 관계를 가리킨다. 즉 A와 B의 관계를 뒤집어서 B와 A의 관계로 생각할 수 없는 관계이다.

예: A는 B의 아버지이다.
A는 B보다 크다.
A는 B의 남편이다.

이 밖에 전후, 상하, 대소, 좌우 등을 가리키는 관계는 모두 비대칭 관계이다.

이것을 기호로 표시하면 다음과 같다.

$$Rxy$$
$$\sim Ryx$$

$$(x)(y)(Rxy \supset \sim Ryx)$$
$$(R \subset \sim R^{-1})$$

2) 3단논법 중심의 구분

(1) 3단 추리 관계

3단 추리 관계 *Transitive Relation* 란 3단논법식 추리가 가능한 관계이다. 즉 A와 B가 관계가 있고, 그리고 B와 C가 관계가 있다면, A와 C가 관계가 있게 되는 관계이다.

3단 추리 관계는 전후, 상하, 대소, 좌우 등 대칭 관계에 대하여 성립된다. 그리고 대칭 관계에 있어서도 동등하다든가, 빛이 동일하다든가, 수가 동등한 경우에 성립된다.

> 예: A는 B보다 앞서고, B는 C보다 앞서 있으면, A는 C보다 앞서 있다.
> A빛은 B빛과 같고, B빛은 C빛과 같으면, A빛은 C빛과 같다.

이것을 기호로 표시하면 다음과 같다.

$$R(x, y, z)$$
$$(x)(y)(z) \, (R(x, y) \cdot R(y, z)) \supset Rxz$$
$$R^2 \subset R$$

(2) 무3단 추리 관계 Non-transitive Relation

이것은 3단 추리가 성립되지 아니하는 관계로, 무대칭 관계를 가지는 형제 같은 관계는 3단 추리가 성립되지 아니한다. A가 B와 형제인 경우에 B는 A와 형제이나, 이 두 관계에서 제 3 의 관계를 끌어낼 수 없다.

$$\sim (R^2 \subset R)$$

(3) 비3단 추리| 관계| Intransitive Relation

이것은 A가 B와 관계를 가지고, B가 C와 관계를 가져도, A가 C와 관계를 가지지 못하는 관계이다.

예: A는 B의 아버지이고, B는 C의 아버지인 경우에, A는 C의 아버지일 수 없는 것 같은 것이다. 또는 A는 B보다 일 년 위이고, B는 C보다 일 년 위인 경우에 A는 C보다 일 년 위일 수 없는 것 같은 것이다.

이것을 기호로 표시하면 다음과 같다.

$$\sim R(x, y, z)$$
$$(x)(y)(z)\{R(x, y) \cdot R(y, z)\} \supset \sim R(x, z)$$
$$R^2 \subset \sim R$$

3) 재귀 관계 중심의 구분
(1) 재귀 관계

재귀 관계 *Reflexive Relation* 란 관계가 자기에게로 다시 돌아오는 관계이다. 가령, 하나에다 하나를 곱하여도 하나인 것 같은 것이다.

이것을 기호로 표시하면 다음과 같다.

$$(x)R(x, x)$$

$$R^o \subset R$$

이러한 전적인 재귀 관계 외에, 또한 다음과 같은 재귀 관계가 있다.

$$(x)\{(\exists y)R(x, y) \lor (\exists y) R(y, x)\} \supset R(x, x)$$

(2) 무재귀 관계

무재귀 관계 *Non-reflexive Relation* 란 재귀 관계가 어떤 때에는 맞고, 어떤 때에는 잘못되는 재귀 관계를 가리킨다. 즉 $R(x, x)$가 진인 때도 있고, 위인 때도 있는 재귀 관계이다.

$$\sim (R^o \subset R)$$

(3) 비재귀 관계

비재귀 관계 *Irreflexive Relation* 란 재귀 관계가 언제나 위가 되는 재귀 관계이다. 가령, 나는 누구의 아버지라면 진이나, 그냥 '나는 아버지다'라는 재귀 관계는 성립될 수 없는 것 같은 것이다.

비재귀 관계를 기호로 표시하면 다음과 같다.

$$(x) \sim R(x, x)$$
$$R^o \subset \sim R$$

Ⅱ. 관계의 계산법

관계의 계산법이란, 관계에 관한 명제를 계산하는 법을 말하는 것이다. 그 계산의 방식은 명제와 유의 계산법과 유사하다.

변수 명제 기능 계산으로부터 유의 계산이 도출되듯이, 2항 변수 명제 기능 계산으로부터 관계의 계산은 도출된다. $F(x)$를 한 유로 보는 데에서, 변수 명제 기능 계산에서 유의 계산을 유추할 수 있듯이, $F(x, y)$를 한 관계로 보는 데서 2항 변수 명제 기능 계산에서 관계의 계산을 유추할 수 있다. 그리고 2항 변수 관계를 한 쌍의 유 *Class of Couples*로 보는 데서 유의 계산은 곧 관계의 계산으로 고칠 수 있다. 가령, $\{(a \subset b) \cdot (b \subset a)\} \supset (a = b)$의 유의 정리는 $\{(R \subset S) \cdot (S \subset R)\} \supset (R \equiv S)$로 고치는 데에서 곧 관계의 정리가 되며, 그 증명은 유의 증명법을 그대로 사용할 수 있다. 그러므로, 유의 정리를 토대로 하여, 유비(類比)으로 관계의 정리를 세울 수 있다. 그러나 제1절에서 본 바와 같이 관계에만 독특한 성질이 있는 것이 있어, 그것을 다루는 계산은 명제나 유의 계산으로부터 직접 도출될 수 없으므로, '관계의 논리 *The Logic of Relation*'라고 하여, 따로 다루게 된다.

화이트헤드와 러셀은 『프린치피아』에서 다음의 관계에 관한 5개의 정의를 세웠다.

(1) $R \subset S = (xRy) \supset x, y (xSy)$
(2) $R \cap S = \hat{x}\hat{y}(xRy \cdot xSy)$
(3) $R \cup S = \hat{x}\hat{y}(xRy \vee xSy)$
(4) $\doteq R = \hat{x}\hat{y}\{\sim (xRy)\}$
(5) $R \doteq S = R \cap \doteq S$

『프린치피아』에 있는 관계의 명제 중에서 중요한 것을 들면 다음과 같다.

(1) $\{x(R\dot{\cap}S)y\} \equiv \{(xRy) \cdot (xSy)\}$

(2) $x(R\dot{\cup}S)y \equiv \{(xRy) \vee (xSy)\}$

(3) $x\dot{-}Ry \equiv {\sim}(xRy)$

(4) $\dot{-}R \doteq R$　K.T.

(5) $\{\hat{x}\hat{y}F(x,\,y)\dot{\cap}\hat{x}\hat{y}G(x,\,y)\} = [\hat{x}\hat{y}\{F(x,\,y)\vee G$
$(x,\,y)\}]$

(6) $\{\hat{x}\hat{y}F(x,\,y)\dot{\cup}\hat{x}\hat{y}G(x,\,y)\} = \hat{x}\hat{y}\{F(x,\,y)\vee G(x,\,y)\}$

(7) $[(R\subset S \cdot S\subset R) \equiv \{(xRy) \equiv x,\,y(xSy)\}]$

(8) $(R\subset S \cdot S\subset R) \equiv (R=S)$

(9) $R\subset R$　$[T.\ 8]$

(10) $R\dot{\cap}S\subset R$　$[T.\ 77]$

(11) $(R\subset S \cdot S\subset T) \supset (R\subset T)$　$[Syllogism]$

(12) $(R\subset S \cdot xRy) \supset xSy$　$[T.\ 83]$

(13) $(R\subset S \cdot R\subset T) \supset R\subset S\dot{\cap}T$　$[T.\ 88]$

(14) $(xRy \cdot R\subset S) \supset xSy$

(15) $(R=S) \supset (R\dot{\cap}T = S\dot{\cap}T)$

(16) $(P\subset Q \cdot R\subset S) \supset (P\dot{\cap}R\subset Q\dot{\cap}S)$　$[T.\ 91]$

(17) $R\dot{\cap}R = R$　$[T.\ 77,\ \frac{p}{q}]$

(18) $R\dot{\cap}S = S\dot{\cap}R$　$[T.\ 75]$

(19) $(R\dot{\cap}S)\dot{\cap}T = R\dot{\cap}(S\dot{\cap}T)$　$[Associ.]$

(20) $R\dot{\cap}S\dot{\cap}T = (R\dot{\cap}S)\dot{\cap}T$　$[정의]$

(21) $(R=S) \supset \{(R\subset T) \equiv (S\subset T)\}$

(22) $(R=S) \supset (T\subset R \equiv T\subset S)$

(23) $(R=S)\{(R\dot{\cup}T) = (S\dot{\cup}T)\}$

(24) $R\dot{\cup}R = R$

(25) $R\dot{\cup}S = S\dot{\cup}R$

(26) $(R \subset T \cdot S \subset T) = (R \cup S \subset T)$

(27) $R \cup (R \dot\cap S) = R$

(28) $R \dot\cap (R \cup S) = R$

(29) $\{(R \subset T) \vee (S \subset T)\} \supset (R \dot\cap S \subset T)$

(30) $(R \subset S) \supset (R \cup T \subset S \cup T)$

(31) $(R \cup S) \cup (R \dot\cap T) = R \dot\cap (S \cup T)$

(32) $(R \cup S) \cup (R \cup T) = R \cup (S \dot\cap T)$

(33) $(R \cup S) \cup T = R \cup (S \cup T)$

(34) $R \cup S \cup T = (R \cup S) \cup T$ 〔정의〕

(35) $(P \subset R \cdot Q \subset S) \supset (P \cup Q \subset R \cup S)$ 〔T. 92〕

(36〕 $(P = R \cdot Q = S) \supset (P \cup Q = R \cup S)$

(37) $\dot- (\dot- R) = R$

(38) $(R \subset S) \equiv (\dot- S \subset \dot- R)$ 〔Trans〕

(39) $(R \subset \dot- S) \equiv (S \subset \dot- R)$ 〔Trans〕

(40) $(R = S) \equiv (\dot- R = \dot- S)$

(41) $(R = \dot- S) \equiv (S = \dot- R)$

(42) $\dot- (R \dot\cap S) = \dot- R \cup \dot- S$

(43) $(R \dot\cap S) = \dot- (\dot- R \cup \dot- S)$

(44) $\dot- (\dot- R \dot\cap \dot- S) = R \cup S$

(45) $\dot- R \dot\cap \dot- S = \dot- (R \cup S)$

(46) $(R \cup S) \dot- S = R \dot- S$

(47) $R \cup S = R \cup (S \dot- R)$

(48) $\{(R)FR\} \equiv \{(R)F(\dot- R)\}$

(49) $\{(\exists R)FR\} \equiv \{(\exists R)F(\dot- R)\}$

Ⅲ. 관계의 논증

우리는 위에서 기호 논리학의 입장에서 관계의 계산법을 설명했거니와, 그와 독립해서 또한 관계의 명제식을 논증할 수 있음을 제시하고자 한다.

　가령, 개체 상수 *Individual Constant* a, b, c를 각각 현수·철수·성수를 지시하는 기호로 하고 a가 b보다 크다는 것을 Gab로 표시한다면 다음과 같은 추리식을 가지게 된다.

예 1: Gab

$$\frac{Gbc}{\therefore\ Gac}$$

　또한 h, d, t를 각각 현수, 동구, 택성이를 지시하는 것으로 하고 Gx를 'x는 잘생긴 사람이다'의 기호로, 그리고 Lxy를 'x는 y를 좋아한다'의 기호로 표시한다면 다음과 같은 추리식과 논증을 밝힐 수 있다.

예 2: (1)　Lhd
　　　 (2)　$(x)(Lxd \supset Lxt)$
　　　 (3)　$\underline{(x)(Lhx \supset Gx)}$
　　　　　　　$\therefore Gt$
　　　 (4)　$Lhd \supset Lht$　　2, U. I.
　　　 (5)　Lht　　　　　　 4, 1, M. P.
　　　 (6)　$Lht \supset Gt$　　 3, U. I.
　　　 (7)　Gt　　　　　　　6, 5, M. P.

예 3: (1)　$(x)[Vx \supset (\exists y)(Oyx]$
　　　 (2)　$(x)[Oxa \supset Rxa]$
　　　 (3)　$(x) \sim Rxa$　　　　　　$/ \therefore \sim Va$

$$
\begin{array}{ll}
(4)\ \ Oza \supset Rza & 2,\ \text{U. I.} \\
(5)\ \sim Rza & 3,\ \text{U. I.} \\
(6)\ \sim Oza & 4,\ 5,\ \text{M. T.} \\
(7)\ (y)\sim Oya & 6,\ \text{U. G.} \\
(8)\ \sim(\exists y)Oya & 7,\ \text{Q. N.} \\
(9)\ Va \supset (\exists y)Oya & 1,\ \text{U. I.} \\
(10)\ \sim Va & 9,\ 8,\ \text{M. T.}
\end{array}
$$

우리는 위에서 다음과 같은 추리 형식을 취해왔었다.

$$
\frac{(x)Fx}{\therefore Fy}\ ,\ (\text{U.I.}) \quad \frac{(\exists x)Fx}{\therefore Fz}\ ,\ (\text{E.I.}) \quad \frac{Fx}{\therefore(y)Fy}\ ,\ (\text{U.G})
$$

$$
\frac{Fy}{\therefore(\exists w)Fw}\ (\text{E.G.})
$$

이것을 다음과 같은 추리 형식으로 취할 수도 있다.

$$
\frac{(x)Fx}{\therefore Fx}\ ' \quad \frac{(\exists x)Fx}{\therefore Fx}\ ' \quad \frac{Fx}{\therefore(x)Fx}\ ' \quad \frac{Fy}{\therefore(\exists y)Fy}
$$

예 4: 모든 사람이 경멸하는 한 사람이 있다. 그러므로 적어
　　　도 그 사람을 경멸하는 한 사람은 있다.

이 추리를 기호화해서 논증하면 다음과 같이 된다. Mx는 'x
는 사람이다'이고 Dxy는 'x는 y를 경멸한다'의 기호이다.

$$
\begin{array}{ll}
(1)\ (\exists x)[Mx \cdot (y)(My \supset Dyx)]/\therefore(\exists x)(Mx \cdot Dxx) & \\
(2)\ Mx \cdot (y)(My \supset Dyx) & 1,\ \text{E. I.} \\
(3)\ (y)(My \supset Dyx) & 2,\ \text{Simp.}
\end{array}
$$

(4) $Mx \supset Dxx$ 3, U. I.

(5) Mx 2, Simp.

(6) Dxx 4, 5, M. P.

(7) $Mx \cdot Dxx$ 5, 6, Conj.

(8) $(\exists x)(Mx \cdot Dxx)$ 7, E. G.

예 5: 모든 말은 동물이다. '$(x)(Ex \supset Ax)$'

    ∴ 모든 말의 머리는 동물의 머리이다.

        '$(x)[(\exists y)(\exists y \cdot Hxy) \supset (\exists y)(Ay \cdot Hxy)]$

(1) $(x)(Ex \supset Ax)/\therefore (x)[(\exists y)(Ey \cdot Hxy) \supset (\exists y)(Ay \cdot Hxy)]$

(2) $(y) \sim (Ay \cdot Hxy)$

(3) $\sim (Ay \cdot Hxy)$ 2, U. I.

(4) $\sim Ay \lor \sim Hxy$ 3, De M.

(5) $Ay \supset \sim Hxy$ 4, Repl.

(6) $Ey \supset Ay$ 1, U. I.

(7) $Ey \supset \sim Hxy$ 6, 5, H. S.

(8) $\sim Ey \lor \sim Hxy$ 7, Rep.

(9) $\sim (Ey \cdot Hxy)$ 8, De M.

(10) $(y) \sim (Ey \cdot Hxy)$ 9, U. G.

(11) $(y) \sim (Ay \cdot Hxy) \supset (y) \sim (Ey \cdot Hxy)$ 2~10, C. P.

(12) $\sim (y) \sim (Ey \cdot Hxy) \supset \sim (y) \sim (Ay \cdot Hxy)$ 11, Trans.

(13) $(\exists y)(Ey \cdot Hxy) \supset (\exists y)(Ay \cdot Hxy)$ 12, Q. N.

(14) $(x)[(\exists y)(Ey \cdot Hxy) \supset (\exists y)(Ay \cdot Hxy)$ 13, U. G.

우리는 위에서 설명한 논증의 방법으로써 관계를 포함하는 여러 가지 추리식을 기호화시켜 논증할 수 있음을 보았다. 그러나 관계에 관한 문제는 일반적인 것과 관계에 따르는 고유한 성질의 것이 있으므로, 다음으로는 후자의 관계를 다루는 관계의 논리를 설명하고자 한다.

IV. 관계의 논리

위의 관계의 계산법에서는 명제의 계산과 유의 계산과 유비적인 제정리의 계산을 다루었다. 그런데 이 관계의 논리에서는 관계에 고유한 제성질을 다루려고 한다. 관계의 논리학은 수학의 논리적 전개에 있어 매우 중요하다.

1) 기술 함수

우리는 위에서 명제 기능, 즉 명제 함수를 다루었다. 그런데 수학에서 보통 말하는 함수 x^2, $\sin x$, $\log x$ 등은 명제 함수가 아니라, 'x에 대하여 이러이러한 관계를 가지는 명사 *the term having such and such a relation to x*'라는 것을 의미한다. 이것들은 x와의 관계에서 어떤 명사를 기술하기 때문에 '기술 함수 *Descriptive Functions*'라고 부른다. $1 = \sin \dfrac{\pi}{2}$에 있어 1은 $\dfrac{\pi}{2}$의 사인 *sine* 이라는 관계를 가지는 명사를 나타내므로 $\sin \dfrac{\pi}{2}$는 1을 기술한다.

y에 대하여 R의 관계를 가지는 x를 R'y로 표시한다. R'y는 기술 함수의 기호적 표시로 y의 R이라고 부른다. R이 아버지에 대한 아들의 관계라면 R'y는 y의 유일의 아들을 의미한다.

정의　$\text{R}'y = (\gimel x)(x\text{R}y)$

　　　$\text{R}'\text{S}'y = \text{R}'(\text{S}'y)$

R'y는 관계 R의 전항(前項)을 말하는 것이다. 정의의 의미
는 xRy가 성립되는 유일의 x라는 것이다. 몇 개의 정리를 들
면 다음과 같은 것이 있다.

T 1. $x = \mathrm{R}'y. \equiv : (z) : z\mathrm{R}y. \equiv .z = x$

T 2. $\mathrm{R}'y \neq 0.\ y = z. \supset .\mathrm{R}'y = \mathrm{R}'z$

T 3. $\mathrm{R}'y \neq 0. \supset : a = \mathrm{R}'y. \equiv .a\mathrm{R}y$

2) 관계의 역

'A는 B의 아버지이다'에서 'B는 A의 아들이다'라는 관계를
알게 된다. '……의 아들'이라는 관계는 '……의 아버지'라는
관계의 역이라고 부르며, Ř의 기호를 사용한다. 보다 크다는
보다 작다의 역이며, 앞은 뒤의 역이며, 남편은 아내의 역이다.

정의 $\mathrm{C}nv = \hat{\mathrm{Q}}\hat{\mathrm{P}}(x\mathrm{Q}y. \equiv x, y \cdot y\mathrm{P}x)$

$\quad\quad \check{\mathrm{P}} = \hat{x}\hat{y}(y\mathrm{P}x)$

이에 관한 몇 개의 정리를 들면 다음과 같다.

T 1. $x\check{\mathrm{P}}y. \equiv .y\mathrm{P}x$

T 2. $\mathrm{R} = \mathrm{S}. \equiv .\check{\mathrm{R}} = \check{\mathrm{S}}$

T 3. $\mathrm{C}nv'\mathrm{C}nv'\mathrm{P} = \mathrm{P}$

역을 중심으로 이미 설명한 관계를 다음과 같이 분류하게 된
다. $\mathrm{R} = \check{\mathrm{R}}$이 되는 경우에 R을 대칭적 관계 *Symmetrical Re-*
lation 라고 한다. 종형제의 관계는 이에 속한다. 대칭적 관계가
없는 경우에는 무대칭적 관계라고 하는데, 형제의 관계 같은 것

이 이에 속한다. x가 y의 형제라고 할 때에 y는 x의 형제이거나, 자매이거나 하기 때문이다. R과 Ř이 양립될 수 없는 경우에 R을 비대칭적 관계라고 부른다. 남편의 관계 같은 것이다. x가 y의 남편인 관계일 때에 y는 x의 남편일 수 없다.

3) 관계자와 피관계자와 장

어떤 관계 R이 주어졌을 때에, 주어진 항 y에 대한 관계 R을 가지는 여러 항의 유 x를 y의 관계자들 *Referents* 이라고 부르며, 그리고 주어진 항 x에 대한 관계 R을 가지는 여러 항의 유 y를 x의 피관계자들 *Relata* 이라고 부른다. y에 대한 y의 관계자들의 유를 $\vec{R}$로 표시하며, x에 대한 x의 피관계자들의 유를 $\overleftarrow{R}$로 표시한다. 가령, '경섭은 인수의 아버지이다'라는 진술에 있어 경섭은 관계자이며, 인수는 피관계자가 되는 것 같은 것이다. 관계자와 피관계자를 합하여 부를 때에는 장(場)이라고 한다. 이 제개념은 기술적 기능의 경우에 주로 사용된다. R이 아들에 대한 아버지의 관계를 말한다면

$\vec{R}'y$는 y의 부모를 가리키며,
$\overleftarrow{R}'x$는 x의 아들들을 가리킨다.

만일, R이 어떤 수 중의 보다 크다에 대한 보다 적다의 관계를 나타낸다면

$\vec{R}'y$는 y보다 적은 수들을 가리키며,
$\overleftarrow{R}'x$는 x보다 큰 수들을 가리킨다.

관계자와 피관계자의 정의와 정리를 몇 개 들면 다음과 같다.

정의 $\vec{R}=\hat{\alpha}\hat{y}\{\alpha=\hat{x}(xRy)\}$
  $\overleftarrow{R}=\hat{\beta}x\{\beta=\hat{y}(xRy)\}$

T 1. $\alpha\vec{R}y.\equiv.\alpha=\hat{x}(xRy)$

T 2. $\beta\overleftarrow{R}x.\equiv.\beta=\hat{y}(xRy)$

T 3. $\hat{x}(x\vec{R}y)=\vec{R}{}'y$

T 4. $\hat{y}(xRy)=\overleftarrow{R}{}'x$

4) 관계의 전역과 후역과 양역

x가 y에 대하여 R의 관계를 가질 때에, x는 R에 관하여 y의 관계항 *Referent* 이라고 부르며, y는 R에 관하여 x의 피관계항 *Relatum* 이라고 부른다는 것은 기술하였다. 이때에 x의 유를 R의 전역 *Domain* 이라고 부르며, y의 유를 R의 후역 *Converse Domain* 이라고 부른다. 그리고 R의 전역과 후역을 합한 것을 양역 *Campus* 이라고 부른다. D는 $\vec{R}$을 ꓷ는 $\overleftarrow{R}$을 일반화한 것이다. 이제 그것을 기호로 표시하면 다음과 같다.

R의 전역 D'R $D{}'R=\hat{x}\{(\exists y).xRy\}$

R의 후역 D'R $D{}'R=\hat{y}\{(\exists y).xRy\}$

R의 양역 C'R $C{}'R=\hat{x}\{(\exists y):xRy.\ \lor yRx\}$

따라서 D, ꓷ, C는 다음과 같이 정의를 내리게 된다.

$D=\hat{\alpha}\hat{R}[\alpha=\hat{x}\{(\exists y).xRy\}]$

$ꓷ=\hat{\beta}\hat{R}[\beta=\hat{y}\{(\exists x).xRy\}]$

$C=\hat{\gamma}R[\gamma=\hat{x}\{(\exists y):xRy.\ \lor.yRx\}]$

R이 아내에 대한 남편의 관계인 경우에 R'y는 y의 남편, D
'R은 결혼한 남자, Ɗ'R은 결혼한 여자, C'R은 결혼한 남녀 즉
기혼자를 가리킨다.

양역은 계열 *Series* 을 이루는 관계에서 매우 중요하다. 사람
들을 신장의 순서로 a, b, c, d……s로 세웠다고 하자. 이제
R이 '……보다 키가 큰 것'을 의미한다면 D'R은 가장 키가 작
은 사람 S를 제외한 a, b, c, d,……r의 전부이며, Ɗ'R은 가
장 키가 큰 a를 제외한 b, c, d,……s의 전부이며, C'R은 a,
b, c, d,……s의 사람 전체이다. 이 계열에 있어서는 최초의 항
과 최후의 항이 있다. 자연수는 최후의 항을 가지지 아니한 계
열이며, 정수는 최초의 항과 최후의 항을 가지지 아니한 계열이
다.

D'R과 Ɗ'R은 R에 관해서 쌍관적 *correlative* 이라고 부른
다. xRy에 있어 관계자 x의 유가 D'R이며, 피관계자 y의 유
가 Ɗ'R이라는 것은 기술하였다. 이제 관계자(또는 피관계자)가
후역(또는 전역)의 몇 성원에 관계되는가에 따라서 쌍관성을 중
심으로 다음과 같은 분류가 성립된다.

(1) 다 대 다의 관계 Many-Many Relation

이것은 쌍관성을 중심으로 양쪽이 모두 많은 관계이다. 예를
들면 아래와 같은 경우이다.

R을 돈을 빌려준 관계라고 한다면 D'R은 빌려준 사람의 유,
Ɗ'R은 빌린 사람의 유가 된다. D'R에 속하는 사람들을 A·B·
C·D라고 하고 Ɗ'R에 속하는 사람들을 S·T·U·V·W라
고 하자. 그런데 A는 S·T에게, B는 T·U에게 돈을 빌려
주고, V는 B·D에게서, W는 A·B·D에게서 돈을 빌렸다
면, 양자의 관계는 다 대 다의 관계이다.

(2) 다 대 1의 관계 | Many-One Relation

이것은 전역의 성원은 많고 후역의 성원은 하나인 경우의 관계이다.

가령, R이 '……의 아들'을 나타내는 관계인 경우, 아들이 많고 아버지가 하나이면 다 대 1의 관계를 이루고 있다.

(3) 1 대 다의 관계 | One-Many Relation

다 대 1의 역으로 대학생들과 총장의 관계 같은 것이다.

(4) 1 대 1의 관계 | One-One Relation

이것은 쌍관된 양자의 수가 각각 1인 것으로, 일부다처제가 금지된 결혼에 있어서는 결혼한 남자의 수는 결혼한 여자의 수와 같을 것이며, 남자들의 코의 수는 남자들의 수와 같은 것 등을 들 수 있다. 또한 '하나만 크다'는 관계는 1 대 1의 관계를 나타낸다. 가령, 6은 5보다 하나만 크다라고 할 때에, 5에 대해서는 6, 6에 대해서는 5라는 수가 각각 하나씩 정해진다. 쌍관성의 관계 중에서는 1 대 1의 관계가 가장 중요하다. 그것은 기수와 서수를 다루는 데 중요한 개념이기 때문이다.

5) 두 관계의 관계적

두 관계의 관계적(關係積)은 논리적(論理積)과는 다르다. 논리적은 명제간의 적이나, 관계적은 관계간의 적이다. 가령, 형제간과 부자간의 관계의 적은 숙질간이며 아버지와 아버지의 적은 할아버지인 것 같은 것이다. 관계적의 정의와 약간의 정리를 들면 아래와 같다.

정의　$R \mid S = \hat{x}\hat{z}\{(\exists y).\ xRy \cdot ySz\}$
　　　$R^2 = R \mid R$
　　　$R^3 = R^2 \mid R$

T 1. $Cnv'(R \mid S) = Cnv'R \mid Cnv'R$

T 2. $(P \mid Q) \mid R = P \mid (Q \mid R)$

T 3. $R \mid S = (Cnv'\breve{R}) \mid S$

T 4. $:R \subset P \cdot S \subset Q. \supset .R \mid S \subset P \mid Q$

6) 전역과 후역의 제한된 관계

여기서는 전역이 제한된 관계$(\alpha \upharpoonright R)$와 후역이 제한된 관계 $(R \upharpoonright \beta)$와 양역이 제한된 관계$(\alpha \upharpoonright R \upharpoonright \beta)$를 설명하련다. 형이라 든가 아우라고 할 때에는 남성에 제한되며 자(姉)라든가 매 (妹)라고 할 때에는 여성에 제한되는 것 같은 것이다. 흑인 피 고용자들에 대한 백인 고용자의 관계는 양역이 제한된 관계이 다. 이에 관한 정의와 몇 개의 정리를 들면 아래와 같다.

정의 $\alpha \upharpoonright R = \hat{x}\hat{y}(x \epsilon \alpha \cdot xRy)$

$R \upharpoonright \beta = \hat{x}\hat{y}(xRy \cdot y \epsilon \beta)$

$\alpha \upharpoonright R \upharpoonright \beta = \hat{x}\hat{y}(x \epsilon \alpha \cdot xRy \cdot y \epsilon \beta)$

$\alpha \uparrow \beta = \hat{x}\hat{y}(x \epsilon \alpha \cdot y \epsilon \beta)$

T 1. $x(\alpha \upharpoonright R)y. \equiv .x \epsilon \alpha \cdot xRy$

T 2. $x(R \upharpoonright \beta)y. \equiv .xRy \cdot y \epsilon \beta$

T 3. $\alpha \upharpoonright R \upharpoonright \beta = (\alpha \upharpoonright R) \dot{\cap} (R \upharpoonright \beta)$

T 4. $(\alpha \upharpoonright R) \dot{\cap} (S \upharpoonright \beta) = \alpha \upharpoonright (R \dot{\cap} S) \upharpoonright \beta$

7) 복수적 기술 함수

복수적 기술 함수란 $R'y$의 복수를 가리킨다. $R'y$는 y에 대 하여 R의 관계를 가지는 단수의 전항을 가리켰다. 그런데 이 복수적 기술 함수$(R''\beta)$는 β의 성원들에 대하여 R의 관계를 가지는 복수의 전항을 가리킨다. 만일 β가 위대한 사람들의 유

240

이고 R이 남편에 대한 아내의 관계이라면, R"β는 위대한 사람들의 아내들을 의미하는 것 같은 것이다.

이제 그 정의와 몇 개의 정리를 들면 다음과 같다.

정의 $R"\beta = \hat{x}\{(\exists y) \cdot y\epsilon\beta \cdot xRy\}$

T 1. $R"\alpha \subset D'R$

T 2. $\breve{R}"\alpha \subset \mathrm{(D'R}$

T 3. $\alpha \subset \beta. \supset. P"\alpha \subset P"\beta$

T 4. $P"(\alpha \frown \beta) = P"\alpha \frown P"\beta$

8) 유전과 선조의 관계

보통 아버지로부터 아들에게 어떤 성질이 전달될 때에 유전이라고 한다. 이것과 유비적으로 관계 R에 관하여 R의 성원이 P의 성질을 가질 때에, 그 P에 대한 다른 모든 성원도 P의 성질을 가지게 되면 그것을 유전적 관계라고 부른다.

2, 4, 6, 8, 10……이라는 짝수의 계열에 있어서는 2 아래의 수는 O의 '+2'라는 관계에 의한 후속자 *Posterity* 이다. 이 경우에 후속자에 있어서 '2로 나뉜다'는 관계를 R로 표시하면, '2로 나뉘는 수 b' 즉 $R(b)$가 성립하는 b에 대하여 '+2'의 관계에 있는 수 a도 2로 나뉘므로 $R(a)$이다. 이러한 관계가 성립할 때에 O에 대하여 '+2'의 관계에 있는 수 a가 항상 2로 나뉠 때에 $R(x)$가 성립되는 x는 O에 대하여 역시 '+2'의 관계에 있기 때문에 '+2'에 관한 O의 후속자이다. '2로 나뉜다'는 관계를 R, '+2'라는 관계를 P로 표시하고, O을 y로 일반화한다면 다음과 같은 정의가 성립된다.

$$R_p = \hat{x}\hat{y}(R)\,[\,(b)\{R(b) \supset (a)((b,\,a\epsilon p) \supset R(a))\} \supset \{(a)$$
$$((y,\,a\epsilon p) \supset R(a)) \supset R(x)\}\,]$$

$(b)\{R(b) \supset (a)((b,\,a\epsilon p) \supset R(a))\}$를 유전적 관계라고 부른다. ‘$x$가 y의 후속자이다’라는 것은 ‘x가 y에 대하여 p인 관계에 관하여 유전적 관계를 가진다’는 것이다.

선조 *Ancestor* 의 관계는 수리(數理)에서 매우 중요하다. R이 어떤 관계라면 ‘xR^*y’는 ‘x는 R에 관해 y의 선조이다’를 의미한다. R^*의 정의는 다음과 같다.

$$R^* = \hat{x}\hat{y}\{x\epsilon C'R : \check{R}``\mu C\mu \cdot (\mu)((x\epsilon\mu) \supset (y\epsilon\mu))\} \ \ \mathrm{Df.}$$

이 정의의 의미는 ‘x가 R의 양역에 속하고, 또한 x가 R에 관한 유전적 관계 μ를 가질 때에는 xRy인 y도 또한 μ인 관계를 가진다’는 것이다.

가령, R은 아버지, μ는 한국인이라는 유전적 성질이라고 한다면, $\check{R}$은 아들을 가리키며, ‘x가 한국인이면, x의 아들도 한국인이다’라는 유전적 성질을 가지게 되며, 그리고 x는 y의 선조가 되는 것 같은 것이다. 선조의 역관계가 후속자의 관계이다.

관계에 관한 논리의 문제는 이 밖에도 여러 가지가 있으나 이상으로써 중요한 것은 대개 논술하였다. 그리고 관계의 논리는 『수리의 원리 *Principia Mathematica* 』에 의거하였음을 밝혀둔다.

V. 동일성과 명확한 기술

동일성 *Identity* 의 개념은 관계를 나타내는 개념으로 흔히 사용되고 있다. 무엇이 무엇과 '동일하다' 혹은 '같다' 하는 말은 많이 사용되는 관계를 가리키는 말이다. 다음의 예는 이러한 관계를 가리키는 문장이다.

금강산은 한국 제일의 명산이다.
저 사람이 내가 찾던 사람이다.
스콧은 웨이벌리의 저자이다.

위의 각 예는 두 개의 명사 사이에 동일의 관계를 나타내고 있다. 각 예의 두 개의 명사 중의 하나는 그러그러하다는 '명확한 기술 *a definite description* 이다. 그러나 동일성의 관계를 나타내는 문장 중에는 두 명사가 다 고유명사일 때도 있다. 가령 '브루투스가 시저를 죽였다' '율곡은 이이이었다'와 같은 문장은 두 명사가 모두 고유명사이다. 동일성의 기호는 '='로 표시된다. 동일성의 관계에 있어서는 transitive, symmetrical, totally reflexive의 추리가 성립된다.

$$(x)(y)(z)\{[(x=y) \cdot (y=z)] \supset (x=z)\}$$
$$(x)(y)((x=y) \supset (y=x))$$
$$(x)(x=x)$$

위의 세 가지 종류의 추리는 다음의 라이프니츠의 '식별하기 어려운 것에 관한 동일성의 원리 *The Principle of the Identity of Indiscernibles*'에 포함된 동일성의 정의에 의한 직접적 귀결이다.

'만일 x가 가지는 모든 성질이 y가 가지는 모든 성질과 같고, 또한 같을 때에만 $x=y$이며, 그리고 그 반대도 성립된다'

동일성을 나타내는 추리의 예를 몇 개 들어보고자 한다.

퇴계는 이황이었다.
퇴계는 유학자이었다.
그러므로 이황은 유학자이었다.

퇴계를 't,' 이황을 'l,' 'x는 유학자이다'를 Cx로 표시한다면, 다음과 같이 될 것이다.

1. $t=l$
2. $Ct/\therefore Cl$
3. Cl 1, 2, Id.

    춘원은 『무정』을 썼다.
    춘원은 이광수이다.
    이광수는 한 평북인이다.
그러므로 한 평북인은 무정을 썼다.

'춘원' '무정' '이광수' 'x는 y를 썼다' 'x는 한 평북인이다'를 'g' 'f' 'm' 'W_{xy}' 'L_x'로 표시하여 위의 예를 기호화하고 논증한다면 다음과 같이 된다.

1. W_{gf}
2. $g=m$
3. $L_m/\therefore (\exists x)(L_g \cdot W_{xf})$
4. L_g 2, 3, Id.
5. $L_g \cdot W_{gf}$ 4, 1, Conj.
6. $(\exists x)(L_x \cdot W_{xf})$ 5, E. G.

또한 다음과 같이도 논증될 것이다.

4. W_{mf} 1, 2, Id.
5. $L_m \cdot W_{mf}$ 3, 4, Conj.
6. $(\exists x)(L_x \cdot W_{xf})$ 5, E. G.

문장을 기호화할 때에는 세심한 주의가 필요하다. 가령, '내 책상 위에 한 권의 책이 있다 *There is one book on my desk* '는 다음과 같이 기술해야 한다.

$$(\exists x)\{B_x \cdot D_x \cdot (y)[(B_y \cdot D_y) \supset y=x]\}$$

B_x는 'x는 책이다,' D_x는 'x는 내 책상 위에 있다'를 가리킨다. 이 문장은 정확히 한 권이라는 것을 의미하고 있다.

각 주는 두 사람의 상원의원을 선출한다 *Every state elects two senators.*

이 문장에서, 정확히 둘을 의미하며, S_x를 'x는 주이다,' N_x를 'x는 상원의원이다,' E_{xy}를 'x는 y를 선출한다'로 기호화하여 기술하면 다음과 같이 된다.

$$(x)[S_x \supset (\exists y)(\exists z)\{N_y \cdot N_z \cdot E_{xy} \cdot E_{xz} \cdot y \neq z\} \cdot (w)$$
$$\{(N_w \cdot E_{xw}) \supset (w=y \lor w=z)\}]$$

한 개체가 두 개의 다른 고유명사 ν와 μ를 가지는 경우에 $\nu=\mu$는 의미있고 보고하는 진술이 된다. 그런데, 개체는 때로 고유명사 대신에 기술적인 구 *Descriptive Phrase* 로써 표시될 때가 있다. 가령, 어떤 범죄가 생겼을 때에 신문 보도를 보면 익명으로 발표하기도 하지만 '어린이를 유괴한 그 청년' '운전 사고를 일으킨 그 운전사' 등으로 표시된다. 이때의 '그' 영어로 'the'라는 말은 여러 가지 의미로 사용된다. 영어의 'the'는 'The whale is a mammal' 또는 'The early bird gets the worm'의 경우같이 '전부 *all*' 또는 '어떤 *any*'의 의미를 가지는 경우도 있고, 또한 다음의 구같이 실재 *existence* 하고 독특함의 의미를 나타내는 경우도 있다.

The author of Waverley,
The man who shot Lincoln,
The largest city in Korea,

위의 구는 각각 Scott, Booth, Seoul을 가리키며, 이때의 'the'의 의미를 'ㄱ'의 기호로 표시해서 기호화하면 다음과 같이 된다.

(ㄱ *x*) (*x* wrote Waverley),
(ㄱ *x*) (*x* is a man・*x* shot Lincoln),
(ㄱ *x*) (*x* is a city in Korea・*x* is larger than any other
　　　　city in Korea)

위에서 보는 바와 같이 고유명사 대신에 '명확한 기술'을 사용할 수 있으며, 또한 '명확한 기술' 대신에 고유명사를 사용하는 데서 '명확한 기술'을 피할 수도 있다. 이것이 러셀의 주장이었다.

그러나 보편적 예화(U. I.)의 경우에는 어떤 차이와 곤란이 일어난다. '명확한 기술'에 관한 러셀의 분석은 'the'의 사용의 문맥적 정의 *a contextual definition, or definition in use* 로써 진행시켰다.

The author of Waverley was a genius.

이것은 다음의 세 가지 사실을 나타낸다.

There is an individual who wrote Waverley,
at most one individual wrote Waverley,
that individual was a genius.

'ㄱ'의 기호를 사용하지 아니하고 기호화하면 다음과 같이 된다.

$(\exists x)(x$ wrote Waverley$)$
$(y)(y$ wrote Waverley $\supset y = x)$
  x was a genius.

이것을 함께 묶으면 다음과 같이 된다.

$(\exists x)\{(x$ wrote Waverley$) \cdot (y)(y$ wrote Waverley $\supset y = x) \cdot (x$ was a genius$)\}$

일반적으로 The so-and-so is such-and-such, 또는 $\Psi(\daleth x)(\Phi x)$를 논리적으로 다음의 식과 동등한 것으로 생각하고 있다.

$$(\exists x)\{(x \text{ is a so-and-so}) \cdot (y)(y \text{ is a so-and-so} \supset y = x) \cdot (x \text{ is a such-and-such})\}$$

$$(\exists x)\{\Phi x \cdot (y)(\Phi y \supset y = x) \cdot \Psi x\}$$

우연히 'best' 'fastest' 'heaviest' 같은 최상급형의 경우에 'better' 'faster' 'heavier'의 비교형을 사용해도 무방한 경우가 있다. 그러나 '명백한 정의 *explicit definition*'를 사용하여서 분석하지 아니하면 곤란한 경우가 생긴다.

보통 '명확한 기술'은 그것이 고유명사를 지칭한다고 믿을 때에만 사용된다. 사람은 'The so-and-so'라는 말을, 하나만이 있고 그것이 그러그러하다고 믿을 때에 사용한다. 그러나 이러한 믿음은 때론 잘못되며, 그렇지 아니한 경우에도 사용할 때가 있다. 가령, 모든 것은 질량을 가진다는 것이 진인 경우에도 'The immortal man has mass'라는 문장은 하나만이 있고 그러그러한 것을 가리키나 그런 것은 없다.

또한 어떤 특수한 산을 가리키거나, 또는 일반적인 여러 산을 가리키거나를 명백히하는 것이 문맥에 나타나지 아니한다면, 'The mountain has mass'라는 진술은 위가 된다. 왜 그런고 하니, 이 문장은 다만 하나의 산이 있다는 것을 주장하고 있으나 실제에 있어서는 산이 많이 있기 때문이다. 이것은 'the so-and-so'나 $(\daleth x)(Fx)$의 기호가 U.I.의 원리만으로서는 예화 *instantitation* 될 수 없음을 보여준다. '$(x)G_x$'로부터 'G$(\daleth x)$ (F_x)'를 연역하기 위해서는 성질 F를 가지는 정확히 하나의 개체가 있다는 부가적인 전제가 요구됨을 알 수 있다. 이러한 전제가 빠질 때에 그 추리는 타당하지 못하다. 그러나 그 전제가 존재할 때에 그 추론은 아래와 같이 타당함을 알 수 있다.

1. $(x)G_x$
2. $(\exists x)[F_x \cdot (y)(F_y \supset y=x)] / \therefore (G \daleth x)(F_x)$
3. $F_x \cdot (y)(Fy \supset y=x)$ 2, E. I.
4. G_x 1, U. I.
5. $F_x \cdot (y)(F_y \supset y=x) \cdot G_x$ 3, 4, Conj.
6. $(\exists x)\{F_x \cdot (y)(F_y \supset y=x)G_x\}$ 5, E. G.
7. $F(\daleth x)(F_x)$ 6, definition

우리는 위에서 동일성의 관계가 성질의 동일성을 의미하며, 동일성의 관계가 두 개 모두 명사로 되어 있는 경우도 있으나, 한쪽이 '명확한 기호'로 되어 있어 그것을 명사로 대치하는 데서 'The so-and-so'의 구를 피할 수 있음을 보았다. 또한 러셀과 같이, 문맥상의 정의 *contextual definition* 를 사용할 것이 아니라, 명확한 정의 *explicit definition* 를 사용하며, U. I.의 원리를 사용할 때에는 정확히 하나의 개체가 있다는 부가의 전제를 세우는 데서 곤란한 점이 해소된다는 것을 밝혔다. 이 절에서는 코피 Irving M. Copi의 '기호 논리학 *Symbolic Logic*'의 제 5 장 4 절을 참고로 했다.

10. 양상 논리학

전통적인 논리학은 명제에 대해서 진위를 생각했으나, 진 또는 위의 명제에다가 필연성·가능성 등의 양상 *Modality* 을 가한 명제를 논리적으로 다루는 것을 양상 논리학 *Modal Logic* 이라고 한다. 양상의 개념은 아리스토텔레스도 다루었으나 이 개념을 기호 논리학에 도입해서 한 체계를 성립시켜 양상 논리학에 공헌한 학자는 루이스 C. I. Lewis 이다. 그의 『상징 기호의 연구 *A Survey of Symbolic Logic*』(1918) 중의 「엄격 함축의 구조 A System of Strict Implication」의 장은 양상 논리의 체계이며, 그것은 랭그로드 Langford 와의 공저 『기호 논리학 *Symbolic Logic*』에서 수정 확대시켜 더욱 광범위한 공리 체계 (S1−S5)로 완성시켰다. 그 후 헌팅턴 E. V. Huntington, 패리 W. T. Parry, 라이트 G. H. von Wright 등의 학자가 이 방면의 연구를 계속하고 있다.

양상의 개념은 가능(◇)과 필연(□)에다가 불가능과 비필연(우연)을 합해서 4개, 또는 가능, 불가능, 필연, 비필연, 우연, 비우연의 6개를 들기도 하나, 가능, 필연, 불가능의 3개의 양상 중의 어느 것을 기본적으로 하고 다른 것을 설명할 수 있다. 이러한 양상 개념은 논리적인 것으로 가능성은 '논리적으로 생각할 수 있는 것 *Logical Conceivability*,' 또는 '자기 모순을 가지고 있지 아니한 것'을 말하며, 불가능성은 '논리적으로 생각할 수 없는 것,' 필연성은 '그 부정을 논리적으로 생각할 수 없는 것'을 뜻한다. 이러한 논리적 양상에 대해서 일반으로 사용하는 가능성과 필연성은 상대적 양상 *Relative Modality* 으로 한 명제가 가지는 양상은 다른 자료와의 관계에서 결정되게 된다. 가령, '내일 비가 올 것은 이 기상도로써 생각하면 필연(가능, 불가능)이다'의 명제의 양상은 다른 객관적 사실에 의해서 결정되게 된다. 따라서 이런 경우에는 가능성은 '자료와 양립되는 것 *consistency with the data*,' 불가능성은 '자료와 양립되지 아니하는 것,' 필연성은 '자료로부터 끌어낼 수 있다는 것'을 의미하게 된다.

1) 양상 기호

◇p p는 가능하다. p는 자기 부정을 포함하지 아니한다. p
　　는 자신과 양립된다. ◇의 기호 대신에 M의 기호를
　　쓰기도 한다.

~◇p p는 불가능하다. p가 가능하다는 것은 위이다.

◇~p p가 위인 것은 가능하다. p는 반드시 진은 아니다.
　　　p는 우연(비필연)이다.

~◇~p p가 위인 것은 불가능하다. p는 필연적으로 진이
　　　　다.

위에서 보는 바와 같이 가능의 기호 하나로써 다른 양상을 표
시할 수 있다. 즉 모든 양상은 한 개의 기호를 이용하는 데서
표시될 수 있다.

필연의 기호(□)로써 다른 양상을 표시하면 다음과 같이 된
다.

□p p는 필연적으로 진이다.

~□p p가 진인 것은 필연이 아니다. p는 우연(비필연)이
　　　　다.

□~p p가 진이 아닌 것은 필연이다.
　　　p가 진인 것은 불가능하다.

~□~p p가 진이 아닌 것은 필연이 아니다.
　　　　p가 진인 것은 가능하다.

2) 논리적 함축 기호

함축의 의미를 세분하면 실질적 함축 *Material implication*,

논리적 함축*Strict implication*, 수학적 함축*Tautologous implication* 의 셋이 된다. 실질적 함축은 ⊃의 기호를 쓰며 p⊃q 는 ～(p・～q)의 의미를 가지며 전건(前件)이 조건의 소임을 해서 '만일 ……이면 ……이다'의 형식으로 나타내게 된다. 논 리적 함축은 ─⊰ 의 기호를 쓰며 p─⊰q는 ～◇〔p・～q〕의 의 미를 가지며 전건과 후건과의 사이에 논리적 관계가 있는 것을 의미한다. 수학적 함축은 ＝의 기호로써 표시되며 전건과 후건 이 꼭 같음을 말한다. 위의 세 가지 함축 중에서 양상 논리는 둘째의 논리적 함축을 사용한다. 그래서 'p가 q를 함축한다'는 것은 'q는 p로부터 연역된다'의 뜻으로 풀이한다.

논리적 함축은 엄밀 함축이라고 불러 ─⊰ 의 기호를 써서 명 제를 연결시키며 그것은 아래의 정의를 가진다.

Ⅱ. 정의

p─⊰q＝～◇(p・～q)　정의

p가 q를 엄밀히 함축한다는 것은 'p가 진이며, 그리고 q가 위라는 것은 가능하지 아니하다'는 뜻이다.

p＝q＝{(p─⊰q)・(q─⊰p)}　정의
p─⊰q＝～◇～(p⊃q)　정의

p가 q를 함축한다는 것은 필연적이다의 뜻이다. 즉 p로부터 그 논리적 귀결로서 q가 도출되며, 다시 말해서 q가 p에서 연 역될 수 *deducible* 있다는 뜻이다.

일반적으로 p─⊰q가 성립되면 p⊃q는 꼭 성립되나 p⊃q가 성립된다고 해서 p─⊰q가 꼭 성립되는 것은 아니다. 이 논리적 함축(엄밀 함축)을 사용해서 양상을 정의하면 다음과 같다.

1. $\diamondsuit p = \sim(p \dashv \sim p)$
   'p는 가능하다'는 것은 'p는 자기의 부정을 함축하지 아니한다'이다.

2. $\sim \diamondsuit p = \sim [\sim(p \dashv \sim p)] = p \dashv \sim p$
   'p가 불가능하다'는 것은 'p가 자기의 부정을 함축한다'는 것이다.

3. $\diamondsuit \sim p = \sim(\sim p \dashv p)$
   p가 위일 수 있다는 것은 비p가 자기 모순을 포함하지 아니한다는 뜻이다.

4. $\sim \diamondsuit \sim p = \sim p \dashv p$
   p는 필연적으로 진이다. 'p가 위라는 것은 불가능하다'는 것은 p의 부정이 자기 모순을 포함한다는 뜻이다.

Ⅲ. 기본 공리

1. $p \cdot q \dashv q \cdot p$
2. $q \cdot p \dashv p$
3. $p \dashv p \cdot p$
4. $p \cdot (q \cdot r) \dashv q(p \cdot r)$
5. $p \dashv \sim(\sim p)$
6. $\{(p \dashv q) \cdot (q \dashv r)\} \dashv (p \dashv r)$
7. $\sim p \diamondsuit \dashv \sim p$
8. $(p \dashv q) \dashv (\sim \diamondsuit q \dashv \sim \diamondsuit p)$

Ⅳ. 정리

여기에서는 정리의 체계를 세워나가야 할 것이나, 편의상 간단한 정리를 몇 개 예를 들어 논증하고자 한다.

(1) p─⟨q

  1. p・q─⟨p   공리 2와 정리 75

  2. p・q─⟨p $\dfrac{p}{q}$

  3. {(p─⟨q)・(q─⟨r)}─⟨(p─⟨r)   공리 6

  4. {p─⟨p・p)・(p・p─⟨p)}─⟨(p─⟨p) $\dfrac{p・p}{q}$, $\dfrac{p}{r}$

  5. p─⟨p・p   공리 3

  6. p─⟨p   4와 5와 2의 Det.

(2) p＝p

  1. (p─⟨p)・(p─⟨p)   (1)과 add.

  2. p＝p＝{(p─⟨q)・(q─⟨p)}   정의

  3. p＝p＝{(p─⟨p)・(p─⟨p)} $\dfrac{p}{q}$

  4. p＝p   1 & 3

(3) p・q＝q・p

이것은 정리 75와 ＝의 정의로써 증명된다.

(4) (p・q)─⟨q

  1. q・p─⟨p   공리 2

  2. p・q─⟨p   정리 75

  3. q・p─⟨q $\dfrac{q}{p}$, $\dfrac{p}{q}$

  4. p・q＝q・p   (3)

  5. q・p─⟨q＝p・q─⟨p   4와 3

  6. (p・q)─⟨q   5와 3 Det.

무모순성 *Consistency* 과 가능성, 불가능성, 필연성 등과의 연관성을 생각하면 다음과 같이 된다.

$$\text{poq} = \sim (p\!-\!\!3\ \sim q)$$
$$p \cdot q \!-\!\!3\ \text{poq}$$
$$p\!-\!\!3\ q = \sim (\text{po}\sim q)$$
$$\Diamond p = \text{pop} = \sim (p\!-\!\!3\ \sim p)$$
$$\sim \Diamond p = \sim (\text{pop}) = p\!-\!\!3\ \sim p$$
$$\Diamond \sim p = \sim \text{po} \sim p = \sim (\sim p\!-\!\!3\ p)$$
$$\sim \Diamond \sim p = \sim (\sim \text{po} \sim p) = \sim p\!-\!\!3\ p$$

(5) $\sim \Diamond \sim p \!-\!\!3\ p$

  1. $\sim \Diamond p \!-\!\!3\ \sim p$ 공리 7

  2. $\sim \Diamond \sim p \!-\!\!3\ \sim (\sim p)$ $\dfrac{\sim p}{p}$

  3. $\sim \Diamond \sim p \!-\!\!3\ p$

(6) $(\sim p \!-\!\!3\ \sim q) \!-\!\!3\ (\sim \Diamond \sim q \!-\!\!3\ \sim \Diamond \sim p)$

  1. $(p \!-\!\!3\ q) \!-\!\!3\ (\sim \Diamond q \!-\!\!3\ \sim \Diamond p)$ 공리 8

  2. $(\sim p \!-\!\!3\ \sim q) \!-\!\!3\ (\sim \Diamond \sim q \!-\!\!3\ \sim \Diamond \sim p)\ \dfrac{\sim p}{p},\ \dfrac{\sim q}{q}$

위에서 보는 바와 같이, 기본 공리에서 정의와 논리의 제규칙을 사용하는 데서 많은 정리를 세워나갈 수 있다. 양상의 개념을 기호 논리에 도입하는 데서 양상 논리의 체계를 세우게 된 것은 기호 논리에 있어서 새로운 한 분야를 개척한 것이라고 할 수 있을 것이다. 엄밀한 함축 *Strict Implication* 의 체계로서 양상 논리의 체계를 세운 것은, 기술한 바와 같이 루이스이며 이곳의 설명도 위에서 말한 그의 저서에 의거했다.

제 2 부
언 어 론

사람은 일상 생활의 생각에서 심오하고 고상한 사상에 이르기까지 모든 생각을 언어로써 나타낸다. 그러므로 언어 문제는 지극히 중요한 문제 중의 하나이다. 사람은 반성하기 시작하던 때부터 언어의 문제를 반성하여 언어의 불완전성을 인식하고 있었다.

언어에는 일상적 언어와 과학적 언어가 있다. 일상적 언어는 애매하고 모호한 점이 많다. 과학적 언어는 인공 언어이기 때문에 명확하다. 과학은 전문 용어를 사용하는 데서 시간과 공간적으로 절약되고, 또한 의사 전달을 정확히 하게 된다.

언어에는 층계가 있다. 물리적 대상에 관한 언어는 O층계에 속한다. 이러한 언어를 대상 언어 *Object language* 라고 부른다. 이러한 대상 언어에 관한 언어를 메타언어 *Metalanguage* 라고 부른다. 대상 언어는 사물이나 사건의 상태를 나타내는 것이므로, 거기에는 모순 문제 같은 것은 일어나지 않는다. 메타언어는 일상 언어에 관한 언어이기 때문에 그보다 한 층계 높으며, 메타언어에 관한 언어는 메타-메타언어 *Meta-metalanguage* 가 되어 한층 더 높게 된다.

여기에서 다루려는 것은 대상 언어인 일상 언어의 문제가 아니라, 메타언어의 문제를 다루려고 한다. 일상 언어를 다루는 것은 언어학자의 분야이고, 언어에 관한 이론을 다루는 것은 언어철학자 및 논리학자의 분야이기 때문이다.

제 1 편
언어의 과학

　고대 희랍의 위대한 철학자들은 계속적으로 언어 문제를 고찰하였다. 아리스토텔레스에 이르러서는 그의 저서 『데 인터프리타치오네 *De interpretatione*』에서 언어는 모든 사람이 공통하게 가지고 있는 생각을 표시하는 전통적 기호라고 하였다. 사람들은 고대로부터 서로 생각을 교환하는 데 있어 언어의 불완전으로 인한 폐단을 느껴왔었다. 그런데 근대에 이르러 프란시스 베이컨 Francis Bacon 은 지식의 발전의 한 주요한 지장으로 언어의 허위로부터 오는 지장을 들었다. 이것이 유명한 시장의 우상 *idola fori* [1]으로, 그는 지식의 발전을 위하여 이 우상을 제거할 것을 주장하였다.

　모든 과학이 발달되고, 인간의 문화 수준이 향상됨에 따라, 언어는 더욱 더욱 세밀하고 복잡하게 되고, 따라서 세련과 기교가 필요하게 되었다. 새로운 언어가 끊임없이 만들어지고, 또한 많은 언어가 낡아지는 데서 그것을 잘 연마하고 또한 정리할 필요가 있다.

---

1) 언어에서 오는 우상이다. 사물을 표현할 때에 언어를 사용하는 데서 양자를 혼동하여 언어의 의미를 아는 데서 사물 그 자체를 아는 것으로 생각하거나, 또는 언어가 있으면 반드시 그 언어에 대응되는 사물이 있다고 생각하는 것 같은 잘못을 가리킨다.

언어에 관한 정리와 비판의 요구는 수천 년간 계속되었으나, 이에 관한 학문이 적극성을 띠고 나타나게 된 것은 최근의 일이다. 언어의 비판적 연구와 언어와 사상과의 관계를 연구하는 분야를 세미오틱스 *Semiotics*라고 부른다. 이 신과학은 타르스키 Tarski, 카르나프 Carnap, 모리스 C. W. Morris 등에 의하여 연구되고 있다.

제 2 편
세미오틱스

세미오틱스란, 기호 즉 언어의 일반적 이론과 그 응용을 연구하는 과학의 총칭이다. 다른 동물들도 어떤 기호에 응하지 아니하는 것은 아니나, 사람같이 복잡하고 정교한 기호를 사용하는 동물은 없다. 사람은 말과 글과 수학적 기호를 통하여, 우리의 복잡한 감정을 교환하며, 과학의 성과를 대대로 계속하여 나아간다. 인간의 문화는 기호와 기호의 조직을 통하여 발전하여왔으나, 이에 대한 학문은 현대에 와서 비로소 적극성을 띠게 되었다.

세미오틱스란, 기호에 관한 세 가지 방면의 학문을 종합하여 부르는 말이다. 여기에서 기호라고 부르는 것은 간단한 신호 *Signal* 에서 복잡한 언어에 이르는 모든 기호를 총칭하는 것으로서, 이 기호에 관한 학문에는 다음과 같은 세 가지 학문이 있다.

1. 프래그머틱스

프래그머틱스 *Pragmatics* 라는 것은, 기호와 기호를 말하거나 듣는 사람과의 관계를 연구하는 학문을 가리킨다. 프래그머틱스라는 말은 프래그머티즘이라는 말과 관련을 가지고 있다. 기호와 사람과의 실제적 효과를 중요시하는 것으로서, 프래그머틱스는 기호 특히 언어 사용의 심리학과 사회학과 역사학을 포함한다. 기호는 한 수단에 불과한 것으로서, 그것으로 좋은 효과를 얻고, 의견 교환의 목적만 달성하면 된다고 보고 있다.

말에는 이러한 실용적 면이 있다. 말 자체나 혹은 말과 말이 가리키는 대상의 관계도 중요하나, 쓰는 사람이 그 말을 어떤 의미에서 쓰고, 듣는 사람이 그 말을 어떻게 들었는가 하는 것도, 그에 못지않게 중요하다. 말을 사용하는 사람이 그것을 잘 사용하고, 말을 듣는 사람이 그것을 잘 들어야만, 사상이 정확하게 전달될 것은 사실이다. 이러한 면을 특히 강조하는 학자들은 실용주의자들이다. 듀이의 기구주의 *Instrumentalism* 는 기호 또는 관념의 도구적 기능을 강조하고 있다.

2. 시맨틱스

시맨틱스 *Semantics* 라는 것은 기호와 기호가 가리키는 대상과의 관계를 연구하는 학문이다. 이 학문은 또한 진리론과 논리적 연역론을 포함한다.

기호와 기호가 가리키고 있는 대상과의 관계는 대단히 중요하다. 우리의 말 중에는 대상을 찾기 어려운 말이 많다. 말을 쓰고 있는 사람도 그 말의 뜻을 모르고 쓰고 있고, 듣는 사람도 그 말의 뜻을 모르면서 아는 것같이 듣고 있는 수가 많다. 이러한 모르는 말은, 흔히 말의 뜻이 분명치 않아서 그런 것이며, 특히 추상적이어서 대상을 파악하기 곤란한 데서 그러하다. 그리고 또한 말 중에는 대상을 전혀 찾을 수 없는 말도 많다. 가령 인간의 상상력에 의하여 만들어진 용 같은 말이 그것이다.

문장과 그 문장의 대상과의 관계는 진리론과 관련을 가진다. 문장과 그 문장의 대상이 부합될 때에 그 문장은 진리이고, 그렇지 못할 때에 그 문장은 허위이다. 가령 '눈이 희다'는 문장은, 눈이 흴 때에만 참이다. 이와 같이 시맨틱스에서 다루는 진리는 시맨틱스적 진리를 나타내는 것이고, 상식이나 형이상학에서 다루는 진리와 다르다.

시맨틱스는 논리적 연역론을 포함한다. 말과 말, 문장과 문장과의 논리적 연역 관계를 시맨틱스는 다룬다. 말 전체의 논리적 분석과 그것의 연역적 관계를 정확하게 파악하는 데서 우리는 말의 입체적인 산관계를 이해할 수 있다. 우리의 말은 한마디 한마디 떨어져 있으면서도, 그것은 우리의 사상을 표현하는 것이기 때문에, 논리적인 관계를 가지고 있다. 그리고 말과 대상과의 논리적 관계를 분석하고 고찰하는 데서, 우리는 그 말의 산의미를 찾아낼 수 있게 된다.

3. 신태틱스

신태틱스 *Syntatics* 라는 것은 기호간의 형식적 관계에 관한 이론이다. 기호 즉 언어와 사람과의 관계나, 언어와 대상과의 관계를 논하는 학문은 이미 설명하였다. 신태틱스는 이에 대하여 기호와 기호, 언어와 언어 상호간의 문법적 관계 *Syntactical relation* 를 연구한다. 즉 언어의 논리적-문법적 구성 *the logico-grammatical structure of language* 을 연구하는 것으로서, 현대의 이 방면의 권위로는 카르나프를 들 수 있다. 카르나프는

논리적 문장론 *the logical syntax* 을 과학의 언어에다가 응용하
였다. 그는 철학을 정의하여 과학의 언어의 논리적 문장론이라
고 주장하였다(*The Logical Syntax of Language*, London:
Kegan Paul, 1937, p. xiii). 언어와 문장의 문법적 논리적 관계
를 연구하여, 기호간의 구성 규칙과 변화 규칙 등을 연구한다.

　기호에는 한 가지 물건만을 가리키는 단일 기호 *Indexical
signs* 와, 물건의 복수를 가리키는 복수 기호 *Characterizing
signs* 와, 모든 물건을 가리키는 보편적 기호 *Universal signs* 의
3종이 있다. 가령 '백두산' 같은 것은 단일 기호에 속하며, '사
람' 같은 기호는 복수 기호에 속하며, '어떤 것' 같은 것은 보편
적 기호에 속하는 따위이다.

　신태틱스는 기호의 결합과 변화 등을 연구함으로써, 기호의
성질과 의미와 기능을 알 수 있게 되며, 따라서 기호의 구성적
면과 논리적 면을 개척하게 된다. 그러나 논리학과 다른 점은,
논리학은 추리를 주로 생각하는 데 대하여, 신태틱스는 언어의
구성과 언어와 언어간의 문법적 관계를 주로 생각하는 점이다.

　기호의 상술한 세 가지 면, 즉 기호와 그것을 사용하는 사람
과의 관계를 다루는 프래그머틱스와, 기호와 기호의 대상과의
관계를 다루는 시맨틱스와 기호와 기호간의 관계를 다루는 신
태틱스의 세 방면의 연구를 종합하는 과학을 세미오틱스라고
부른다 (Charles W. Morris, *Foundations of the Theory of
Signs* 참조).

제 3 편

언어와 논리

우리의 언어에는 세 가지 종류의 언어가 있다. 과학적 언어와 시적 언어와 예의적 언어가 그것이다. 과학적 언어라는 것은, 그 언어의 사용의 목적이 사실을 사실대로 전달하거나, 어떤 주장을 증명하는 언어이다. 어떤 사실의 인과 관계를 논하거나, 어떤 사상의 이유와 귀결을 논할 때에는 과학적 언어를 사용하여, 사실과 사상을 분명하고 정확하게 밝혀야 할 것은 물론이다. 시적 언어라고 하는 것은 감정과 상상력이 포함되어 있는 언어로서, 시·소설·연극 등에서 예술적 효과를 나타내기 위하여 사용하는 언어를 가리킨다. 가령 박꽃같이 흰 얼굴이라든가, 샛별같이 빛나는 눈동자라든가, 차창에 비가 부딪혀 방울이 지어 흐르는 것을 보고, 실연한 여인의 눈물같이 구슬프게 흘러내린다라고 하는 따위의 말은 모두 시적 언어이다. 이와 같은 언어는 미적 체험을 표현하는 언어로서, 과학적 언어와 같이 사실이나 증명을 위하여 사용하는 언어가 아니다. 예의적 언어라고 하는 것은 예의상 사용하는 언어이다. 가령 어떤 집에 초대를 받아 가서, 실상은 음식도 맛이 없었고 재미도 보지 못하였으나, 돌아올 때, ‘참 잘 먹고, 재미있게 놀다 갑니다’ 하고 말하는 따위의 말은 예의적 언어이다. 이러한 예의적 언어도 사실과 대조하여 생각하여볼 필요가 없다.

이상의 세 가지 언어 중 논리에 관계되는 언어는 첫째의 과학적 언어이다. 미적 언어는 우리의 예술적 감정을 만족시키면 그만이고, 예의적 언어는 예의만 차렸으면 그만이다. 그러나 과학적 언어는 사실과 부합되어야 하며, 논리가 정연하여야 된다. 사실에 부합되지 아니하는 과학적 언어는 거짓말이 되며, 논리가 정연하지 못한 과학적 언어는 오류를 범하게 된다.

언어는 간단한 신호와 달라서, 첫째로 기교적이고, 둘째로 복잡하고, 셋째로 여러 가지 목적을 위하여 사용하기 때문에 사용하는 사람은 정확하게 사용하여야 하고, 듣는 사람은 사용하는 사람의 동기와 목적을 이해하여 바로 받아들여야 한다. 그러나 우리의 일상 생활에 있어서는, 말하는 사람이 비논리적으로 언어를 사용하고, 듣는 사람이 또한 잘못 들어 오해를 하는 데서 비극과 희극을 연출하는 경우가 많다.

미국 뉴욕에서, 어떤 학생이 어떤 의사를 보고,
"여보, 배 알아보았소?" 하고 물었다.
의사는 얼른,
"배 앓아보았지, 배 아니 앓아본 사람이 어디 있단 말이오."
하고 대답하였다.
학생은 의사에게 다시 이렇게 설명하였다.
"아니, 우리나라로 돌아갈 배〔船〕 알아보았느냐 말이에요."

학생이 물은 것은 배〔腹〕가 아니고 배〔船〕였고, 알아보는 것은 병을 앓아보았냐고 물은 것이 아니고, 선박 회사에 가서 물어보았냐고 하는 말이었다.

이렇게 우리의 일상 회화에는, 말하는 사람이 논리를 떠나서

266

무의식적으로 하고, 듣는 사람이 또한 주의하여 듣지 않기 때문에 오해하게 되는 수가 많다. 그러므로, 말하는 사람은 시적 언어의 경우나 예의적 언어의 경우를 제하고는, 과학적이요 논리적인 언어를 사용하여 생각을 표현하도록 힘쓸 것이고, 듣는 사람은 말하는 사람의 뜻이 어디 있는지, 언어가 가지고 있는 정확한 뜻을 이해하는 동시에, 한걸음 나아가서 언어가 원래 불충분하여 혹은 사용할 줄 모르는 데서 잘 표현 못 하는 그 사람의 심정까지도 이해하도록 힘써야 할 것이다.

언어는 일반적으로 네 가지의 의미를 가지고 있다.

첫째, 언어와 지시물 *Sign: Referent.*

언어에는 언어 자체를 의미한 때와, 언어가 가리키는 것을 의미할 때의 두 가지 경우가 있다.

가령 '사람은 사로 시작한다'고 할 때의 사람은, 어떤 사람을 가리키는 것이 아니고, 사람이라는 말 자체를 가리킨다. 이런 경우를 글로 표시할 때에는 '사람'은 '사'로 시작한다고 표시하면 된다.

'사람은 모두 죽는다'고 할 때의 사람은, 구체적인 사람을 의미한다.

둘째, 사전적 의미와 언어의 전후 관계의 의미 *Dictionary Meaning: Contextual Meaning.*

언어에는 사전적 의미와 언어의 전후 관계에서 나오는 것의 두 가지 의미가 있다.

한 가지 말이 여러 가지 의미를 가지고 있는 경우가 많다. 우리가 사전을 펴볼 때에는, 원뜻이 있고, 전화된 뜻이 있어, 한 말이 몇 가지 의미로 사용되는 것을 보게 된다. 그러므로 어떤 말이 실제에 있어서 어느 의미로 사용되었는지 알려면 말의 전후 관계와 그때의 환경의 분위기를 통하여 알 수밖에 없다.

셋째, 언어의 내포의 의미와 외연의 의미 *Connotation: Denotation.*

언어에는 실제로 존재하는 개체를 가리킬 때와, 그 종류 즉 일반적인 의미로 쓸 때가 있다. '사람이 그래서 무엇에 쓰겠느냐' 할 때의 사람은 어떤 특수한 사람을 가리킨 것이고, '사람은 생각하는 동물이다'라고 할 때의 사람은 사람 일반을 가리키는 것이다.

넷째, 과정과 결과 *Process: Product.*

언어에는 활동의 과정을 의미할 때와 활동의 결과를 의미할 때가 있다.

가령 파괴라고 할 때에 파괴한다고 하는 활동을 가리킬 때도 있고, 파괴의 결과를 가리킬 때도 있다. 또한 선택이라고 할 때에, 선택하는 작용을 가리킬 때와, 선택의 결과를 가리킬 때가 있는 것 같은 것이다.

이와 같이 언어에는 여러 가지 의미가 있으므로, 이것을 논리적으로 분석하여 사용하지 아니하는 경우에는, 의미가 모호하게 된다. 언어의 의미를 정확하게 파악하려면 언어의 의미의 논리적 분석이 필요한 것은 물론이다.

언어는 그 자체가 복잡하고 그 의미가 다의(多義)할 뿐 아니라, 우리의 생각의 추리를 나타내는 것이므로, 언어의 해석은 언어의 한마디 한마디의 이해보다도 언어를 통하여 전개되는, 말하는 사람의 추리 상태를 논리적으로 추리하여 따라가야만 완전히 이해할 수 있다. 말은 한마디 한마디의 단편적 의미보다도, 전체적 내용의 유기적 관련성을 논리적으로 분석하고 종합하는 데서 말의 산의미를 이해하게 된다.

논리는 이와 같이 언어에 대하여 이중의 관계를 가지고 있다. 언어를 논리적으로 분석하여 언어가 가지고 있는 의미를 파악하는 것과, 언어의 배후에 있는 말하는 사람의 추리 상태를 논리적으로 추리하여, 언어가 가리키는 의미를 파악하는 것이 그것이다.

제 3 부
방 법 론

제 1 부 원리론에서는 사고의 요소인 개념과 판단과 추리의 성질과 그 법칙을 논술하고, 그리고 기호논리학의 여러 계산법과 논리적 모순의 문제 등 논리의 제원리에 관한 문제를 논하였다. 원리론에서는, 요컨대 논리의 제원리, 즉 바른 사고를 하기 위한 제법칙을 세론한 것이다.

제 2 부 언어론에서는 언어의 과학, 세미오틱스, 언어와 논리의 관계 등을 논하여, 언어의 일반론과 함께 논리에 있어서, 언어가 밀접한 관계를 가지고 있다는 것을 강조하였다.

제 3 부 방법론에서는 제 1 부의 사고의 제원리와 제법칙을 기초로 하고 그것을 응용하여, 과학적 지식을 얻는 방법을 연구하고자 한다. 과학적 지식은 과학적 방법을 통하여 얻을 수 있는 것이므로, 과학적 방법의 연구는 학문 연구의 토대가 된다. 그리고 과학적 방법은 고정된 것이 아니라, 학문의 발달과 함께 끊임없이 발달되는 것이므로, 언제나 방법을 개량하고 혁신시키는 데 등한하여서는 아니 된다.

방법론은 일반론과 특수론의 두 가지로 구별할 수 있다. 일반론이라는 것은 과학의 전분야를 통하여 응용되는 방법론이고, 특수론이라는 것은 과학의 각 분야에 특수하게 응용되는 방법론이다. 각종의 과학에 특수한 연구법은 각기 그 전문가의 연구에 기대할 수밖에 없다. 그러므로 여기에서는 다만 일반 방법론을 논하려고 한다.

방법론은 또한 통정적(統整的) 방법론과 연구 방법론의 두 가지로 구별할 수 있다. 전자는 지식을 정리하고 통일하여 질서 있는 체계적 지식을 만드는 방법이며, 후자는 경험된 사실을 종합하고 분석하여 새로운 과학적 지식을 얻는 방법론이다. 즉 통정적 방법론은 지식을 정리하여 통일적 체계를 세우는 방법이고, 연구 방법론은 새로운 지식을 얻기 위하여 연구하는 방법론

이다. 그러므로, 통정적 방법론과 연구 방법론을 구별하여 서술
하고자 한다. 그리고 허위론은 원리론과 방법론을 통하여 모두
중요한 것이므로, 따로 다루고자 한다.

제 1 편
통정적 방법론

누구나 각자의 경험과 교육에 의하여 다소의 지식을 가지고 있다. 그러나 상식적인 지식은 혼잡하여 과학적 지식이라고 할 수 없다. 과학적 지식은 이 상식적인 무질서한 지식을 정리하고 통일하여 질서정연하게 만든 조직적 지식을 말한다.

과학적 지식을 가진다는 것은, 새로운 연구를 하는 데 기초가 되는 것이므로 대단히 중요하다. 과학적 지식을 가짐으로써 우리는 아는 지식에 대하여 정확하고 체계적인 생각을 가지게 되고, 또한 모르는 것과 아는 것을 명확히 구별하게 된다. 과학적 지식을 가짐으로 인하여 무엇을 연구하여야 할는지 알게 되고, 또한 어떻게 연구하여야 될는지 알 수 있게 된다.

우리의 지식은 결국 개념과 판단과 추리를 토대로 하여 성립된 것이므로, 지식을 정리하고 통일하려면, 개념을 명석히하고, 판단을 정확히하고, 추리를 타당하게 하는 법을 익혀 상식적 지식을 논리적으로 재검토하고, 체계적으로 재조직하여야 한다. 통정적 방법이란 이렇게 상식적인 지식을 과학적 지식으로 통일하고 정리하는 방법을 가리킨다.

그러므로 통정적 방법에서는, 정의와 분류와 논증의 방법이 중요한 문제가 된다.

1. 정의

　우리가 사용하는 말은 대단히 복잡하고 애매하고 또한 논리적으로 만들어진 것이 아니기 때문에, 말이 애초부터 정확한 정의를 가지고 있는 것이 아니다. 우리는 어린이 때부터 늙어서 죽기까지 사회에서 쓰는 말을 모방하고 배워서 실제로 사용하는 데서 무의식적으로, 불규칙적으로 말을 배운다. 그러므로 우리는 내용이 없는 말, 모호한 말을 분간하지 않고, 그대로 받아들였다. 따라서 사용하는 사람이, 서로 다른 의미로 생각하고 쓰는 수가 많다. 가령, 민주주의와 공산주의에 대하여 학생들이 토론하는 것을 보면, 종일 결론을 못 짓고 마는 수가 많은데, 그것은, 그들이 서로 각각 다른 개념을 가지고 있는데도 불구하고, 먼저 그 말에 대한 정의를 배우지 않고 토론하는 까닭이다. 정의가 바로 선다면 그 나머지는 그 정의에 따라서 검토하고 정리하면 논의는 쓸데없이 장시간을 요하지 않을 것이다. 그러므로 우리의 사색을 바르게 하려면, 먼저 말이 가지고 있는 참뜻을 세워, 말의 무의미한 것을 없이 하고, 말의 모호한 것을 정리하여야 될 것이다. 사용하는 말의 정의를 세우지 않고, 각각 자기 뜻대로 사용하여서는 사상의 교환을 바르게 할 수 없다. 그러므로 말이 가지고 있는 개념의 정의를 세우는 것은 회의에 있어서 토의의 원칙을 세우는 것같이 중요하다.

I. 정의의 정의

　정의라는 것은 개념의 의의를 결정하는 것이다. 그 이유는 개념이 다의하거나 모호하여서는 사상의 통일과 교환이 곤란하기 때문이다. 개념의 의의를 결정하는 데는 개념이 가지고 있는 내포를 명확히 규정하고, 그 뜻을 밝혀야 한다.

논리적 정의는 어떤 개념이나 그 개념이 속하는 유개념에다가 종차(種差)를 가하면 된다. 예를 들면, 삼각형을 정의하여, '삼각형은 3개의 직선으로 포위된 평면형이다'라고 함과 같다. '평면형'은 삼각형의 유개념이며, '3개의 직선으로 포위된다'라는 것은 다른 등위 개념과 구별되는 특이점 즉 종차이다.

그러므로 논리적 정의 즉 본질적 정의는 아래와 같은 공식에 의하여 성립된다.

정의＝유개념＋종차

그러나 정의를 내리는 동기와 목적에 따라서, 정의는 반드시 논리적 정의라야만 하는 법은 없다.

대개 정의는 심리학적 동기와 논리적 목적에 의하여 내리는 것이다.

심리학적 동기에서 내리는 정의에는 다음의 세 가지가 있다. 첫째는 새 말의 뜻을 알려는 데서 내리는 것인데, 이때에는 쉬운 말로 설명하는 정도이면 된다. 둘째는 길고 불편한 말을 짧고 편한 말로 나타내려는 데서 내리는 것인데, 가령 아버지의 아버지를 정의하여 할아버지라고 하는 것 같은 것이다. 셋째는 말의 뜻을 그 요소를 분석하고 종합하는 데서 우리에게 좀더 알기 쉽게 하는 것인데, 이것은 실질적 정의이다.

이와 같은 심리학적 동기에 의한 정의에 대하여 논리적 정의라는 것은, 어떤 말을 다른 말과 구별하여 또한 조직적으로 설명하여, 개념의 특징이나 구성을 규정하는 것이다. 이러한 정의는 다음의 공식을 취한다.

$$A = Df[b, \ c, \ d \cdots\cdots]$$

정의는 때와 경우에 따라서 혹은 시대에 따라서 다를 수 있고, 또 달라야 한다. 가령 어린이에게 물을 정의하여 설명할 때에, '물은 수소 둘과 산소 하나가 합하여 된 것이다'라고 한댔자 알아들을 리 없다. 더욱이 H_2O라고 하면, 알던 것도 더 모르게 될 것이다. 그보다도 '애, 거 부엌 동이 안에 든 시원한 것 좀 떠오려무나' 하면 애들은 얼른 알아들을 것이다. 그러나 이와 같은 정의는 과학자에게는 무의미하다. 과학자에게는 역시 물은 H_2O라고 해야만 정의가 된다. 그리고 또한 정의는 시대의 변천에 따라서 다르다. 가령 민주주의에 대한 정의가 희랍 시대의 정의와 현대의 정의가 다른 것과 같은 것이다. 즉 희랍 시대에 있어서는 민주주의는 '소수 특권자들(희랍 시민들)이 정치에 참여하는 정부의 형태'를 의미하였다. 그러나 오늘에 와서는 민주주의는 '투표권을 가진 국민 전체가 정치에 참여하는 정부의 형태'를 말하는 것 같은 것이다.

이렇게 정의는 때와 경우 또는 시대에 따라서 달라야 할 때가 많다. 그러나 언제나 좋은 정의는 지적이고 효과적이어야 한다. 지적이라는 것은, 정의가 말은 쉽건 어렵건, 그 말의 뜻이 본질을 나타낼 수 있어야 하는 것을 말하는 것이고, 효과적이라는 것은, 정의를 내리는 것은 어떤 동기와 목적에서 내리는 것이므로 그 효과를 잘 나타내도록 정의되어야 하는 것을 말한다.

Ⅱ. 정의의 구분

정의는 보통 유명적 정의 *Nominal definition* 와 실질적 정의 *Real definition* 의 두 가지로 구분한다. 유명적 정의는 언어적 정의 *Verbal definition* 라고도 하는데, 이것은 어떤 말을 정의하

는 데 있어서 그 말을 동의어로 해석하는 데 불과한 것이다. 이
것을 기호로 표시하면 다음과 같은 정의이다.

p・q=p와 q Df.
p・q는 "p와 q"와 같다.

이 유명적 정의는 개념을 나타내는 언어의 해석에 불과하므
로, 우리의 지식을 더해주는 것은 아니다. 그러나 유명적 정의
를 사용하는 데서 간단한 말이나 기호를 사용하여 우리는 시간
과 장소와 주의와 정신력 등에 관하여 절약을 할 수 있고, 복잡
한 생각을 명확하게 할 수 있다.

실질적 정의(논리적 정의)라는 것은 개념의 성질과 내용 즉
의의를 천명하는 정의를 말한다. 이것은 유명적 정의와 달라서,
말의 단순한 해석보다도 동일한 내용을 나타내는 것이므로, 이
정의는 진이거나 위거나 둘 중의 하나이다. 가령 같다〔同一〕는
것의 실질적 정의를 들면 다음과 같다.

A선은 A′선과 같다=A선의 두 점 p와 q 사이의 거리는
A′선의 두 점 p′와 q′ 사이의 거리와 같다. Df.

이와 같이 실질적 정의는 개념의 성질과 내용을 천명하는 것
이므로, 그것은, 자연히 정의하는 것 *Definiens*은 정의되는 것
*Definiendum*을 분석하는 데서 성립된다. 따라서 실질적 정의
는 지식을 더하여준다.

정의는 또한 분석적 정의 *Analytic Definition*와 종합적 정의
*Synthetic Definition*의 두 가지로 구분할 수 있다.

분석적 정의(논리적 정의)라는 것은, 어떤 개념을 다른 개념

으로 분석하는 데서 성립되는 정의이다. 이것은 정의되는 것이 나 정의하는 것이 같은 뜻을 가지고 있으나, 정의하는 것은 원 개념을 분석하는 데서 성립된다. 가령 예를 들면, 다음과 같다.

> x는 y의 아들이다 ＝ x는 남성이다. x는 y를 아버지로 한 다. Df.

이와 같이 정의하는 것은, 정의되는 것의 의미를 분석하는 데 서 성립된다.

위의 예에 있어서 ⊃를 ～ ∨로, ·를 ～(～∨～)로 분석 하는 것 같은 것은 모두 분석적 정의이다.

> p⊃q＝～p∨q　Df.
> p·q＝～(～p∨～q)　Df.

종합적 정의라는 것은, 부여된 개념을 분석하는 것이 아니라, 여러 개념을 결합하여 새로운 개념을 구성하여, 부여된 개념을 정의하는 정의를 가리킨다. 이것이 분석적 정의와 다른 점은, 전자가 분석적(논리적)인 데 대하여 종합적(경험적)인 점이다.

예를 들면, 스피노자 Spinoza(1632～1677)가 본체를 다음과 같이 정의한 것 같은 것이다.

"본체라는 것은 스스로 있어 그 자신을 통하여 이해되는 것, 즉 그 개념의 구성을 위하여 다른 물건의 개념을 필요로 하지 않는 것이다 *Unter Substanz verstehe ich das, was in sich ist und durch sich begriffen wird: d.h.etwas, dessen Begriff nicht den Begriff eines andern Dinges nötig hat, umdaraus gebildet zu werden.*"

정의를 내릴 때에 지킬 조건은 다음과 같다.

(1) 정의는 그 정의하려는 것의 본질적 속성을 들어야 한다. 우연한 속성을 드는 데 그친다면, 그것은 진정한 정의라고 할 수 없다.

(2) 정의를 내릴 때에, 정의하려는 것에 있는 언어나 또는 그와 같은 의미의 언어를 사용하여서는 아니 된다.

예를 들면, 생명을 정의하여 '생활 기능의 전체이다'라고 한 다면, '생명'을 정의하는 데 있어서 그와 같은 의미의 '생활'이 라는 언어를 사용하였으므로 이것은 정당한 정의라고 할 수 없 다. 이와 같이 정의하는 것이 정의를 받는 것의 말을 반복하는 데서 오류를 범하는 정의를 순환 정의라고 한다.

(3) 정의는 명석하여야 한다. 모호하거나, 여러 가지 의미를 가진 언어나, 또는 비유적인 언어를 사용하여서는 아니 된다.

(4) 정의는 정밀하여야 한다. 정의하려는 것의 범위를 총망 라하여 그 본질을 다 들어야 한다. 그러나 정의는 너무 광범하 거나 또는 협착(狹窄)하여서는 아니 된다.

(5) 정의는 될 수 있는 대로 적극적이어야 하고, 소극적인 정의는 피하여야 한다. 그 이유는, 대체로 정의가 긍정적일 때 에는 개념의 의미를 밝힐 수 있으나, 부정적일 때에는 그러하지 아니하다는 것뿐이고, 그 개념의 의미를 직접 말하는 것이 아님 으로써이다. 그러나 어떤 경우에는 부정적인 정의를 할 수밖에 없는 경우가 있다. 가령 고아를 정의할 때에는, 부모 없는 애라 고 할 수밖에 없는 것과 같은 것이다. 또한 파산을 정의할 때에 는, 가산을 잃어버려 곤란하게 된 것이라고 할 수밖에 없는 것 같은 것이다.

(6) 정의는 정의를 내리는 목적에 부합되어야 한다. 왜 정의를 내리는지, 그 목적에 부합되지 않는 정의는 내려야 소용이 없을 것이다.

2. 구분과 분류

정의는 개념의 내포를 한정하는 것이나, 개념의 외연을 분해하여 그 개념을 밝히어 정돈하는 것이 구분 *Division* 이다. 일단 구분된 구분지(區分肢)를 다시금 구분하여 점차 완전한 체계로 구분을 조직화하는 것을 분류 *Classification* 라고 한다.

I. 구분

구분이라는 것은 한 유개념을 그 종개념으로 분해하는 것을 말한다.

유개념을 종개념으로 나누는 데 있어서는 일정한 속성을 그 표준으로 하지 않으면 아니 된다. 그것을 구분 원리 *The Principle of Division* 라고 하는데, 그 원리를 여하히 정하느냐에 따라 동일한 개념도 여러 가지로 구분할 수 있다. 예를 들면, 인종을 구분하는 데 있어서, 혹은 피부색을 따라, 혹은 두개골의 형을 따라, 혹은 지방을 따라 구분하는 것 같은 것이다. 그러나 일단 어떤 구분 원리를 취하였을 때에는 그 구분이 끝나기까지 다른 구분 원리를 사용하여서는 아니 된다. 여러 가지 구분 원리를 혼용할 때에는 종횡 구분의 오류에 빠진다.

1) 구분법의 종류
구분법은 그 구분법의 수에 따라, 2 분법 *Dichotomy*, 3 분법

Trichotomy, 4분법 *Tetratomy*, 다분법 *Polychotomy* 의 4종으로 구분할 수 있다.

(1) 2분법

2분법은 구분지가 2개인 것을 가리키는 것인데, 구분 원리에 의하여 다음의 3종으로 구분할 수 있다.

A) 모순 대당에 의한 2분법

이것은 적극 개념과 소극 개념으로 구분하는 것을 말한다. 예를 들면, 만물을 생물과 무생물로, 동물을 유척추와 무척추로, 서적을 4·6판과 4·6판 아닌 것으로 구분함과 같은 것이다. 이것은 종개념을 누락할 염려는 없으나, 그 한 개념은 다만 소극적으로 규정되므로 불완전하다.

B) 단순한 차별에 의한 2분법

이것은 단순히 종개념의 차별에 따라 구분하는 것을 가리킨다. 예를 들면, 유기체를 동물과 식물로 구별하거나, 실재를 실질과 형식으로 구분하는 것 같은 것이다.

C) 반대 대당에 의한 2분법

이것은 구분하는 데 있어 반대 대당을 구분 원리로 하는 2분법이다. 예를 들면, 온도를 냉과 열로 구분하든가, 성을 남성과 여성으로 구분하는 것 같은 것이다. 반대 대당에 의한 구분은 때로 그 중간에 들어야 할 종개념이 누락되는 경우가 있으므로, 이 구분 원리를 사용할 때에는 주의하여 사용하여야 한다.

(2) 3분법

이것은 구분지가 3개인 구분법이다. 양극단과 그 중간에 속하는 것을 말할 때에는 모두 이 3분법을 사용한다. 예를 들면, 대·중·소, 천·지·인, 상·중·하와 같은 구분법은 모두 3분법

이다. 헤겔이 정·반·합의 3단의 변증법에 의하여 모든 사고의
발전을 설명한 것도 일종의 3분법이다.

(3) 4분법

4분법이라는 것은 구분지가 4개인 구분법이다. 이것은 보통
2개의 구분법의 결합에서 생긴다. 예를 들면, 판단의 형식을 한
편으로 긍정과 부정으로 구분하면서, 다른 편으로 전칭과 특칭
으로 구분하여 네 가지로 구분하는 것 같은 것이다.

(4) 다분법

이것은 5개 이상의 구분지로 성립되는 구분법을 가리킨다.

2) 구분법의 규칙

구분을 하는 데 있어, 지켜야 할 규칙에는 다음과 같은 것이
있다.

규칙 1 구분의 원리는 다만 1개이어야 한다. 2개 이상의
구분 원리를 동시에 사용할 때에는 종횡 구분의 오류에 빠진다.

규칙 2 구분지는 그 범위에 있어서 서로 배척하는 종개념이
어야 한다. 만일 이 규칙을 범하면, 교차 구분의 오류에 빠
진다.

규칙 3 구분지는 모든 경우가 망라되어야 한다. 1개라도 구
분지가 누락되면 완전한 구분이 될 수 없다.

II. 분류

분류라는 것은 일단 구분한 것을, 다시금 구분하여, 구분지를
더욱 세분하여 완전한 체계가 조직되기까지 구분하는 것을 가
리킨다.

예를 들면, 희랍의 논리학자 포오피리 Porphyry(232~305 B.C.)의 고안인 '포오피리의 나무 *The Tree of Porphyry*' 같은 것은 2분법에 의한 유명한 분류이다.

실체 ┬ 무 형
　　 └ 유 형 ┬ 무 생
　　　　　　 └ 유 생 ┬ 비동물
　　　　　　　　　　 └ 동 물 ┬ 비인간
　　　　　　　　　　　　　　 └ 인 간 ┬ 다른 개인들
　　　　　　　　　　　　　　　　　　 └ 소크라테스

이 분류법은 모순 대당에 의한 구분 원리를 토대로 하여 분류한 것인데, 인간을 구분하는 데 있어서는 단순한 차별에 의한 구분 원리를 채용하여, 원리가 혼돈되었기 때문에 완전한 분류가 되지 못하였다.

1) 분류의 종류

분류의 종류는 분류지의 수에 따라, 2지 분류, 3지 분류, 4지 분류, 다지 분류의 4종으로 구분한다.

2지 분류라는 것은 2분법에 의한 분류를 가리키며, 3지 분류라는 것은 3분법에 의한 분류를 가리키며, 4지 분류라는 것은 4분법에 의한 분류를 가리키며, 다지 분류라는 것은 5분 이상의 분법에 의한 분류를 가리킨다.

2) 분류의 규칙

분류의 규칙은 구분의 규칙과 유사한 점이 많다. 그 규칙을 표시하면 다음과 같다.

규칙 1 분류 원리는 시종여일하여야 한다. 2개 이상의 분류 원리를 기초로 하면, 교차 분류가 되고 만다.

규칙 2 분류지는 서로 배척하여야 한다. 만일 이 규칙을 범하면 교차 분류의 오류에 빠진다.

규칙 3 분류지는 모두 망라하여야 한다. 1개라도 분류지가 누락되면 불완전한 분류가 된다.

규칙 4 분류는 점차 순서를 밟아서 해나가야 한다. 즉 최상의 유(類)에서 분류를 시작하여 최하의 종(種)까지 분류하여 내려가야 한다.

규칙 5 분류의 표준은 대단히 중요하므로, 많은 결과를 가져올 속성을 가진 것이어야 한다. 분류의 표준이 부적당할 때에는 분류는 충분한 효과를 나타낼 수 없다.

3) 분류의 방법

분류의 방법에 있어서는 논리적 과학적 효과와 목적에 따라서, 여러 가지 분류 방법을 가질 수 있으나, 보통 대별하면 인위적 분류와 자연적 분류의 2가지로 구분할 수 있다.

(1) 인위적 분류

인위적 분류라는 것은 분류 원리를 인위적으로 정하여 분류하는 것을 가리킨다.

예를 들면, 도서관에서 서적을 분류할 때에 서명, 혹은 저자의 머리글자의 가나다순, 혹은 알파벳순에 의하여 목록을 작성하는 것 같은 것이다.

(2) 자연적 분류

자연적 분류라는 것은 분류될 것의 본질과 직접 관계 있는 특성으로써 분류의 원리를 삼는 것이다.

예를 들면, 동물학자들이 동물을 동물의 자연적 특성에 따라서 분류하는 것이라든가, 식물학자들이 식물을 식물의 자연적 특성에 따라서 분류하는 것 같은 것이다.

현대에 와서 자연적 분류를 과학적 분류라고 하여 학술상 널리 사용하게 된 것은 진화론의 발생적 견지의 영향에 의하는 것이다. 그러나 최근 기호논리학의 발전으로 인하여, 분류를 인공적으로 기호에 따라 분류하는 법이 유행하게 되었다. 그 일례를 들면, 한 나라의 인구를 성별로, 연령 20세 이상과 19세 이하별로, 그리고 건강별로 구별하여 다음과 같이 계산하는 것 같은 것이다.

$$1=(a+a')=(a+a')(b+b')=(a+a')(b+b')(c+c')$$
$$=abc+abc'+ab'c+ab'c'+a'bc+a'bc'+a'b'c+a'b'c'$$

$(a=$ 남성 $b=20$ 세 이상 $c=$ 건강자

$a'=$ 여성 $b'=19$ 세 이하 $c'=$ 불건강자$)$

위의 예에 있어서 abc는 남자로서 20세 이상 된 건강자를 가리키고, $a'b'c'$는 여자로 19세 이하 된 불건강자를 가리킨다.

3. 논증

I. 논증의 의의

논증 즉 증명이라는 것은, 한 판단이 진리라는 것을, 다른 판단의 진리에 의하여 확립하는 것을 말한다. 논증은 형식상 추리의 형식을 취한다. 그러나 추리와 다른 점은, 추리에 있어서는 전제에서 추리에 의하여 결론을 끌어내는 것이나, 논증의 경우

에는 결론으로서의 명제가 이미 알려져 있는 점이다. 그러므로 논증의 경우에는 논증할 판단의 진위를 확정할 근거를 제공하여야 한다. 인간은 이성을 가지고 있는 동물이므로, 결과에 대하여서는 원인을 알고, 귀결에 대하여서는 이유를 알아야만 안심하고, 만족한다. 어떤 판단의 이유를 모르거나, 어떤 결과의 원인을 모를 때, 우리는 불안과 심지어 공포를 가지게 된다. 그러므로, 어떤 판단의 진위를 모를 때 그 판단의 진위를 결정하고, 그 사실의 확실성을 증명하는 논증은 우리의 지식을 정리하는 데 있어서 대단히 중요하다.

어떤 판단을 논증하는 데 있어서, 근거가 될 수 있는 것은, 자명한 원리, 이미 논증을 받은 판단, 관찰과 실험 등의 결과로 얻은 사실, 그리고 귀납적 방법에 의하여 정하여진 법칙 등이어야 한다.

상술한 바와 같이, 논증이라는 것은 판단의 정당성을 확정하는 근거를 제공하는 것이다. 모든 판단은 그 정당성이 확정되어야 하고, 또 확정될 가능성이 있다. 더욱이 그 정당성의 확정이 요구될 때에는 우리는 법칙에 따라, 그것을 정확하게 논증하여야 할 것은 물론이다. 논증할 필요가 없는 원리를 공리라고 한다. 공리는 자명의 원리이므로 논증하지 아니하여도, 누구나 곧 알 수 있는 원리이다. 이 공리를 제외하고는, 모든 판단은 그 필요에 따라, 증명되어야 한다. 증명되지 아니한 주장은 동의할 수 없고, 또한 동의된다고 할지라도 그 신뢰성에 있어 박약하게 된다. 그러므로 논증된 판단과 주장만이 우리의 동의와 신뢰를 충분히 얻을 수 있다.

II. 논증의 방법

논증의 방법에는 직접적 논증과 간접적 논증의 두 가지가 있다.

1) 직접적 논증

직접적 논증이라는 것은, 판단을 논증함에 있어, 직접으로 그 진위를 증명하는 것을 말한다. 즉 직접적인 논증의 근거를 들어서 판단의 정당성을 증명하는 것을 가리킨다. 가령 어떤 사람은 선거권이 없다는 것을 논증하는 데 있어서, 그는 미성년이기 때문이다라고 논증하는 것 같은 것이다. 그가 미성년이라는 것이, 그가 선거권이 없는 직접적 이유인 것이다.

직접적 논증에는 연역적 논증과 귀납적 논증의 두 가지가 있다.

(1) 연역적 논증

연역적 논증이라는 것은, 연역적으로 논증하는 것으로서, 어떤 공리나 원리 혹은 전제에서 연역적으로 논증할 판단을 증명하는 것을 가리킨다.

연역적 논증에는 종합적 논증과 분석적 논증의 두 가지가 있다.

A) 종합적 연역 논증: 이것은 일반적 보편적 원리를 전제로 하여, 그것의 특수한 귀결로서 비교적 범위가 좁은 명제를 끌어냄으로써 논증하는 방법이다.

예를 들면, '덕은 가르칠 수 있다'를 논증함에 있어서, 지식은 가르칠 수 있다는 일반적 원리에서 논증하는 것 같은 것이다. 좀더 구체적으로 설명하면, '덕은 가르칠 수 있다'라는 판단을 논증하려면, 우선 '덕'의 빈개념이 되며, '가르칠 수 있다'의 주개념이 될 수 있는 한 개념을 발견하면 된다. 그런데 그러한 개념은 지식이다. 따라서 '덕은 가르칠 수 있다'의 논증은 다음과 같이 할 수 있다.

지식은 가르칠 수 있다.

덕은 지식이다.

그러므로 덕은 가르칠 수 있다.

논증은 여러 면으로 할 수 있다. 그러므로 논증하는 데 필요한 매개념이 하나만인 경우는 희귀하다. 논증을 확고하게 하려면 될 수 있는 대로 많은 매개념을 발견하도록 노력하여야 한다.

이 방법은 논증의 근거와 논증의 명제와의 관계가 명료하므로, 증명법으로서 확실하다.

B) 분석적 연역 논증 : 이것은 논증할 명제를 진리라고 가정하고, 거기에서 결론으로 나오는 명제가 진리인 것을 증명함으로써 논증할 명제를 진리라고 논증하는 방법이다.

예를 들면, 뉴턴 I. Newton(1642～1727)이 조수를 태양과 달과의 인력에 의한 것이라고 가정한 후, 거기에서 결론으로 나오는 사실의 관찰이, 그 가정과 일치됨을 들어서, 조수가 태양과 달의 인력에 의한 것을 논증한 것 같은 것이다.

(2) 귀납적 논증

귀납적 논증이라는 것은 어떤 판단이 진인 것을 논증하는 데 있어서, 그 판단의 근거가 되는 개개의 사실을 실증함으로써 논증하는 것을 가리킨다.

귀납적 논증의 경우에 논증될 명제가 일반적 원리나 일반적 법칙인 경우에는 그 논증을 이론적 귀납 논증이라고 하고, 그 명제가 개개의 사실을 가리키는 명제인 경우에는 그 논증을 실제적 귀납 논증이라고 한다.

'사람은 죽는 것이다'라는 일반적 법칙을 논증함에 있어서,

개개의 사람이 죽는 것과 그 보편적 이유를 들어 논증하는 것은 이론적 귀납 논증이다.

$ab=ba$ 즉 2개의 수 a와 b의 곱은 어느 것을 먼저 하여도 동일한 결과를 얻는다는 것을 증명함에 있어서, 개개의 수의 곱으로써 실례를 논증하는 것 같은 것은, 숫자상의 이론적 귀납 논증이다.

법정에서 재판관이 범인의 범죄를 논증하는 데 있어서, 그 증거에 의하여 논증하는 것 같은 것은 일종의 실제적 귀납 논증이다.

2) 간접적 논증

간접적 논증의 방법은, 어떤 명제가 진인 것을 논증함에 있어서, 직접적 방법을 사용하지 아니하고, 간접적 방법으로써, 그 명제에 반대되거나 모순되거나 하는 다른 모든 명제가 위인 것을 증명함으로써 논증될 명제가 진인 것을 논증하는 것을 가리킨다.

예를 들면, 기하학에 있어서 삼각형의 두 각의 합이 일직각인 때에는 남은 한 각은 직각이 아니면 아니 된다는 것을 논증하는 데 있어서, 그 각은 예각이나, 둔각이나, 직각의 세 각 중 하나라는 선언적 판단을 기초로 하여, 그것이 예각도 아니고, 둔각도 아니라는 것을 논증함으로써, 자연히 그것이 직각이라는 것을 간접으로 논증하는 것 같은 것이다.

간접적 논증의 근본 원리는 선언적 추리의 원리인 배중률이다. 간접적 논증은 여러 논증 중 어느 하나만이 진이고, 다른 것은 위가 되는 경우에, 진정한 논증 이외의 다른 논증이 위라는 것을 증명하여, 그것을 배척함으로써, 어떤 명제의 진을 논증하는 것이므로, 이것은 자연히 중간을 허용하지 아니하고, 여러 것 중 하나만이 진이라는 배중률을 토대로 하게 된다.

간접적 논증은 논증할 명제를, 그 명제의 이유를 들어 논증하는 것이 아니고, 간접으로 논증하는 것이므로, 직접적 논증이 가능한 경우에는 그렇게 사용하지 아니한다. 그러나 경우에 따라서는 직접적 논증과 병용하여 논증을 한층 유력하게 할 때도 있다.

그리고 직접적 논증이 불가능한 공리에 가까운 명제를 논증함에 있어서는 간접적 논증을 할 수밖에 없다. 그리고 이 방법은 그 경우에 있어서 효과를 나타낼 때가 많다.

Ⅲ. 논증의 규칙

논증하는 데 있어서 일반적으로 준수할 규칙에는 다음과 같은 것이 있다.

규칙 1 논증하려는 점을 분명히 파악하여야 한다. 그러하지 아니하면 논점 변경의 허위에 빠지게 된다.

규칙 2 논증은 지나치게 많이 하여도 아니 되고, 너무 적게 하여도 아니 된다.

규칙 3 논증의 이유는 확실하여야 한다. 논증의 이유가 확실하지 못하면, 논증의 효과가 적게 된다. 그리고 논증이 불확실하여 그것이 다시금 논증을 필요로 하는 경우에, 그것을 그대로 논증의 이유로 한다면, 부당 가정의 오류에 빠지기 쉽다.

규칙 4 논증될 것이 이유에 포함되어서는 아니 된다. 만일 논증될 것이 이유 중에 포함되는 경우에는 순환 논증의 오류에 빠진다.

규칙 5 간접적 논증의 경우에는, 그 출발에 있어 선언적 판단을 완전히 하여야 한다. 그것은 선언적 판단이 간접 논증의 기초가 되는 까닭이다. 간접적 논증의 선언지가 될 것을 모두 망라하지 아니하면 충분한 간접적 논증이 될 수 없다.

제 2 편

연구 방법론

1. 서론

I. 연구 방법의 의의

정의에 의하여 부여된 개념을 분석하며, 분류에 의하여 개념 상호의 관계를 정돈하며, 논증에 의하여 판단과 판단간의 논리적 연관을 확립하는 등, 통정적 방법을 사용하는 데 그친다면, 기왕의 지식을 정리하여 확실한 지식은 가질 수 있을 것이나, 그것으로써 새로운 지식을 얻을 수는 없을 것이다. 학문의 발달은 연구 방법을 통하여 새로운 발견과 발명을 하는 데서만 가능하다.

문명과 문화는 연구 방법의 확립에서만 장족의 진보를 볼 수 있다. 19세기와 20세기에 과학이 경이할 정도로 발달된 것은 연구 방법이 전통적인 연역적 방법을 한층 발전시키는 동시에, 귀납적인 과학적 방법을 사용한 까닭이다. 연역적 추리는 수학과 같아서 정확은 하나, 그것만으로써는 새로운 자연과학적 지식을 발견할 수 없다. 자연과학적 지식은 우리의 경험과 실험을 통하여서만 얻을 수 있다. 그러므로 과학적 지식은, 연역적 추리와 수학 등의 정밀 과학을 물리학적 자연 세계에 응용하는 데

서 얻게 된다. 사실에 있어서 최근에 와서 과학이 급속도로 발
달되는 것은 수학을 물리 세계에 응용하는 수학적 물리학이 발
달되는 데서이다.

  연구 방법은 말할 것도 없이 연구의 기초가 된다. 방법이 없
이 사물을 관찰하여서는 거기에서 얻는 점이 아무것도 없다. 가
령, 우리가 매일 학교에 등교하면서 가두의 간판이나, 대문에
붙은 문패를 본다고 할지라도, 아무것도 기억에 남지 아니하는
것 같은 것이다. 그러나 하루라도 연필과 노트를 들고, 상업의
종류별이나, 이름을 가나다순으로 구별하여가면서 조사한다면
확연하게 알게 될 것이다. 연구 방법은 연구의 기초가 되는 것
이므로 연구 방법을 잘 세우고 못 세우는 데 따라서, 그 성과의
다소와 시일의 지속이 결정될 것은 사실이다. 그러므로 연구 방
법의 의의는 학문 연구에 있어서 실로 중요하다.

Ⅱ. 과학 연구의 목적

  과학을 연구하는 것은, 과학이 인간의 생활을 편리하게 하고,
향상시키어 행복되게 하는 까닭이다.

  인간은 신화에서 산 시대도 있고, 종교에서 산 시대도 있고,
형이상학에서 산 시대도 있고, 사회과학에서 산 시대도 있다.
그러나 현대는 과학에서 사는 시대라고 하겠다. 과학은 고대에
서부터 현대에 이르기까지 지극히 더디게 발달되어왔다. 그러나
자연의 실험을 토대로 하기 때문에 그것은 언제나 확실하였고,
또한 대대로 계승되어왔다. 한번 발견된 것은 그것이 언제나 우
리의 산지식이 되었고, 한번 발명된 것은 더 새로운 발명이 나
오지 아니하는 한 그것을 그대로 사용하였다. 발견과 발명은 자
연의 경험과 실험을 통하여 자연이 말하는 것을 그대로 받아들
이는 것이므로, 비교적 확실하였고, 잘못됨이 있다 하여도 그

이유를 알게 되므로 가장 인간이 신뢰할 수 있는 학문이요, 또 인간의 생활 향상에 절대적인 소임을 하여왔다.

인간의 정신 생활이 과학적으로 설명이 되고 생명 현상의 연구가 발달되어, 인간의 수명을 더욱 오래 계속시킬 수 있을 시대가 올 것이다. 원자물리학과 천문학의 연구가 더욱 발달되어, 인생과 우주의 문제가 과학적으로 설명될 때가 올 것이다. 과학 만능이라는 말을 조소하는 형이상학자와 종교가도 많았으나, 과학이 아직 발달되지 못하여 그러한 것이고, 과학이 발달되면 될수록 인간의 능력이 그만큼 커지는 것은 부인할 수 없는 사실이다. 지식은 힘이라고 한 베이컨의 말은 진리이다. 과학은 힘이다. 과학을 통하여 인간은 진정한 힘을 얻을 수 있다. 과학 만능의 시대는 아직 오지 아니하였다. 그러나 과학 만능의 시대가 올 것이며, 만능할 수 있다면 과학만이 만능할 수 있을 것이다. 세계의 평화와 자유도 과학이 그 방향을 향하여 발달되고, 인간이 그 힘을 바르게 이용하는 데서만 유지될 수 있을 것이다.

과학은 자연과 사회의 인과 법칙을 발견하여 자연 현상과 사회 현상을 설명하는 데에 그 사명이 있었다. 그러나 현대에 와서 인과율은 자연 현상 중에서도 거시물 현상에 한하여 적용된다는 것이 판명되고, 원자 세계에는 하이젠베르크 Heisenberg 가 주장한 불확정률 *Principle of Indeterminacy* 이 적용된다는 것을 인정하게 되었다. 어떻든 자연 현상과 사회 현상을 잘 이해하도록 설명하려는 데 과학의 사명이 있는 점에는 옛날이나 지금이나 다름이 없다.

재래에는 과학의 목적은 수학의 법칙같이 정확한 인과의 법칙을 발견하는 데 그 목적이 있는 것으로 생각하였다. 그러나 최근에 와서 과학의 목적은 인과율을 발견하는 데 있는 것이 아니라, 확률 *The Law of Probability* 을 발견하는 데 있는 것으로 생각하게 되었다. 자연 현상과 사회 현상에서 발견한 어떤 법칙은 확률에 지나지 아니한다. 그것은 즉 경험적 법칙으로, 다른 법칙이 생겨나서 그 법칙을 부인하게 될는지 모른다. 그리고 그 발견된 법칙은 아직 적용되지 아니한 사물에도 동일한 조건하에서는 적용된다는 것을 예측할 수는 있으나, 꼭 그렇다고 단정할 수는 없다. 다만 우리는 그 가능성을 주장할 수 있을 뿐이다. 귀납적 방법을 토대로 하는 과학은 개연율을 발견하는 것으로서 만족할 수밖에 없다. 이것은 진리의 영원성을 부정하고, 진리의 변천성을 말하는 것이고, 또한 진리의 절대성을 부정하고 진리의 상대성을 주장하는 것이다. 그러나 경험 세계를 토대로 하지 아니하는 연역적 추리와 순수 과학의 세계에는 절대적인 진리가 존재한다고 할 수 있다. 가령 연역적 추리의 논리에 있어서 '만일 모든 사람이 죽는다면, 그리고 만일 A가 사람이라면, A는 죽을 것이다'라는 추리는 때의 고금, 지구의 동서를 막론하고 적용될 것이고, 순수 수학에 있어서 '둘에다 다섯을 더하면 일곱이 된다'라는 것은 언제나 어디서나 변함이 없을 것이다. 그러나 연역적 추리와 순수 수학은 경험을 토대로 하지 않고 성립되는 것이기 때문에, 그것만으로써는 인간 생활에 큰 의미가 없다. 그것이 사회 현상과 물리 현상에 응용되어 사회 현상과 물리 현상을 설명하는 데 큰 도구가 되는 데서만 의미가 있는 것이다.

　요컨대 과학은 자연 현상과 사회 현상에 대한 확률을 발견하여, 그것을 설명하는 것이고, 과학 연구의 목적은 이렇게 설명하는 데서 우리의 지식욕을 만족시킬 뿐 아니라, 그것을 사회 생활에 이용하여 우리의 문화를 향상시키고, 우리의 생활을 행복되게 하는 데 있는 것이다.

과학의 연구 방법은 대체로 특수적 연구법과 일반적 연구법의 두 가지로 구분할 수 있다. 특수적 연구법이란 각 연구 부문에 따라, 일반적 방법 이외에 특수한 방법을 사용하는 것을 가리킨다. 연구의 대상과 연구자의 성질에 따라, 특수적 연구법은 각각 다를 것이므로 이 설명은 각 전문가에게 맡길 수밖에 없다. 그러므로 여기서는 가장 근본적인 일반적 방법을 논하려고 한다.

일반적 연구 방법에는 아래의 네 가지가 있다.

(1) 귀납적 방법
(2) 연역적 방법
(3) 통계적 방법
(4) 가설적 방법

2. 귀납적 방법

Ⅰ. 귀납적 방법의 의의

귀납적 방법은 연구법으로서 연역법과 대립되는 방법인데, 개개의 특수 사실에서 출발하여, 그 사실을 연구함으로써 점점 그 사실간에 공통되는 보편적 법칙 또는 원리를 발견하는 방법이다.

연역적 추리는 일반적 원리에서 개개의 사실을 설명하는 것이나, 귀납적 추리는 어떤 일부에서 얻은 분명한 사실로써 그 전체를 추리하는 것을 가리킨다.

예를 들면, 다음과 같은 형식으로 표시할 수 있다.

이 P는 Q이다,
저 P는 Q이다,
그 P는 Q이다.

등등.
그러므로

모든 P는 Q이다.

혹은 더 간단히 기호로 표시하면 다음과 같이 표시할 수 있다.

$$\frac{P_1 \& P_2 \& \cdots\cdots \& P_n 은 \ Q 이다}{\therefore \ 모든 \ P 는 \ Q 이다}$$

연역적 추리에서는 전제를 토대로 하여 추리하는 데서 결론이 나오는 것이나, 귀납적 추리에 있어서는 우선 개개의 전제를 사실과 대조하여보아야 한다. 그리하여 그 전제의 단 하나가 사실에 어그러진다고 하여도, 모든 것이 그렇다는 결론은 얻을 수 없다. 그리고 연역적 추리의 결론이 정당하냐 아니하냐 하는 것은, 전제에서 바른 추리를 하였느냐 아니 하였느냐에 달린 것이나, 귀납적 추리의 결론이 정당하냐 아니하냐 하는 것은, 전제에서 바른 추리를 하는 것도 필요하나, 무엇보다도 그 결론이 사실에 부합되느냐 아니 되느냐 하는 것이 중요하다. 사실과 어그러지는 귀납적 추리는 추호의 가치도 없다.

이 귀납적 방법의 의의를 천명한 학자는 베이컨 Francis

Bacon(1561~1626)이었고, 이 방법을 대성한 학자는 존 스튜어트 밀 John Stuart Mill(1806~1873)이었다.

Ⅱ. 연구 자료의 수집

과학 연구에 있어서 첫째로 할 일은 연구할 것에 대한 자료를 수집하는 것이다. 자료를 수집하는 데에는 관찰과 실험이 필요하다. 관찰과 실험을 통하여 연구에 적절한 자료를 수집하여야만 소기의 연구의 효과를 얻을 것은 사실이다.

1) 관찰

관찰이라는 것은 우리의 감각 기관을 통하여 어떠한 현상을 그대로 보는 것을 가리킨다. 눈으로 보고, 귀로 듣고, 코로 냄새를 맡고, 혀로 맛을 보고, 손으로 만져보는 것이 모두 관찰에 속한다. 우리의 오관을 통하여 사물을 인위적으로 변경하여 보지 않고 현상을 그대로 보는 것이 관찰이다.

관찰에는 우연적 관찰과 예상적 관찰의 두 가지가 있다.

갈릴레이 Galilei(1564~1642)가 피사의 전당에 매달린 등이 바람에 동요되고 있는 것을 우연히 관찰하여 운동의 법칙을 연구한 것은 우연적 관찰의 예이다.

그리고 결과를 예측하며 관찰하는 것은 예상적 관찰이다.

예상적 관찰은 계획적이므로 우연적 관찰보다 효과가 많을 뿐 아니라, 과학적으로 보아도 가치가 많다. 역사상으로 볼 때에 우연적 관찰에 의하여 발견되고 발명된 것도 적지 아니하나, 대다수는 역시 예상적 관찰에 의하여 발견되고 발명되었다. 그것은 예상적 관찰은 어떤 가설이나 원리나 원칙 아래서 관찰하므로 그 성과가 많은 까닭이다. 우연적 관찰은 우연적인 관찰인 관계로, 계획적 관찰같이 그 수가 자주 있을 수 없으며 따라서 성과도 많을 수 없다.

관찰에는 아래와 같은 주의가 필요하다.

(1) 관찰에는 목적이 필요하다. 목적이 다르면 같은 사실도 다르게 관찰된다. 예를 들면, 1개의 음향도 그것을 공기의 진동으로 보면 물리학상의 관찰이 되고, 그 음파가 귀로 들어가서 음의 감각으로써 느낀 바를 관찰한다면 심리학상의 관찰이 된다. 이렇게 목적이 다르면 다르게 관찰되고, 목적이 없으면 관찰하되 소득이 없다.

(2) 관찰에는 효과적인 자료를 선택하여야 한다. 자료를 선택하지 아니하면 시간을 낭비하게 될 뿐 아니라, 그 효과도 적게 된다. 위대한 과학자들은 자료를 잘 선택하여 목적에 맞도록 하는 사람들이었다.

(3) 관찰에는 복잡한 현상을 간단화시킬 필요가 있다. 복잡다단한 일상 생활을 그대로 관찰한다는 것은 용이하지 아니할 뿐 아니라 과학적 가치도 적다. 충분한 관찰력을 가진 과학자는 사실을 간단화시키는 데 능한 사람들이다.

(4) 관찰하는 데는 적당한 특징을 선택할 필요가 있다. 목적에 적당한 특징을 선택하지 아니하고, 모두 관찰하여서는 이용의 효과가 적게 된다. 적당한 특징을 선택하는 선택 작용의 기술 여하에 따라, 그 효과에 차이가 실로 많게 된다. 과학자는 이 선택 작용에 탁월하고 예민한 능력을 가져야 한다.

(5) 관찰할 때에는 주의하여 관찰하여야 된다. 복잡한 현상에 있어서는 주의하는 방면만이 명료하게 의식된다. 그러므로 주의하여 관찰하지 아니하면 다른 중요한 사실을 간과하기 쉽다.

(6) 관찰함에 있어서는 실제로 관찰한 사실과, 그 관찰에서 추리된 바를 엄밀히 구별하여야 한다. 그러하지 아니하면 위관

찰(僞觀察)의 오류에 빠진다.

(7) 관찰에 있어서는 착각과 현실을 구별하여야 한다. 예를 들면, 물 속에서 구부러지게 보이는 막대기를 그대로 구부러진 것으로 보는 것같이 착각을 현실로 잘못 보는 것이다. 우리의 감각 기관은 완전한 것이 아니므로, 이러한 착각에 빠지는 경우가 적지 아니하다.

(8) 관찰에 있어서는 편견을 버려야 한다. 우리는 관찰할 때에 욕망과 기대에 눈이 어두워서 관찰을 편협되게 하기 쉽다. 그리고, 색맹으로 인하여 빛깔을 못 보는 수도 있고, 선입관으로 인하여 사실을 잘못 보는 경우가 적지 아니하다. 우리는 될 수 있는 대로 일반의 공인을 얻는 정도로 사물을 객관적으로 보도록 하여야 할 것이다.

(9) 관찰할 때에는 불관찰의 오류에 빠지지 아니하도록 주의하여야 할 것이다. 불관찰의 오류에는 다음의 두 경우가 있다.

첫째로 사물 그것을 간과하는 경우인데, 베이컨이 지적한 바와 같이 우리에게는 적극적 사실에는 주의하나, 소극적 사실은 간과하는 경향이 있다. 예를 들면, 꿈이 현실에 실현된다든가, 점이 맞는다고 생각하는 것 같은 것이다. 이것은 꿈이 실현되든가, 점이 맞는 경우만 관찰하고, 그 반대의 경우는 사실상 그보다 더 많음에도 불구하고, 관찰하지 아니하는 데서 오는 과오이다.

둘째로 사실 그것만을 관찰하고, 그 사실에 따르는 사실을 간과하는 경우인데, 사실과 그것에 따르는 사실과는 밀접한 관계가 있는 경우가 많으므로 그것에 대한 불관찰의 오류에 빠지지 아니하도록 하여야 할 것이다.

이외에도 관찰에는 주의할 점이 여러 가지로 있을 것이다. 어떻든 과학 연구의 자료 수집에 있어서 관찰은 절대로 필요한 것이므로, 우리는 면밀하고 기민하고 비판적인 관찰을 하는 데 숙달하여야 할 것이다.

2) 실험

실험이라는 것은 관찰하려는 현상을 인위적으로 변경시켜 관찰하는 것을 의미한다. 자연 현상 중에는 복잡하여, 그대로 관찰하기 곤란한 현상이 있고, 또는 너무 크거나 너무 작아서 관찰할 수 없는 현상이 있고, 혹은 너무 빠르거나 또는 너무 느려서 관찰할 수 없는 현상이 있다. 이러한 현상을 관찰할 수 없는 것은 우리의 감각 기관이 제한을 가지고 있는 까닭이다. 감각 기관의 제한을 초월하기 위하여 현상 자체를 분석하거나 가공하여 변경시켜 관찰하는 것을 실험이라고 한다. 실험은 대개 정밀한 기계의 힘이든가, 특별한 장치나 설비의 힘을 빌린다. 관찰에서도 현미경·망원경·한란계 같은 기계의 힘을 빌리나, 관찰과 실험의 차이점은 현상 그 자체를 변경시켜 보고 아니 보는데 있다. 그러나 그것은 정도의 차이이고, 명확하게 구별할 수 없는 경우도 있다.

현대의 과학이 경이할 정도로 발달된 것은 실험의 발달의 결과이다. 관찰이나 실험을 토대로 하지 아니하는 학문은 과학적 가치가 적다. 과학이 우리에게 신뢰를 받는 것은 그것이 우리의 감각 기관에 호소하는 까닭이며, 또한 과학이 진리로 인정을 받는 것은 관찰이나 실험을 통하여 감정에 통과된 것이기 때문이다.

실험이 관찰과 다른 점으로, 주로 다음의 네 가지를 들 수 있을 것이다.

(1) 실험 장치

관찰에 있어서는 현상을 변경시키지 아니하고 그대로 관찰하

는 것이나, 실험은 그 현상을 변경시켜 보는 것이므로 실험할
장치가 필요하다. 장치를 기술적으로 하고 못 하는 데 따라서
그 효과에 대차(大差)가 생긴다. 실험하려는 가설이나, 문제의
답을 얻을 수 있도록 실험의 장치와 설비에 주밀한 머리를 써야
하는 점이 실험이 관찰과 다른 점이다.

(2) 대상의 기교적 환경

관찰에 있어서는 현상을 그대로 관찰하게 되므로 불편이 많
다. 그러나 실험에 있어서는 인공적으로 현상의 환경을 실험 목
적에 적합하도록 만든다. 실험에 있어선 기후라든가 물리적 조
건의 제한을 벗어나도록 경우를 고치어 기교적 환경을 만든다.
전기를 사용하여 온도를 조절한다든가, 기계를 사용하여 현상의
환경을 변경시키는 것 같은 것은 모두 기교적 환경을 만드는 것
으로서, 이렇게 대상의 기교적 환경을 가지는 데 실험이 또한
관찰과 다른 점이 있다.

(3) 실험의 문제의 명확성

관찰에 있어서도 그러하나, 실험에 있어서는 더욱 어떤 일정
한 문제의 해답을 얻으려고 한다. 실험은 기교적이요 인공적인
것이기 때문에, 언제나 실험의 목적이 분명하다. 어떤 일정한
문제나 가설에 대하여, 그것이 옳으냐 그르냐 하는 것을 실험할
뿐 아니라, 그 결과를 얻을 수 있도록 대상과 환경을 조절하는
것이기 때문에 실험에는 실험하는 의도가 선명하다. 일정한 문
제가 없이 하는 실험은 비용의 낭비와 시간의 허비를 가져오게
되므로, 실험에 있어서는 언제나 일정한 문제, 즉 어떤 원인하
에서는 어떤 결과가 나오리라는 예측, 혹은 가정하에서 과연 그
것이 그러한가를 실험하게 된다.

(4) 실험 요소의 조직적 변경

이것은 과학적 실험에 있어서 많이 사용되는 방법이다. 그리고 이것은 관찰과 실험이 다르다는 것을 설명하는 중요한 요소의 하나이다.

어떤 현상이 일어났을 때에 그 원인이 하나가 아니고, 여러 가지라고 생각이 들 때에 그 한 가지 한 가지의 요소를 조직적으로 변경하여가며 실험하는 것이다. 가령 어떤 국민학교의 아동들의 공부 성적이 갑자기 올라갔다고 하게 되면, 그 원인은 여러 가지를 생각할 수 있을 것이다. 교원의 질이 향상되어 그렇게 되었다든가, 교과서가 좋아져서 그렇게 되었다든가, 아동들에게 열심히 공부하게 할 무슨 자극이 있었다든가, 혹은 학교의 환경이 좋아졌다든가, 이러한 여러 가지 원인이 예상될 때에, 그 한 가지 한 가지를 조직적으로 변경하여가면서 실험하는 데서 원인을 찾아내는 것 같은 것이다.

이렇게 실험하는 대상 요소를 조직적으로 변경하며 실험하는 것 중에서 현대에 있어서 많은 효과를 나타내는 것은 소위 대조 실험 *Control Experiments* 이라는 것이다. 토끼라든가, 쥐라든가, 물고기 같은 동물을 두 곳에 나누어 기르면서 실험하는 것 같은 것이다. 한쪽 동물에게는 보통 그 동물이 먹는 식물을 먹이고, 다른 한쪽 동물에게는 실험의 결과를 얻으려는 식물을 먹여서, 혹은 주사를 놓아가며, 그 효과가 어떻게 나타나는가를 보는 것 같은 것이다.

대조 실험에 있어서는 두 쪽 동물에게 모든 다른 환경과 조건은 똑같이 하고, 다만 실험의 효과를 얻으려는 조건만 달리해야 한다. 가령 쥐를 가지고 실험하는 경우에, 두 곳 쥐의 출생과 체중, 종류 같은 조건을 같이하고, 또한 기르는 주위의 광선과 온도, 장소 같은 환경을 같이하는 것을 가리킨다.

이상의 여러 가지 점을 토대로 하여 실험이 관찰보다 우수한 점을 들면 다음과 같다.

(1) 실험은 자연이 제공하는 것보다 현상을 많이 발생하게 할 수 있다. 예를 들면, 자연이 우리의 관찰에 제공하는 전기의 현상은 적으나, 기계를 장치하여 실험을 한다면 무수한 전기 현상을 제공하게 할 수 있는 것 같은 것이다.

(2) 실험은 자연의 현상을 인공적으로 임의로 변경하여 관찰할 수 있으므로 편리하다. 자연의 현상을 변경하여 관찰하는 것이 실험의 특징의 하나라는 것은 이미 말하였다.

(3) 실험은 복잡하여 관찰에 불편한 현상을 간단하게 분석하여 관찰할 수 있다. 하나하나 간단히 분석하여 관찰할 수 있으므로, 효과를 급속히 그리고 명료하게 알게 되는 경우가 많다.

(4) 실험은 희귀한 현상을 자주 일으키게 할 수 있으며, 장시일이 걸릴 현상을 단시일에 일어나게도 하며, 또는 너무 빨라서 관찰할 수 없는 것을 느리게도 하고, 그와 반대로 너무 느려서 관찰할 수 없는 것을 빠르게도 하여 관찰에 있어서 여러 가지 불편한 점을 제거할 수 있다.

(5) 관찰로써는 사물이 한결같이 계기하는 것을 발견할 수는 있으나, 그것이 곧 인과의 관련을 가진 것이라고 단정할 수는 없다. 실험에 의하여, 원인을 일으켜가지고 그것이 예기하였던 결과를 가져오는 것을 확정함으로써만 인과 관계는 확정할 수 있다.

이상의 몇 가지 점으로 보아 실험이 관찰보다 우수한 것은 사실이다. 그러므로 연구의 자료를 수집하기 위하여는 될 수 있는 대로 실험을 하도록 노력하여야 할 것이다.

실험에 있어 주의할 점은 아래와 같은 것이다.

첫째로 선입 관념을 버려야 한다. 실험에 있어서는 실험에 나타나는 사실을 그대로 보아야 하므로, 선입 관념을 가져서는 사실을 곡해하기 쉽다. 일정한 목적에 의하여 실험하는 이상 예상을 가지지 아니할 수는 없을 것이다. 편협하거나 독단적인 생각을 가지고 객관적 사실에 임하여서는 사실을 잘못 관찰하기 쉽다.

둘째로 실험에 있어서는 기계를 사용하는 경우가 많으므로 기계에서 오는 제한을 제거하도록 힘써야 할 것이다. 기계는 정확하고 언제나 반복시킬 수 있는 등 여러 가지 장점을 가지고 있으나, 또한 단점도 가지고 있다. 전자나 중간자 연구에 있어서 기계가 전자와 중간자의 관찰을 어느 정도로 장해하고 있는 것 같은 것은 기계가 실험적 관찰에 장해가 되는 한 예이다.

셋째로 실험에 있어서는 실험하는 사람의 심리가 관찰에 영향을 주고 있으므로, 될 수 있는 대로 관찰에 심리적 영향을 없이 하도록 노력할 것이다. 그리고 각 실험자의 개성이 관찰에 부지불식간에 영향을 주고 있다. 이러한 주관적 심리 혹은 개성으로 인하여 실험자가 사실을 정확하게 관찰하지 못하는 경우가 적지 아니하므로, 이 점에 항상 주의하여야 할 것이다.

실험에 있어서는 인내가 필요하다. 수백 회 내지 수천 회의 실패쯤은 미리 각오하고 시작하여야 한다. 백절불굴의 용기와 부단의 노력으로 소기의 성과를 얻기까지 각 방면으로 실험을 수정 혹은 변경하며 계속하여야 한다. 실험이 성공되어 소기의 성과를 얻을 때의 기쁨이란, 실험의 쓴 고통과, 피와 땀의 노력을 보충하고도 남음이 있을 것이다.

3) 측정

관찰과 실험의 결과는 측정하는 데서 과학적 자료로서 효과를 나타내게 된다. 측정이란, 경험적 사실을 수량화하여 표시하는 것을 가리킨다. 무게, 길이, 시간, 면적, 각, 전류 등에 관하여 수학적으로 계산하는 것을 가리킨다.

측정에 있어서는 다음의 두 가지 경우를 구별할 수 있다.

(1) 양적 관계를 표시하는 경우

이것은 정확하게 양적 관계를 측정에 의하여 나타내는 경우이다. 저울로 중량을 다루어 물체 S가 물체 T보다 몇 배가 무겁다든가, 길이를 재어 A가 B보다 몇 미터가 길다든가 짧다든가, 이렇게 정확하게 양적 관계를 표시하는 것을 가리킨다.

이 경우에 있어서는 다음 여섯 가지의 형식적 조건이 채워져야 측정으로서의 가치를 가지게 된다.

N가지의 사실 M_1, M_2, M_3, ……M_n이 측정되었을 때에, 이러한 사실의 각 두 가지 사이에는 다음의 관계 중의 어느 하나이어야 한다.

1) $M_i > M_j,\ M_i < M_j,\ M_i = M_j$
2) $(M_i > M_j \cdot M_j > M_k) \supset M_i > M_k$
3) $(M_i + M_j = M_k) \supset (M_j + M_i = M_k)$
4) $(M_i = M_j) \supset (M_i + M_j > M_i)$
5) $(M_i = M_i' \cdot M_j = M_j') \supset (M_j + M_j' = M_i + M_i')$
6) $(M_i + M_j) + M_k = M_i + (M_j + M_k)$

(2) 수학적 계산이 가능하지 않은 경우

이것은 정확하게 양적 관계를 표시하지 못하고 측정된 사실의 성질의 위치의 순서가 수치의 순서와 동일함을 나타내는 데 불과한 측정의 경우이다.

가령, 금강석과 유리와 종이가 있을 때에 그 굳기를 측정하여 1, 2, 3의 순위를 매기는 경우 같은 것이다. 또한 IQ의 측정에 있어 A가 150이고 B가 75이면 A는 B보다 지능의 순서가 높다고 보는 것 같은 것이다. 이 경우에 A가 B보다 지능이 2배 높다는 계산적 관계를 나타내는 것은 아니다.

측정의 관계를 순서 관계로만 나타내는 이 경우의 조건은 앞에 든 형식적 조건 중 1)과 2)의 조건뿐이다.

자연과학적 자료는 대개가 양적 관계를 다루는 것이므로 측정과 계산은 자료 수집에 있어 대단히 중요한 과정이다. 측정을 잘하고 못하는 데에 연구 성과의 관건이 달렸다고 보아도 좋다. 현대 응용 과학의 발달은 측정 기술의 발달에 기인된다. 원자물리학은 물론이요, 심리학·교육학 등이 현대에 와서 급속도로 발달되게 된 원인은 측정에 관한 방법과 기술이 급속도로 진보된 데 있는 것이다.

Ⅲ. 연구 자료의 표시(기술과 설명)

관찰과 실험에 의하여 획득한 자료는 표시하여야 한다. 만일 관찰과 실험의 결과를 표시하지 아니하면, 잊어버리기 쉬울 뿐 아니라, 또한 그것을 과학적인 조직적 연구 자료로 만들기에 곤란하다. 그러므로 우리는 관찰과 실험의 결과를 가지고 조직적인 연구 자료를 만들기 위하여 과학적 기술과 과학적 설명에 숙달하여야 할 것이다.

1) 기술

기술(記述)이라는 것은 보통 지각되는 사물의 속성을 들어, 그것이 무엇인지를 표시하는 것을 가리킨다. 관찰이나 실험을 통하여 나타나는 현상을 그 속성에 따라서 그것이 무엇이라는 것을 사실대로 기록하는 것이다.

이것을 기호로 표시하면 다음과 같다.

$$(\daleth x)(\cdots\cdots x\cdots\cdots)$$

$(\daleth x)$란 하나이고 그리고 다만 그 물건 x라는 것을 표시한다. 그러므로 공식을 설명하면 다음과 같다.

대상 x는 무엇무엇이다.

기술을 할 때에는 언제나 정확하게 하여야 한다. 예를 들면, $(\daleth x)(x$는 영국의 수도이다$)$. 이 기술은 명료하다. 즉 이 기술은 런던을 가리키고 있다. 또한 $(\daleth x)(10+x=15)$라고 기술한다면, 이것도 명료하다. 즉 x는 다섯을 가리킨다. 그러나 $(\daleth x)(100>x)$라고 기술한다면, x는 백보다 작은 수는 모두 가리키므로 분명하지 아니하다. 또한 $(\daleth x)(x\neq x)$라고 기술한다면, 이것은 잘못이다. 왜 그런고 하니, x가 x가 아니라면 동일률을 무시하는 까닭이다. 그리고 만일 $(\daleth x)(\mathrm{K}$는 x를 사랑한다$)$라고 기술한다면, 이것은 모호하다. 왜 그런고 하니 x는 K가 사랑하는 사람이나, 바로 그 사람을 가리킨다고 할 수 없다. 그것은 K가 사랑하는 사람이 여럿일 수도 있는 까닭이다. 그렇다면 x는 어느 사람을 가리키는지 모호하다.

우리는 기술할 때에 잘못된 기술은 물론 피하여야 할 것이나, 또한 모호한 기술을 하지 않도록 주의하여야 할 것이다.

기술에는 법칙 기술과 양적 기술 등이 있다.

법칙 기술이라는 것은 법칙을 따라 기술하는 것을 의미한다. 자료를 다만 상세히 기술하는 데 그친다면, 그것은 사진과 같아서 지각 현상을 이중화하는 데 불과하다. 그러므로 자료를 기술할 때에는 유사한 현상을 포착하여 그것을 어떠한 방식으로 통일하여야 한다. 이 법칙 기술이 가능한 것은 현상과 유사한 현상이 반복되어, 법칙이 성립된다고 전제하는 까닭이다. 예를 들면, 병은 만병이라고 하여 그 수에 있어서 무수한 것 같으나, 그 복잡한 현상에서 유사한 점을 추상하여 맹장염이라든가, 감기라든가, 피부병이라고 처방하여 표시하는 것 같은 것이다.

양적 기술이라는 것은 양적으로 계산하여 명확하게 인식하려는 기술이다. 자연과학에서 수를 계산하며, 공간적 시간적 관계와 중량 등을 측정하여 기술하는 것 같은 것은 모두 양적 기술이다. 자연과학은 대체로 양적 기술로써 자연을 파악하려고 한다.

과학 중에는 다만 사실의 기술을 목적으로 하는 과학이 있다. 동물학·식물학·광물학 같은 것이 그러한 과학이다. 그러한 과학을 특히 기술적 과학 *Descriptive Science* 이라고 한다.

2) 설명

기술이 개개의 사실을 속성과 유사한 점을 추상하여 표시하는 것임에 대하여, 설명이라는 것은 개개의 사실에서 얻은 보편적 법칙 또는 원리로써, 개개의 사실을 통일하여 말하는 것을 가리킨다. 예를 들면, 뉴턴이 유성의 운동을 중력의 일반 법칙에 의하여 연역한 것은 즉 유성의 운동을 설명한 것이다.

모든 과학의 목적은 사실을 설명하는 데 있다. 우리는 보통 새로운 현상을 볼 때에 그것에 대하여 의혹을 품게 되며, 왜 그런 현상이 일어났는지 알기를 원한다. 이것을 알려고 하는 데서 연구하게 되며, 그것에 대한 만족한 보편적 설명이 성립되는 데서 연구를 그치게 된다. 그리고 현상 중에는 우리가 잘 아는 것 같으나 실상은 모르는 현상이 많다. 사과나무에서 사과가 떨어지는 것을 당연히 그럴 것이라고 생각한 사람은 많았으나, 그것이 지구의 인력에 의하여 그렇게 되는 것이고, 그것에서 만유인력을 발견한 것은 뉴턴의 천재를 기다릴 수밖에 없었다.

일상 생활에 있어서, 난잡하고 혼돈한 경험을 질서 있게 조직적인 과학적 지식으로 하여 연구의 자료를 구성하는 데서 시작하여 삼라만상에 관한 우주 학설을 세우는 데 이르기까지 모든 과학적 지식을 획득하는 데 있어서, 설명은 절대로 필요한 조건이 된다. 우리는 각각의 의문점에 대하여 설명을 얻기까지는 그것에 대하여 불안을 느끼게 된다. 개개의 자료의 기술은 설명을 동반하여야 한다.

설명에는 기계적 설명, 목적론적 설명, 철학적 설명의 세 가지가 있다.

기계적 설명이라는 것은 우주의 모든 현상을 원인과 결과의 필연적 관계로 보는 인과율에 의하여 설명하는 것을 가리킨다. 과학적 설명이란 이 기계적 설명을 주로 가리킨다.

목적론적 설명이라는 것은 목적 또는 이상(理想)에 의하여 설명하는 것을 가리킨다. 정신과학 중 특히 인간의 이상과 관계가 있는 미학이나 윤리학 같은 학문에 있어서는 목적론적 설명을 많이 사용한다.

철학적 설명이라는 것은 충족 이유율을 근거로 하여 궁극적인 보편적 법칙에서 만물의 근본적 성질을 연역적으로 설명하는 것을 가리킨다. 그러나 이 궁극적인 보편적 법칙이란 자연과학의 성과를 토대로 하여 성립되는 귀납적 법칙이라는 것을 잊어서는 아니 된다. 그것은 궁극적인 보편적 법칙이기는 하나, 영원불변하는 진리가 아니고, 과학의 발전과 인간의 지능의 발달을 따라서 변하고 발전되는 그 시대시대의 최고 법칙인 것이다.

사실의 기술을 목적으로 하는 기술적 과학에 대하여 사실의 성립 이유와 사실의 근거를 밝히는 설명을 목적으로 하는 과학을 설명적 과학 *Explanatory Science* 이라고 한다. 예를 들면, 물리학·화학 같은 것은 그 대표적인 과학이라고 할 것이다. 단순히 기술에 그치는 것보다 설명에까지 이르는 과학은 과학으로서 발달된 것을 의미하는 것으로서, 설명적 과학은 기술적 과학보다 과학으로서 진보된 것을 의미한다.

Ⅳ. 인과 관계의 확립

관찰과 실험에 의하여 자료를 수집하고, 기술과 설명에 의하여 자료를 정리하고 구성한 후에는, 끝으로 인과 관계를 추구하여야 한다.

1) 인과 관계의 설명

우리는 각종의 특수한 사실을 연락 없이 아는 것으로서 만족할 수 없다. 반드시 사실 상호간의 관계를 연구하여, 사실에 관한 질서 있는 조직적·계통적인 지식을 가지려고 한다. 이렇게 사실 상호간의 관계를 추구하여, 사실간의 연결을 기도하는 것은, 우주의 모든 사실이 인과율의 지배를 받고 있다는 것을 전제로 하는 까닭이다. 그러므로 자연과학이나 정신과학을 막론하고, 현상에서 될 수 있는 대로 보편적인 인과 관계를 발견하려는 것이 과학의 사명인 것이다. 그러나 자연과학과 정신과학의 차이점은, 전자가 협의의 양적 인과율의 발견을 목표로 하는 데 반하여 후자는 광의의 질적 인과율의 발견을 목표로 하는 데 있다. 즉 협의의 인과율이라는 것은 원인과 결과의 결합이 일반적 법칙적인 것을 의미하며, 광의의 인과율이라는 것은 인과의 관계가 필연적으로 1 회만이라도 일어날 때에는 일반성을 결하는 경우에라도 인과 관계가 있는 것으로 보는 것을 의미한다.

인과 관계는 자연의 재일성과 충족 이유율을 전제로 하고 성립된다. 첫째로 동일한 원인은 동일한 조건하에서는 항상 동일한 결과를 가져온다는 자연의 재일성을 전제로 하고 성립된다. 이것은 협의의 양적 인과율을 의미한다. 둘째로 모든 현상은 반드시 무슨 이유가 있어 생기는 것으로서, 우연히 이유 없이 일어나는 현상이라는 것은 절대로 없다고 하는 충족 이유율을 전제로 하고 성립된다. 인과율은 인식의 범주 중 중요한 것의 하나이며, 또한 객관 사실의 관계를 설명하는 중요한 법칙의 하나이다. 그리고 이 인과율의 논리적 근거는 충족 이유율이다.

하나의 원인이 하나의 결과를 초래하는 것은 사실이나, 실제의 사실에 있어서는 그리 간단하지 아니하고, 여러 가지 원인이 결합하여 여러 가지 결과를 초래한다. 존 스튜어트 밀은 이것을 가리켜, 원인의 복합과 결과의 착잡 *Plurality of causes and the intermixture of effects* 이라고 불렀다. 예를 들면, 성냥을 켜서 불을 붙일 때 발화의 원인은 성냥 끝을 성냥갑에 그은 데 있다고 생각하는 것이 보편이나, 그외에 성냥개비와 유황과 산소 등의 존재를 원인으로 들 수 있다. 그러므로 실은 발화의 원인으로 이 모든 사정을 망라하여 들어야 할 것이다. 그러나 보통은 가장 직접적인 원인만을 원인이라고 생각하고 그 밖의 원인은 조건 *Condition* 이라고 하여 원인과 구별한다.

인과의 관계를 확립시키기 위하여 사용하는 방법이 소위 귀납적 방법인데, 귀납적 방법 중에서는 밀이 정한 것이 비교적 자세하므로 그것은 절을 바꾸어 기술코자 한다.

귀납적 방법의 설명에 들어가기 전에 그것이 발견하려고 하는 인과 관계의 법칙 즉 인과율에 대한 현대의 개념을 예비 지식으로 가질 필요가 있다.

2) 인과율에 대한 현대의 개념

인과율이란 궁극의 원리*Ultimate principle*인가, 그렇지 아니하면 원자 세계를 제외하고 우리의 시력으로 볼 수 있는 세계에 응용되는 통계적 규칙성을 말하는 것인가 하는 문제는, 19세기의 물리학으로써는 대답하지 못하였다. 그러나 20세기에 들어와서, 플랑크 Max Planck 의 양자론 *Quantum theory* 을 토대로 하여, 현대의 양자물리학이 발달됨에 따라서, 인과율에 대한 인식을 달리하게 되었다. 즉 개개의 원자 현상은 인과율로 설명할 수 없고, 다만 확률의 법칙 *Probability Law* 으로써만 설명할 수 있다는 것을 알게 되었다. 하이젠베르크는 원자의 운동 관계를 설명하여, 유명한 불확정성의 원리 *Principle of Indeterminacy* 를 세웠다. 원자의 운동은 일정하지 아니하므로, 인과율의 지배를 받지 않는다는 것이다. 이리하여 인과율은 우리의 눈으로 볼 수 있을 만큼 큰 물체의 현상을 설명하는 법칙이고, 원자 세계와 같은 지극히 작은 물체의 세계에는 통용되지 못하는 법칙이라는 것을 알게 되었다. 즉 인과율의 무제한 적용을 불허하게 되어 인과율은 그만큼 제한을 받게 되었다. 다시 말하면, 엄격한 의미의 인과율은 포기되고, 그 대신 확률의 제법칙이 채용되었다. 인과율은 예외가 없는 필연성의 관계 *if-then always relation* 를 말하는 법칙이다. 이때까지는 이 인과율을 어디에나 응용할 수 있는 궁극의 법칙으로 생각했다. 그러나 현대의 양자 물리학의 발달로 인하여 원자 세계에는 인과율이 적용되지 아니하고 확률이 적용됨을 알게 되자, 인과율은 궁극의 원리가 아니고, 제한을 가지는 일반 법칙이라고 생각하게 되었다. 확률의 법칙이란 확률성의 체계 *if-then in a certain percentage relation* 를 말하는 법칙이다. 확률의 법칙은 예외를 포용하는 법칙이다. 그러나 그 예외는 규칙적으로 전체의 경우의 몇 할이라는 통계를 가지게 된다. 현대 논리학은 이러한 관계를 다루기 위하여, 재래의 논리학의 필연적 함축 *implication* 이라는 개념 대신에 확률적 함축 *probability implication* 이라는 개념을 채택하였다. 물리 세계는 인과적 구조를 가지는 것이 아니라, 개연적 구조를 가지므로, 물리 세계의 이해는 확률을 정확하게 만드는데서 가능하다고 생각하게 되었다(Hans Reichenbach, *The Rise of Scientific Philosophy*, University of California Press, 1951, pp. 163~64 참조).

그러나 그렇다고 하여서 인과율은 전혀 소용이 없느냐 하면 절대로 그렇지 아니하다. 그것이 원자 세계에는 적용이 못 된다고 하여도, 우리가 볼 수 있는 물리 현상에는 역시 일반 법칙으로 통용된다. 우리가 살고 있는 실제적 일상 생활의 세계는 눈으로 볼 수 있는 보통의 세계이므로, 인과 관계의 개념을 가지고 생각하는 것이 더욱 편리하다. 대우주 *Macrocosmos* 를 설명하는 데는 아인슈타인의 상대성 원리가 편리하고, 소우주 *Microcosmos* 를 설명하는 데는 확률의 법칙이 편리한 것같이 중우주를 설명하는 데는 인과율이 편리하다.

V. 밀의 귀납적 방법

인과 관계를 밝히는 실험적 탐구의 방법으로, 밀의 귀납법은 널리 사용되는 실험법 *Experimental method* 이다.

밀의 귀납적 방법에는 아래의 다섯 가지가 있다.

(1) 일치법 *The Method of Agreement*

(2) 차이법 *The Method of Difference*

(3) 일치 차이 병용법 *The Joint Method of Agreement and Difference*

(4) 잔여법 *The Method of Residues*
(5) 공변법 *The Method of Concomitant Variations*
이상의 다섯 가지 방법을 차례로 논술하고자 한다.

1) 일치법

일치법은 연구하려는 현상이 존재하는 많은 자료를 수집하여 그 현상의 원인이라고 생각되는 것에서 항상 동일한 결과의 현상이 나타날 때에, 양 현상간에 인과 관계가 있다고 추리하는 방법이다. 즉 원인과 결과의 양 현상을 관찰하여, 양 현상간의 일치점을 발견한 후, 그 양 현상간에 인과 관계가 있다고 보는 방법이다.

밀이 사용한 일치법의 형식을 표시하면 다음과 같다.

ABC …… abc	왼쪽 도식에 있어서 대문자는 전건이
ADE …… ade	고, 소문자는 전건에 따르는 후건이다. a
AMN …… amn	는 연구하려는 현상이다. 그리고 전건과
⋮ ⋮	후건에 있어서 언제나 일치되는 것은 A
∴ A……a	와 a인 것을 알 수 있다. 그러므로 a의
	원인은 A이다.

일치법에 관한 밀의 서술은 다음과 같다.

제 1 준칙 First Canon

연구하려는 현상을 포함한 2개 내지 2개 이상의 실례에 있어서 다만 1개의 사정을 공통으로 하고 있을 때에는, 그 공통으로 하고 있는 사정은 부여된 현상의 원인(또는 결과)이다.

If two or more instances of the phenomenon under investigation have only one circumstance in common the circumstance in which alone all the instances agree, is the cause (*or effect*) *of the given phenomenon.* (J. S. Mill, *A System of Logic,* Longman, p. 255)

예를 들면, 금·은·동·철·얼음·눈〔雪〕, 기타 모든 개체가 액체로 변하는 많은 사실을 비교하여 어느 경우에도 항상 유일의 공통한 사정은 열이 존재하는 것이라는 것을 발견할 때에는, 열이 개체를 용해하는 원인이라고 아는 것 같은 것이다.

일치법은 연구 방법으로서 완전한 방법은 아니다. 이 방법만으로써는 인과 관계가 있다는 암시는 얻을 수 있으나, 인과 관계가 있다고 확정지을 수는 없다. 그러므로 인과 관계의 확정을 위하여 다른 방법의 보조를 필요로 한다.

일치법의 결함으로 중요한 것을 든다면, 다음과 같은 것이다.

(1) 원인이 유일하지 아니하고 복잡한 경우에는 이 방법을 사용할 수 없다. 예를 들면, 열의 현상 같은 것은 마찰·전기·연소 같은 여러 가지 원인으로 인하여 발생되는 것이므로, 일치법을 사용하여서는 그 원인을 발견할 수 없다. 또한 어떤 사람이, 어떤 친구의 집을 자주 찾아가는데, 그 원인이, 우정과 상업과 지식 교환 등 여러 가지 원인으로 찾아간다면, 일치법으로써는 원인이 어디 있는지 찾을 수 없다. 그러므로 복수 원인 *Plurality of Causes* 이 있는 경우에는 다음에 설명할 차이법을 사용하여야 한다.

(2) 일치법에 의하여 확정된 A와 a의 관계는 사실은 인과의 관계가 아니라, 모두 다른 원인의 결과에 불과한 소위 결과의 공존 *Coexistence of Effects* 인 경우가 있다.

예를 들면, 주야의 교대, 춘하추동의 계기는 인과 관계에서 생기는 것이 아니라, 그 원인이 다른 데 있는 것 같은 것이다.

(3) 일치법에 의한 A와 a의 관계는, 실상은 우연의 공존

Accidental Coexistence 인 경우가 있다. 즉 A와 a 사이에는 아무 관계가 없고 다만 우연히 공존하는 경우이다.

예를 들면, 어떤 사람이 어떤 집에 가면 항상 병이 나는 경우이다. 즉 그 집에 갈 때마다 우연히 병이 난 경우인데, 이것은 우연이 일치된 데 불과한 것이다. 우연의 일치의 결함을 피하기 위하여서는 많은 실례를 조사할 필요가 있다.

(4) 일치법에 의하여 A와 a의 인과 관계를 확정하였다고 하여도 사실은 단순히 A와 a의 원인이 아니라, 다른 원인이 결합되어 있는 소위 원인의 결합 *Combination of Causes* 인 경우가 있다.

예를 들면, 흉년은 불경기의 원인이라고 하나, 만일 단순히 그러하다면, 미곡을 다른 데서 운반하여옴으로써 불경기를 면할 수 있어야 할 것이다. 그러나 실상은 그 이외에 흉년에 관련된 다른 많은 원인이 결합되어 있음으로써 그렇게 단순하게 해결되지 아니하는 것 같은 경우이다.

상술한 바와 같이 일치법에는 단점이 적지 않음에도 불구하고 많이 사용되는 것은, 일치한 점에는 주의하기가 용이한 까닭이다. 그러므로 이 방법은 연구의 출발점으로서 중요하다. 일치법에 의하여 대체로 인과 관계의 암시를 얻은 후에 다시금 다른 방법의 원조를 얻어 연구한다면 진정한 인과 관계를 확정지을 수 있을 것이다.

일치법을 사용하여 인과 관계가 있을 것으로 인정하려면, 다음의 4가지 조건이 구비되어야 한다.

(1) 모든 경우에 있어서 A는 a이어야 한다.

(2) 모든 경우에 있어서 A와 a 이외에 다른 것, 즉 BC와 bc, DE와 de 같은 다른 경우가 동시에 발생하는 것은 상관없다.

(3) A와 a만이 모든 경우에 있어서 일어나는 유일의 사실이

어야 한다.

(4) A의 경우에는 a의 현상만 일어나야 하고, a와 유사한 현상이나 혹은 반대되는 현상이 일어나서는 아니 된다.

일치법은 실험법이 아니라 관찰법의 주요한 방법이므로, 연구에 있어서 착수점을 제공하는 것이나, 우리의 일상 생활에 있어서는 대체의 관계를 아는 것도 필요한 경우가 많으므로 많이 사용되는 방법이다.

2) 차이법

차이법이라는 것은 어떤 현상에 있어서 다른 사정은 변경하지 아니하고, 다만 어떤 것의 원인이라고 생각되는 것만을 제거할 때에, 그 결과라고 생각되는 것도 따라서 소멸될 때, 그 양자간에 인과 관계가 있다고 보는 방법이다. 또는 원인이나 결과라고 생각되는 것이 존재하지 아니하는 현상을 취하여 다른 모든 사정을 변경하지 아니하고, 원인이라고 생각되는 것을, 그 현상에 가할 때에, 그 결과라고 생각되는 것이 생길 때에는, 양자간에 인과 관계가 있다고 보는 방법이다.

차이법에 대한 밀의 준칙은 다음과 같다.

제 2 준칙 Second Canon

연구하려는 현상이 존재하는 사실과, 그 현상이 존재하지 아니하는 사실이, 전자에만 일어나는 하나의 사정을 제외하고는, 모든 사정에 있어서 공통될 때에, 양 사실에 있어서만 다른 여러 사정은, 그 현상의 결과이든가, 또는 원인이든가, 또는 원인으로서 필요한 일부분이다.

If an instance in which the phenomenon under investigation occurs, and an instance in which it does not occur, have every circumstance in common save one, that one oc-

*curring in the former; the circumstances in which alone
the two instances differ, is the effect, or the cause, or an
indispensable part of the cause, of the phenomenon.* (*ibid.*,
p. 256)

차이점의 형식을 기호로 표시하면 다음과 같다.

ABC……abc   왼쪽의 표는, a의 원인이라고 생각되는
 BC…… bc   A를 ABC에서 제거하니까, abc에서 a가
∴A………a   소멸된 것을 표시한 것이다.

예를 들면, 공기를 가득차게 한 유리병 속에서 방울을 흔들면 소리가 들리나, 공기를 유리병 속에서 빼내면 소리가 들리지 아니할 때, 그 두 사실에 있어서 서로 다른 것은 공기가 있고 없는 것이므로, 공기가 음의 전파의 조건이라는 것을 아는 것 같은 것이다.

차이법의 난점은 대개 다음과 같은 것이다.

(1) 차이법에 있어서 곤란한 점은 비교되는 양 사실이 다만 하나의 사정만 변화되고, 다른 모든 사정은 완전히 동일하여야 하는 것인데 실제에 있어서는 그러한 경우가 희귀하므로 종종 그릇된 인과 관계를 생각할 때가 많다.

예를 들면, 환자가 특별한 약을 복용하여 그 병이 완쾌되었을 때에 차이법에 의하여, 완쾌의 원인을 복약에 있었다고 볼 것이나, 실상은 정신적 위안이라든가, 영양의 개선 등이 그 원인이 되는 경우도 많은 것 같은 것이다.

(2) 원인이라고 생각되는 것을 제거할 수 없는 경우에는 이 방법을 적용할 수 없다.

예를 들면, 수평면상에서 움직이는 공은 수평면의 저항이 없을 때에는 영구히 움직인다고 하는 것은 관성의 원리인데, 이것을 증명하기 위하여 차이법을 사용한다는 것은 불가능하다. 그것은 저항 즉 마찰을 제거하고 실험할 수가 사실상 불가능한 까닭이다.

(3) 차이법에 의한 A와 a의 관계는 우연의 공존인 경우가 있다.

예를 들면, 어떤 비료를 주어 수확이 양호한 경우에 사실은 기후, 우량, 기타의 관계로 수확이 양호한 경우도 있다. 이 난점을 피하기 위하여서는 많은 사실을 조사할 필요가 있다.

(4) 차이법에 있어서도 원인의 결합으로 인과 관계를 잘못 결정하는 수가 많다.

예를 들면, a는 다만 A의 결과도 다만 B의 결과도 아니고, 사실은 AB의 결합이 원인인 경우와 같은 것이다. 이 경우에 있어 A는 a의 원인의 일부이고, 원인의 전부가 아니다.

(5) 자연은 반복되는 현상을 제공하는 수는 많으나, 하나의 사정만을 달리하는 두 개의 유사 현상을 제공하는 경우는 희소하다. 그러므로 차이법은 일치법에 비하여 적용의 범위가 좁은 폐단이 있다.

이상과 같은 난점이 있음에도 불구하고 이 방법을 많이 사용하는 것은 다음과 같은 장점이 있음으로써이다.

(1) 직접으로 원인을 확인할 수 있다.

현상의 계기 원인을 알려면 일치법으로 충분하나, 그 인과 관계를 확인하려면 원인을 일으키어 과연 그 결과가 나타나는가 조사하는 것이 필요한데, 이것은 차이법에 의하여 가능하다.

(2) 차이법은 사례가 두 개이면 된다. 일치법에서는 사례가 많을수록 좋으나, 차이법에서는 사례가 많은 것이 반드시 필요

하지 아니하므로, 그 점에 있어서 또한 일치법보다 낫다.

(3) 일치법의 결점인 우연의 공존을 제거하려면, 이 방법을 사용하는 것이 좋다.

예를 들면, 밤에 과식하고 잘 때에는 나쁜 꿈을 꾸는 것같이 생각이 되거든 과식을 중지하여보면 된다. 만일 그리하여도 나쁜 꿈을 꿀 때에는 밤의 과식과 나쁜 꿈과는 인과 관계가 없는 것이다.

(4) 일치법으로써는 불가능한 원인의 결합을 확인할 수 있다.

예를 들면, 우유와 사과를 함께 먹었을 때에 배탈이 났다고 가정하자. 이런 경우에 원인을 확인하기 위하여 먼저 우유만을 먹어본다. 그리하여 배탈이 없을 때에는, 사과가 원인의 일부라는 것을 알게 될 것이다. 그리고 사과만을 또 먹어본다. 그리하여 배탈이 없을 때에는 우유가 원인의 일부라는 것을 알게 될 것이다. 그리하여 결국 배탈의 원인은 우유와 사과 중의 어느 하나가 아니라, 두 가지를 함께 먹는 데 원인이 있었다는 것을 알게 되는 것 같은 것이다.

상술한 장점 이외에, 차이법은 실험법이므로 이미 서술한 실험의 장점을 가지고 있다.

대체로 차이법은 일치법에 의하여 암시된 인과 관계를 실험으로 확정하려는 경우에 가장 적당한 방법이다.

3) 일치 차이 병용법

차이법에 있어서는, 하나의 사정만을 제외하고 그외는 아주 동일한 두 개의 사실을 만드는 것이 필요하다. 그러나 사실에 있어서는 많은 사정이 불가분리적으로 결합되어, 차이가 나 하나의 사정만을 빼어내기가 불가능하거나 또는 곤란한 경우가 많다. 환언하면, 차이법을 사용할 수가 없거나, 또는 곤란한 경우가 많다. 그런 경우에는 이 일치 차이 병용법을 이용하는 것이 편리하다.

차이법에서는 원인이라고 생각되는 것의 유무의 사정을 제외하고 그외의 사정은 동일한 두 개의 사실을 취할 필요가 있으나, 일치 차이 병용법에서는 원인이 있는 사실과 없는 사실이 인과 관계가 있다고 생각되는 점 이외의 모든 점에 대하여서는 차이법에서와 같이 반드시 동일하여야 할 필요가 없다.

그 대신 두 개의 사실만을 취할 것이 아니라, 많은 사실을 취재하여, 한편으로는 원인이 있다고 보이는 사실을 많이 수집하고, 또 한편으로는 원인이라고 생각되는 것이 포함되지 아니한 사실을 많이 수집하여 양 사실을 비교하여 원인과 결과의 관계를 정하여야 한다. 즉 어떤 현상이 나타나는 여러 사실이 공통의 하나의 사실을 가지고 있는 점에서 일치되고, 또 어떤 현상이, 나타나지 아니하는 여러 사실이 공통한 하나의 사실을 가지고 있지 아니한 점에서 일치되는 경우에는, 나타나는 어떤 현상과 그 실정간에는 인과 관계가 있다고 보는 것이다. 이것을 기호로 표시하면 다음과 같다.

$$
\begin{array}{c}
\mathrm{I} \begin{cases} \mathrm{ABC}\cdots\cdots\ \mathrm{abc} \\ \mathrm{ADE}\cdots\cdots\mathrm{ade} \\ \mathrm{AFG}\cdots\cdots\mathrm{afg} \end{cases} \\
\vdots \qquad\qquad \vdots \\
\mathrm{II} \begin{cases} \mathrm{PQ}\cdots\cdots\cdots\ \mathrm{pq} \\ \mathrm{RS}\cdots\cdots\cdots\ \mathrm{rs} \\ \mathrm{TV}\cdots\cdots\cdots\ \mathrm{tv} \end{cases} \\
\overline{\phantom{\mathrm{TV}\cdots\cdots\cdots\ \mathrm{tv}}} \\
\vdots \qquad\quad \vdots \\
\therefore\ \mathrm{A}\ \cdots\cdots\cdots\ \mathrm{a}
\end{array}
$$

I 의 경우는 원인 A와 결과 a가 존재하는 경우이고, II 의 경우는 원인 A가 없으므로 결과 a가 존재하지 아니하는 경우이다. I 의 경우와 II 의 경우를 비교하여봄으로써 A는 a의 원인이라는 것을 알 수 있다.

일치 차이 병용법에 관한 밀의 준칙은 다음과 같다.

제 3 준칙 Third Canon

어떤 현상이 존재하는 다수의 경우가 다만 어떤 한 개의 사정을 공통으로 소유하고, 그리고 그 현상이 존재하지 아니하는 다수의 경우가 그 한 개의 사정을 공통으로 소유하지 아니하는 것 외에 하등의 공통점이 없는 경우에는, 두 경우에 있어서 다른 사정은 그 현상의 결과, 원인, 또는 원인으로 필요한 일부분이다.

If two or more instances in which the phenomenon occurs have only one circumstance in common, while two or more instances in which it does not occur have nothing in common save the absence of that circumstance; the circumstance in which alone the two sets of instances differ, is the effect, or the cause, or an indispensable part of the cause, of the phenomenon. (ibid., p. 259)

예를 들면, 존 러복 John Lubbock(1834~1913)의 곤충의 후관에 대한 실험은 이 방법을 사용하여 실험한 것이다. 그는 개미를 실로 매달아놓고 정지하기를 기다려 먼저 음차를 그 촉각에 접근시켰더니, 아무 반응이 없었다. 다음에 아(鵝)펜을 천천히 촉각에 거의 닿을 만큼 접근시켰더니, 역시 아무 반응이 없었다. 그런데 그 다음에 펜을 사향액에 담갔다가 같은 시험을 하였더니, 촉각은 반응이 있어 점점 뒤로 물러났다가 다시금 돌아왔다. 그는 다른 촉각에 대하여도 이렇게 시험하고, 또한 여러 종류의 개미에 대하여 여러 가지 물건을 가지고 시험한 결과 같은 결과를 얻었으므로, 촉각은 후각의 작용을 한다는 것을 발견하였다. 이 실험에 있어서 여러 가지 물건은, 다만 사향의 향기를 가졌던 것 외에는 하등의 공통점이 없었다.

이 일치 차이 병용법은 일치법에 비하여 비교적 완전한 방법으로서 차이법을 사용할 수 없는 경우에 사용하여 차이법의 결

점을 피할 수 있다. 또한 이 방법은 일치법으로 할 수 없는 원
인의 복수를 알 수 있는 장점을 가지고 있다. 그러므로 이 방법
을 사용할 때에는 일치법이나 차이법만으로써는 얻을 수 없는
거의 만족한 결과를 얻을 수 있다.

4) 잔여법

잔여법이라는 것은, 복잡한 현상에서 귀납법에 의하여 이미
알고 있는 전건과 후건의 관계를 제거하고, 그 남은 현상의 전
건과 후건간에 인과 관계가 있다고 보는 방법이다.

잔여법에 대한 밀의 준칙은 다음과 같다.

제 4 준칙 Fourth Canon

어떤 현상에서든지 귀납법에 의하여 어떤 전건의 결과라고 이미 알
게 된 부분을 제거하라. 그리고 남은 현상은 잔여의 전건의 결과이다.

*Subduct from any phenomenon such part as is known by
previous inductions to be the effect of certain antecedents,
and the residue of the phenomenon is the effect of the re-
maining antecedents.* (*ibid.*, p. 260)

이것을 기호로 표시하면 다음과 같다.

ABC……abc 　　왼쪽의 도표는 ABC의 현상에서의 abc의
　B……… b 　　현상이 일어날 때에, 만일 무슨 방법으로써
　C……… c 　　B가 b를 일으키고, C는 c를 일으키는 것을
∴ A……… a 　　알 수 있다면, 그것을 제외함으로써 a는 A
　　　　　　　로 인하여 일어나는 현상이라는 것을 알 수
　　　　　　　있게 된다는 것을 표시한 것이다.

예를 들면, 천문학상 해왕성을 발견한 것은 이 잔여법의 응용의 결과이었었다. 해왕성은 르 브리에 Le Verrier 와 애덤스 Adams 의 양 천문학자의 연구로 발견된 것인데, 그들은 수학적으로 천왕성의 운동을 계산하여보니, 실제의 궤도와 일치되지 아니하므로, 혹은 천왕성 외에 다른 별이 존재하므로 이러한 상위가 생기는 것이나 아닐까 하고 상상하여, 수리(數理)로써 그 상상한 별의 위치를 추측하여두었었는데, 과연 후에 베를린 대학 교수 갈레 Galle 에 의하여 예측하였던 위치에서 해왕성을 발견하였다.

또한 간단한 예를 들면, 그릇과 물건의 중량을 함께 저울에 단 후에, 그릇의 중량을 달아서 전체의 중량에서 제거함으로써, 물건의 중량을 아는 것 같은 것이다.

잔여법의 결점은, 인과 관계를 확정하기 위하여 다른 방법의 보조를 필요로 하는 것이다. 잔여법에 의하여 A와 a와의 관계를 추리할 수 있다고 할지라도 그것이 참으로 인과 관계를 가졌는지 확정하려면, A의 현상을 일으켜서 b의 현상이 따르는지 실험을 할 필요가 있다.

잔여법은 이상과 같은 결점이 있으나, 또한 다음과 같은 장점을 가지고 있다.

(1) 이 방법은 새로운 자연의 법칙을 발견하는 데 유리한 방법이다. 기지의 법칙을 가지고 현상의 결과를 전부 설명할 수 없을 때에, 안 것을 제외하고 남은 것의 원인을 탐구하게 되는데, 그 결과 예기하지 아니한 중요한 발견을 하는 수가 많다.

(2) 잔여법은 양적 결정에 있어서 유효한 방법이다. 예를 들면, 체중을 달아보는데 옷 입은 채로 달아서, 50kg 일 때에, 옷의 중량을 따로 알게 되면, 잔여법에 의하여 체중을 알 수 있는 것 같은 것이다.

5) 공변법

공변법(共變法)이라는 것은 한 현상이 변화하는 데 따라서 다른 현상이 항상 변화할 때에 그 양자간에 인과 관계가 있다고 보는 방법이다.

공변법에 대한 밀의 준칙은 다음과 같다.

제 5 준칙 Fifth Canon

어떤 현상을 막론하고 어떤 현상이 특수한 방법으로 변화하는 데 따라서 같이 변화할 때에는 그 현상은 어떤 현상의 원인이나, 결과이든가, 또는 어떤 원인을 매개로 하여 그 어떤 현상과 관련되어 있다.

Whatever phenomenon varies in any manner, whenever another phenomenon varies in some particular manner, is either a cause or an effect of that phenomenon, or is connected with it through some fact of causation. (*ibid.*, p. 263).

이것을 기호로 설명하면 다음과 같다.

```
ABC ……abc        A와 A′와 A″는, A가 변화한 것을 표
A′BC……a′bc   시한 것이고, a와 a′와 a″는 A가 변함에
A″BC……a″bc   따라 a가 변한 것을 표시한 것이다.
  ⋮      ⋮
∴ A………a
```

예를 들면, 한란계의 수은이 온도가 높아감을 따라 올라가고, 온도가 내려감을 따라 내려감을 보고, 온도의 고저와 수은의 승강간에 인과 관계가 있다고 보는 것 같은 것이다.

공변법은 주로 차이법을 사용할 수 없는 경우에 사용한다. 즉 원인이라고 생각되는 것을 어떤 현상에서 제거하기가 전혀 불가능한 경우 같은 때이다. 또한 이 방법은 차이법을 사용한 후에 양적 관계를 측정하기 위하여도 사용한다. 즉 차이법에 의하여 인과 관계를 안 후에, 원인에 있어서 어느 정도의 변화가 있으면 결과에 있어서 어느 정도의 변화가 있는지 그 양적 관계의 측정을 위하여 이 공변법을 사용한다.

모든 과학적 연구는, 단지 인과 관계를 확정하는 것으로써는 불충분하다. 그 인과 관계의 양적 관계가 정밀히 결정됨으로써 충분한 상태에 달한 것이라고 볼 수 있다. 그러므로 양적 관계를 측정하기 위하여 공변법을 많이 사용한다.

그러나 공변법만으로써는 양 현상간의 상호 관계는 추측할 수 있을지라도 과연 인과 관계가 있는지 없는지 확정지을 수가 없다. 밀이 말한 바와 같이, 어떤 다른 인과의 사실에 의하여, 다만 양 현상이 결합되어 있는지도 알 수 없다. 그러므로 언제나 차이법의 보조를 빌려서 한 현상에다가 변화를 일으켜가지고, 그것이 다른 현상에도 변화가 일어나는지 확인할 필요가 있다. 공변법만으로써는 인과 관계를 확정할 수 없는 것이 그 단점이다.

일반적으로 공변법의 장점을 들면 다음과 같은 것이다.

(1) 차이법의 결점을 제외할 수 있다. 즉 어떤 현상에서 원인이라고 생각되는 것만을 제외할 수 없는 경우에, 차이법 대신에 공변법을 사용할 수 있다.

(2) 일치법으로 피할 수 없는 원인의 복수로 일어나는 인과 관계의 오인을 이 방법으로써는 어느 정도까지 피할 수 있다.

(3) 공변법은 양적 관계를 측정할 수 있는 점에서 일치법이나 차이법보다 한층 진보된 연구 방법이다. 차이법에 의하여 알게 된 인과 관계를 더욱 정밀히 측정하기 위하여 이 방법을 사

용할 때가 많다.

VI. 힙벤이 사용한 기호의 표시

상술한 밀의 다섯 가지 귀납적 방법을 힙벤 Hibben 이 사용한 기호로 표시하면 다음과 같다.

$$
\begin{array}{l}
S + C \cdots\cdots s+e \\
S' + C \cdots\cdots s'+e \\
\underline{S'' + C \cdots\cdots s''+e} \\
\quad \therefore\ C \cdots\cdots\cdots e
\end{array}
$$
(일치법)

$$
\begin{array}{l}
S+C \cdots\cdots s+e \\
S \cdots\cdots\cdots\cdots s \\
\qquad \text{또는} \\
S \cdots\cdots\cdots\cdots s \\
\underline{S+C \cdots\cdots s+e} \\
\quad \therefore\ C \cdots\cdots e
\end{array}
$$
(차이법)

$$
\text{I}\ \begin{cases}
S_1 + C \cdots\cdots s_1+e \\
S_2 + C \cdots\cdots s_2+e \\
S_3 + C \cdots\cdots s_3+e \\
S_4 + C \cdots\cdots s_4+e
\end{cases}
$$
$$\cdots\cdots$$
$$
\text{II}\ \begin{cases}
S_1 \cdots\cdots s_1 \\
S_2 \cdots\cdots s_2 \\
S_3 \cdots\cdots s_3 \\
S_4 \cdots\cdots s_4
\end{cases}
$$
$$\overline{\quad \therefore\ C \cdots\cdots e \quad}$$
(일치차이병용법)

잔　S＋C⋯⋯s＋e
여　<u>S⋯⋯⋯⋯⋯s</u>
법　∴ C⋯⋯⋯e

　　S＋C⋯⋯s＋e
공　S＋C±DC⋯⋯s＋e±de
변　　　　　또는
법　S＋C⋯⋯s＋e
　　<u>S＋C±DC⋯⋯s＋e±de</u>
　　∴ C⋯⋯⋯e

3. 연역적 방법

　연역적 방법이라는 것은 확실한 근본적 원리에서 출발하여, 진정한 세분적인 진리에 도달하려는 방법이다. 어떠한 전제하에서 그 결론을 끌어내는 방법으로, 발견법으로서의 연역적 방법과 통정법으로서의 연역적 방법의 두 가지가 있다.

I. 발견적 연역법

　현상이 복잡할 때, 즉 여러 가지 원인이 합성하여 어떤 한 결과를 일으키는 경우에는 귀납적 방법으로는 충분한 해결을 얻을 수 없다. 그러한 경우에는 연역법을 사용하여야 한다.

　여러 가지 원인이 집합하여 어떤 결합을 일으키는 복잡한 현상을 설명하려면, 먼저 그 현상을 일으키는 여러 가지 인과의 법칙을 연구하여, 그것의 합성으로 어떠한 법칙이 생길 것인가를 연역적으로 추리하여야 한다.

그뿐 아니라, 무엇을 연구하려면 실험에 착수하기 전에 먼저 어떠한 가설을 세워 어떠한 조건하에는 어떻게 되리라는 추리를 하여가지고 연구를 시작하는 것이 보통이다. 어떤 원칙하에서는 어떤 결과를 얻으리라고 추리하는 것은 연역적 추리이다. 이러한 연역적 추리를 토대로 하여가지고, 그것이 사실 그렇게 되는지 실험하게 된다. 실험한 결과 그것이 연역적 추리와 부합될 때 그 연역적 추리는 진리라고 부르게 된다. 연역법은 이와 같이 발견이나 발명에 있어서 연구를 착수시키고 지도하는 소임을 한다. 연역적 방법에 의하여 대략의 예측을 한 후에 구체적 연구에 착수하게 된다.

여러 가지 원인이 집합하여 어떤 결과를 일으키는 복잡한 현상을 설명하기 위하여 이 방법을 사용하려면, 다음과 같은 과정을 밟아야 한다.

(1) 먼저 추리의 기초 자료가 될 개개의 원인이 어떠한 결과를 일으키는지 알아야 한다. 이것을 확정하기 위하여서는 귀납법을 이용하여야 한다.

(2) 다음에는 이미 확정된 개개의 인과 법칙을 가지고, 그것을 합하면 어떠한 결과가 생길는지 추리하여야 한다. 개개의 인과 관계를 합한 대전제하에서 어떤 결과가 나타날 것이라는 것을 연역적으로 추리하여야 한다.

예를 들면, 병의 증세와 사람의 신체 조직과 약의 성질 등을 안 후에 그것을 기초로 하여, 그 약을 사용하면 어떤 결과가 생기리라는 것을 추리하는 것 같은 것이다.

(3) 마지막으로 그것을 증험(證驗)하여야 한다. 수학적 추리로써는 연역적 진리를 아는 데는 충분하나, 경험과학적 진리를 아는 데는 그것만으로써는 불충분하다. 항상 연역적 추리의 결과를 경험으로써 증명하여야 한다. 그리하여 경험에 합치될 때

그 추리는 확실한 것이 된다. 그리고 경험과 합치되지 아니하는 경우에는 그 합치되지 아니하는 이유를 다시금 구명하여야 한다.

Ⅱ. 통정적 연역법

수학의 공리나 논리학의 기본 원리를 기초로 하여, 그것에서 특수한 명제를 끌어내는 것을, 발견적 연역법과 구분하기 위하여 통정적 연역법이라고 한다. 발견적 연역법은 경험과학의 발견과 발명을 목적으로 하는 방법이나, 통정적(統整的) 연역법은 수학과 논리학 같은 순수과학의 명제를 끌어내기 위하여 사용하는 방법이다. 통정적 연역법으로써 끌어낸 추리는 경험을 통하여 증명할 필요가 없다. 예를 들면, '갑은 을보다 연령이 많고, 을은 병보다 연령이 많으면, 갑은 병보다 연령이 많다' 이러한 추리는 경험을 통하여 증명할 필요도 없이 자명하다. 또한 만에다 만을 더하면 2만이라는 것은 어떤 실제의 물건을 세워 증명할 필요도 없이 자명하다.

통정적 연역법에 의하여 특수한 명제를 인도하는 데는 공리에서 추리의 규칙을 따라 추리하면 된다. 감각적 경험을 필요로 하지 아니하고, 직관에 의하여 파악된다. 수학과 기호논리학의 문제를 증명하는 데는 이 방법을 사용한다. 통정적 연역법은 감각적 대상을 떠나서, 순수한 추리로써 공리에 의하여 명제를 끌어내고, 또한 증명하는 방법이다. 이 방법이 과학 연구에 있어서 필요한 것은 수학이 과학 연구에 있어서 얼마나 필요한 것인가를 생각하면 유추할 수 있을 것이다.

Ⅲ. 연역적 방법과 귀납적 방법

연역적 방법과 귀납적 방법은 연구 방법으로서 서로 배척하는 것이 아니라, 서로 보조하는 데서 많은 효과를 나타낼 수 있다. 연역적 추리와 귀납적 추리가 다르듯이, 그것을 각각 토대로 한 연역적 방법과 귀납적 방법도 서로 다르다.

첫째로, 연역적 방법은 보편적 법칙이나 공리 같은 일반적 진리에서 결론을 끌어내는 방법이다. 따라서 전제는 언제나 일반적이고, 명확한 것이어야 한다. 결론의 가치는 이미 전제에 의하여 규정된다. 결론의 진위는 전제에서 추리를 잘하고 못한 데서 결정된다. 따라서 전제가 언제나 명확한 것이어야 한다.

그러나 귀납적 방법에 있어서는 결론의 진위는 전제의 사실을 조사하는 데서 결정된다. 귀납적 방법의 전제는 일반적 법칙이나 공리가 아니라, 경험적인 개개의 사실이다. 개개의 전제가 부적당하거나 잘못된 것이면, 거기에서 얻은 결론은 진일 수 없을 것은 물론이다.

둘째로, 연역적 방법의 결론은 전제와 부합되면 가치가 있는 것이다. 결론이 잘못된 것이면 전제와 모순이 된다. 연역적 방법에 있어서는 전제와 결론이 필연적 관계를 가지고 있다. 결론의 가치는 전제에서 필연적으로 추리된 것이냐 아니냐에 달렸다. 그러나 귀납적 방법에서 얻은 결론은 전제와 결론의 논리적 관계가 맞을 뿐 아니라, 그 결론이 사실과 부합되어야 한다. 귀납적 방법으로 끌어낸 결론은 사실에 의하여서만 그 정당성을 얻을 수 있다. 예를 들면, 어떤 집단에 있는 사람을 그 대표적인 사람으로 조사하여, 모두 연령이 20세 이상인 것을 보고, 이 집단의 모든 사람은 20세 이상이라는 결론을 내렸을 때에, 그 진위는 그 집단의 모든 사람의 연령을 일일이 조사하여보는 데 있는 것 같은 것이다. 만일 그 중의 한 사람이라도, 20세 미만의 연령자가 있다면 그 결론은 잘못된 결론이다. 귀납적 방법으로 얻은 결론은 언제나 개괄적이요, 개연성을 가지고 있는 것으로서, 더욱 정확한 연구에 의하여 정정될 가능성을 가지고 있다.

　연역적 방법과 귀납적 방법은 이와 같이 각각 독특한 기능을 가지고 있어 서로 다르다. 그러나 양 방법은 서로 배척하는 것이 아니고, 상대방의 보조를 얻어 연구를 완성시킬 수 있다. 연역적 방법은 보편적 법칙에서 출발하므로, 사실의 법칙을 제공하는 귀납적 방법의 보조를 받아야 하며, 또한 귀납적 방법은 그 얻은 진리를 증험하여야 하므로 그 결론을 전제로 한 연역적 추리에 의하여 특수한 경우에 적용시켜 그것이 과연 개개의 사실에 적합되는지 검사하여야 한다.

　이와 같이 연역적 방법과 귀납적 방법은 상반되는 것이 아니라, 상보되는 것이므로, 양 방법을 잘 결합하여, 연구 대상에 따라서 적당하게 사용할 필요가 있다. 양 방법은 각각 특성이 있는 방법이므로, 그 특성을 살리어 연구에 적당하게 병용하도록 하여야 할 것이다.

4. 통계적 방법

I. 통계 연구 서론

사물을 양적으로 개괄함에 있어서, 그 양적 개괄이 비교적 정밀하고, 계통적인 것을 통계라고 한다. 통계적 방법이란 양적 현상을 조직적으로 기술하고 설명하여 통계를 냄으로써 양적 현상을 개괄하는 방법이다.

대다수의 자연과학의 법칙은 확률 법칙이다. 확률에는 사건의 확률과 가설의 확률의 두 가지가 있다. 사건의 확률이란, 언제나 분량을 가지는 수에 의하여 나타내는 통계적 확률을 의미한다. 이에 반하여, 가설(5. 가설적 방법에서 논함)의 확률이란, 수학적 통계적 확률이 아니라, 타당성 *Acceptability*, 혹은 신뢰성 *Credibility* 을 의미한다. 이 장에서는 전자의 통계적 확률을 다루는 통계적 방법을 논하려 한다.

통계적 방법은 과학 연구법으로서 대단히 중요한 방법이다. 특히 현대에 와서, 이 방법은 교육·심리·사회·경제 등 각 방면의 현상을 연구하는 데 있어, 필수적 연구 방법이 되었다. 통계적 방법은 통계를 내어, 양적으로 개괄하여, 확률을 발견하는 것인데, 확률이라는 것이 사회 생활에 있어 필연성에 못하지 않게 중요하다는 것을 알게 되자, 이 방법을 사용하여 연구하는 경향이 강하게 되었다.

통계적 방법은 정밀한 인과 법칙이 발견되기까지, 그 준비, 또는 대용으로 사용된다. 개연적으로 현상을 이해하는 것은, 법칙을 아는 것만 같지 못하나, 법칙이라는 것은 확률이 더욱 많다는 것을 의미하는 데 불과하므로, 개연적으로 이해하는 통계적 방법은, 지금에 와서는 인과 법칙을 발견하는 준비나 대용

이상의 독자적 지위를 점령하고 있다. 어떤 집단이나 복잡한 현상을 분석하고 정돈하여 같고 다른 점을 일목요연하게 하는 데는 자연히 통계적 방법을 사용하게 된다. 그리고 실험이 불가능한 수적 현상에 대하여, 이 방법을 사용함으로써 많은 효과를 나타내고 있다. 그러므로 각 방면의 현상의 연구를 위하여 이 방법을 많이 사용하고 있다.

예를 들면, 인구 조사나, 또는 우리의 출산율과 사망률을 연구하거나, 측후소에서 일기의 청운과 기온의 고저 같은 것을 연구하는 데는 모두 이 방법을 사용한다.

통계적 연구로서는 인과 관계를 충분히 설명하지 못한다고 할지라도, 인과 관계의 존재를 암시하여 경험적 법칙을 발견할 수 있다. 경험적 법칙이라는 것은 경험적으로 인과 관계의 존재는 알지라도 보편적 법칙에 의하여 증명되지 못하는 법칙을 의미한다. 그러나 최근에 와서 인과 관계라는 것이, 양자 현상에 있어서 부정되고, 확률을 토대로 한 부정(不定) 관계라는 것이 시인됨에 따라 인과율도 한 확실성이 많은 경험적 법칙에 불과하다고 생각하게 되었다.

통계적 연구의 실제적 효과를 열거하면 대개 다음과 같은 것이다.

(1) 통계적 연구는 복잡한 현상을 광범위로 이해하기 쉽게 하는 데 필요하다. 예를 들면, 사회의 성질을 이해하기 위하여 남녀의 출생률, 사망률, 결혼율 같은 것을 통계적으로 연구하는 것 같은 것이다.

(2) 현상간에 서로 존재하는 양적 일치 또는 병행의 관계를 표시하여 현상간에 서로 존재하는 인과 관계를 암시하는 데 필요하다.

예를 들면, 쌀값과 출생률이 서로 반비례되는 통계적 현상을 나타냄으로써, 양자간에 무슨 생리적 또는 심리적 법칙이 존재함을 암시하는 것 같은 것이다.

(3) 어떤 현상의 장래에 대하여 개연적 판단을 내려, 그 현상의 장래를 예측할 수 있다.

예를 들면, 과거의 사망률 또는 출생률의 통계적 연구로써, 미래의 사망률과 출생률에 대한 개연적 판단을 내리어, 대개 어떠하리라는 예측을 내릴 수 있는 것 같은 것이다.

II. 중수 발견법

통계적 연구는 양적 방법에 중점을 두는 것이므로, 통계를 비교하는 데는 각 통계를 공통된 단위로 환원하여야 한다. 통계에 나타난 사실을 공통된 단위로 환원시키는 데는 통계 계열에 있어서 중앙에 위치하는 수, 즉 중수 *The median* 를 구하여야 한다. 이렇게 중수를 발견하여 통계의 평균을 내는 목적은, 다른 통계와 비교하는 데 필요할 뿐 아니라, 또한 그 통계 현상에 있어서 공통된 요소를 알 수 있고, 그리고 그 통계 현상의 특징을 알 수 있는 까닭이다. 그러므로 중수를 발견하는 것은 통계에 있어서 중요하다.

이 중수를 구하는 방법에는 다음과 같은 여러 방법이 있다.

1) 산술 평균법
(1) 단순 산술 평균법 The Arithmetic Mean
이것은 그 항목의 수로써 전총액을 제하면 된다.

$$M a = \frac{m_1 + m_2 + m_3 \cdots\cdots + m_n}{n} = \frac{\Sigma m}{n}$$

a, b, c 등의 수가 있을 때에 그 중수는 $\dfrac{1}{n}(a+b+c\cdots\cdots)$ 의 공식으로써 발견된다.

예를 들면, 어떤 학생이 일주일 동안 읽은 책의 페이지 수가 다음과 같다고 하자.

월	화	수	목	금	토	일
50	30	40	60	50	50	70

$$\frac{50+30+40+60+50+50+70}{7} = \frac{350}{7} = 50$$

이에 대한 산술 평균은 위와 같다. 즉 이 학생은 매일 평균 50페이지를 읽은 셈이다.

이 방법의 결점은 그 평균이 모든 항목에다가 중점을 두기 때문에, 극단의 항목이 존재할 때에는 그 평균이 정확하지 못한 결점이 있다. 가령, 갑반과 을반의 학생의 성적이 다음과 같다고 하자.

〈갑 반〉			〈을 반〉		
점수	명수	계	점수	명수	계
60	20	1,200	62	42	2,604
61	20	1,220	63	2	126
90	2	180			
100	2	200			
누계	44	2,800		44	2,730
평균		63.6			62

위 표의 평균 점수를 볼 때에 갑반의 평균 점수가 을반보다 나으나, 갑반의 40명 학생이 을반의 어느 학생보다도 성적이 나쁘다. 즉 갑반의 대다수가 을반의 어느 학생보다도 성적이 나쁜데도 불구하고 갑반이 을반보다 낫다는 결론이 나왔다. 갑반의 평균 성적이 높아진 것은 90점과 100점이라는 극단의 항목이 나온 까닭이다. 그러므로 극단의 항목이 있을 때에는 이 방법을 피하는 것이 좋을 것이다.

(2) 평량 평균법 The Weighted Mean

평량 평균법은 그 본질상 단순 산술 평균과 다름이 없으나, 다만 그 계산의 수속을 다르게 한다. 즉 각 원수를 더하기 전에, 그 계수(係數)를 곱하여, 더한 전총액을 계수로 나눈다.

$$\frac{m_1w_1+m_2w_2\cdots\cdots+m_nw_n}{w_1+w_2\cdots\cdots+w_n}$$

예를 들면, a의 임금을 받는 자가 5인이고 b의 임금을 받는 자가 10인이 있을 때의 평량 평균은 $\frac{5a+10b}{5+10}$ 의 공식으로써 얻는다. 또한 학생의 성적 평균을 내는 데 있어 다음과 같은 성적이 났다고 하자.

학과목	시간 수	성적
국어	7	80
산수	8	85
물리	7	90
화학	7	85
체육	2	80
음악	2	70

338

이에 대한 평량 평균은 다음과 같다.

$$\frac{7\times 80+8\times 85+7\times 90+7\times 85+2\times 80+2\times 70}{7+8+7+7+2+2}=\frac{2765}{33}\fallingdotseq 83.8$$

단순 산술 평균과 평량 평균의 차이를 실례로 설명하면 다음과 같다.

가령 이율의 계산에 있어 원금 5,000원은 이율이 1할이고, 원금 10,000원은 이율이 8분이라고 한다면, 그 이율의 단순 산술 평균은 $\frac{0.10+0.08}{2}=0.09(9분)$이며, 평량 평균은

$$\frac{0.10\times 5,000+0.08\times 10,000}{5,000+10,000}\fallingdotseq 0.0867(8분\ 6리\ 7모)$$이다.

2) 기하 평균법

이것은 평균될 원수를 모두 더한 것을 그 항수로써 제곱근 풀이하면 된다. 즉 $a,\ b,\ c$ 등의 수가 있을 때의 그 기하 평균은 $\sqrt[n]{abc}$의 공식으로써 얻는다.

$$Mg=\sqrt[n]{m_1\times m_2\times m_3\times \cdots\cdots\times m_n}$$

예를 들면, 한 학생은 2만 원을 가지고 한 학생은 4만 원을 가지고, 그리고 한 학생은 3만 원을 가졌다고 하면 그 기하 평균은

$$\sqrt[3]{20,000\times 40,000\times 30,000}=30,000\ 즉\ 3만\ 원이다.$$

3) 중위수 확정법

이 방법은 원수의 중앙수를 확정하는 것이다.

예를 들면, 2, 3, 4, 5, 6의 계열에 있어 중위수(中位數)는 4
이고, 3, 3, 4, 5, 6, 6, 8의 중위수는 5인 것 같은 것이다. 그
리고 항수가 짝수인 경우에는 중앙 2항의 산술 평균으로써 중
위수를 정한다. 즉 5, 6, 7, 7, 8, 9의 중위수는 $\dfrac{7+7}{2}=7$ 인 것
같은 따위이다.

4) 빈번수 발견법

이 방법은 최대의 빈번 도수를 가지고 있는 수를 발견하는 것
이다.

예를 들면, 물건의 길이의 측정에 있어 다음과 같은 결과를
얻었다면, 그 빈번수는 20회의 도수를 가진 100mm이다.

길 이	도 수
91mm	2
92mm	3
95mm	5
97mm	6
99mm	10
100mm	20
103mm	7
105mm	5

지금까지 중수(中數)를 발견하는 여러 가지 방법을 설명하였
는데, 이것을 실제로 응용함에 있어서는 그때그때 사태에 가장
적합한 방법을 선택하여 응용하도록 할 것이다.

통계에 있어서는 통계표를 만드는 것이 대단히 중요하다. 통계표란, 여러 개의 수치를 계열화하여 표현한 것을 가리킨다. 이것을 직선·곡선 등 여러 가지 도형으로 나타낸 것을 도표라고 한다. 복잡한 수적 현상이라도 통계 도표로써 표시하면 일목 요연하게 이해될 뿐 아니라, 다른 현상과 비교하기에 대단히 편하다. 그러므로 통계 도표는 많이 사용되게 되었고, 또한 그 표현 방식에 있어서 대단히 발달되었다. 그 여러 가지 통계 도표를 여기에서 다 설명하기가 곤란하므로 기본적인 몇 개의 도표를 설명하려고 한다.

두 직선을 평면에다가 직각이 되도록 교차되게 그리면, 그 평

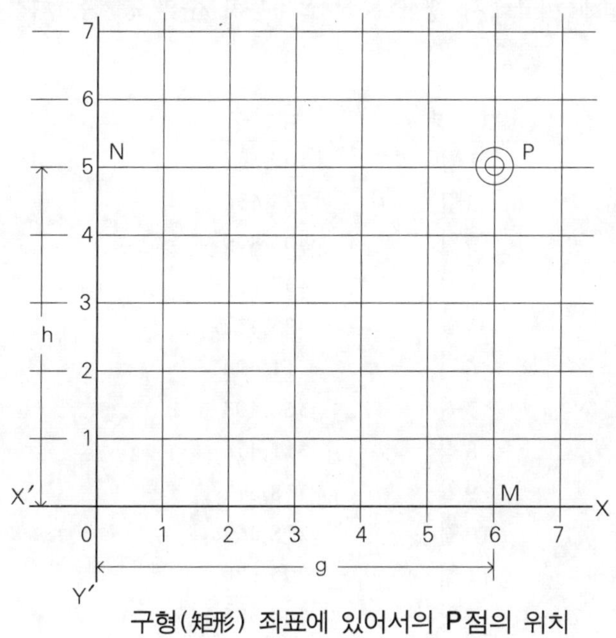

구형(矩形) 좌표에 있어서의 **P**점의 위치

면에 있는 한 점은 두 직선의 교차점을 표준으로 하여 설명할
수 있다. 가령, 다음 도표에서 수직선의 하나를 Y′Y라고 부르
고, 다른 지평선을 X′X라고 부르고, 교차점을 O라고 부르기
로 하자. 만일 평면에 P점이 있을 때에 우리는 Y′Y에 병행되
고, M에서 X′X에 교차되는 PM선과, X′X에 병행되며, N
에서 Y′Y에 교차되는 PN선을 그릴 수 있다. 만일 OM에 병
행하여서 g선을 만들고, ON선에 병행하여서 h선을 만든다면,
g선과 h선은 P를 중심으로 하여, O를 중심으로 한 것과 같은
좌표를 만들 수 있다. 아래 도표에 있어서 g선은 0−6과 같으
며, h선은 0−5와 같다. g의 거리는 P의 횡좌표이고, h의 거
리는 P의 종좌표이다. 이 좌표의 개념은 통계표에 있어서 중요
한 기본적 개념이다.

1937년에 미국에서 생산한 여객 자동차 수의 통계는 다음과
같다.

월 명	대 수
1월	309,637
2월	296,636
3월	403,879
4월	439,980
5월	425,432
6월	411,394
7월	360,403
8월	311,456
9월	118,671
10월	298,662
11월	295,328
12월	244,385

이것을 도표로 표시하면 다음과 같다.

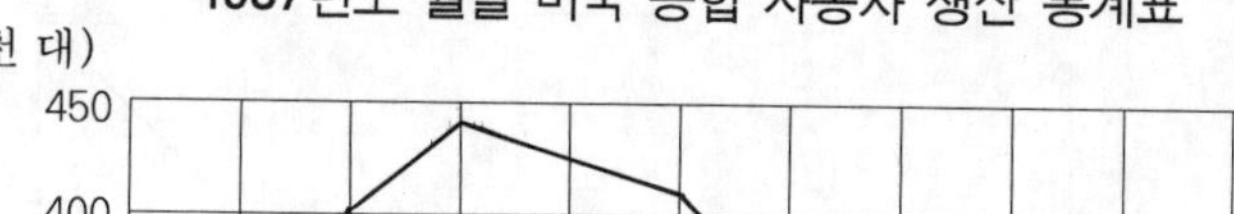

1937년도 월별 미국 승합 자동차 생산 통계표

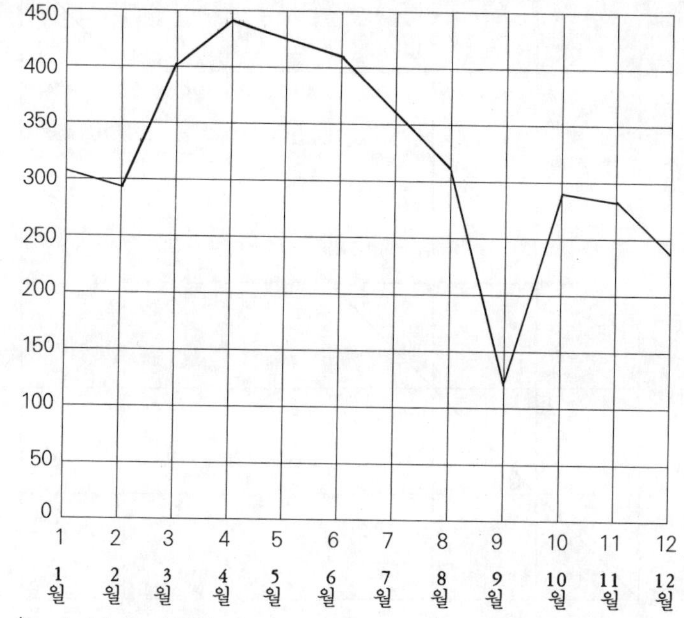

*Frederick Cecil Mills, *Statistical Methods,* Henry Holt, pp. 10~11 참조.

　　두 개의 변화가 언제나 같은 관계를 가지고 변화될 때에는 도
표의 선은 직선이 된다. 가령 갑학교의 생도 수가 100일 때에
는 을학교의 생도 수도 100이었고, 갑학교의 생도 수가 200일
때에는 을학교의 생도 수도 200으로 이렇게 증가율이 같은 것
을 통계표로 표시하면 다음과 같은 것이 된다.

$y = x$ 공식의 도표

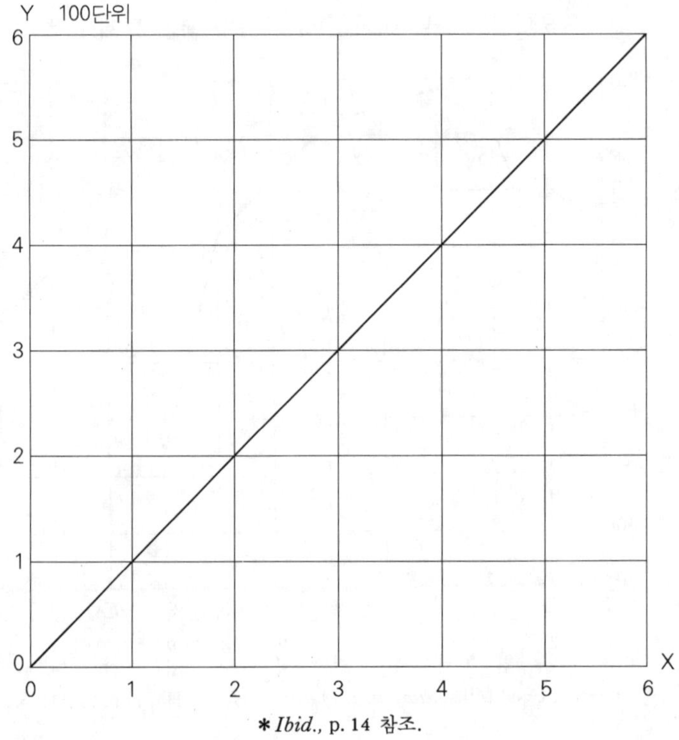

＊ *Ibid.*, p. 14 참조.

가령 $y = 2 + 3x$의 기능적 관계를 표시하는 다음 표를 통계 도표로 표시하면 다음과 같다.

x	y
	$(2+3x)$
-4	-10

-2	-4
0	2
2	8
1	14

$y=2+3x$ 공식 도표

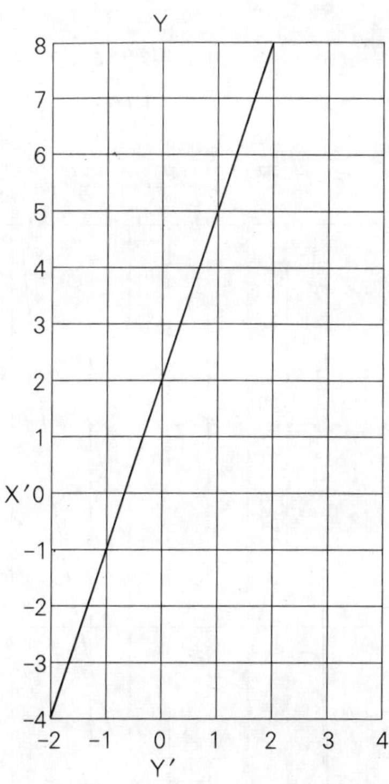

Ibid., p. 15 참조.

$y=x^2$의 기능적 관계를 가지는 아래 표를 포물선 도표로 표시하면 다음과 같다.

x	y
1	1
2	4
4	16
8	64
16	256
32	1,024

$y=x^2$ 공식의 포물선 도표

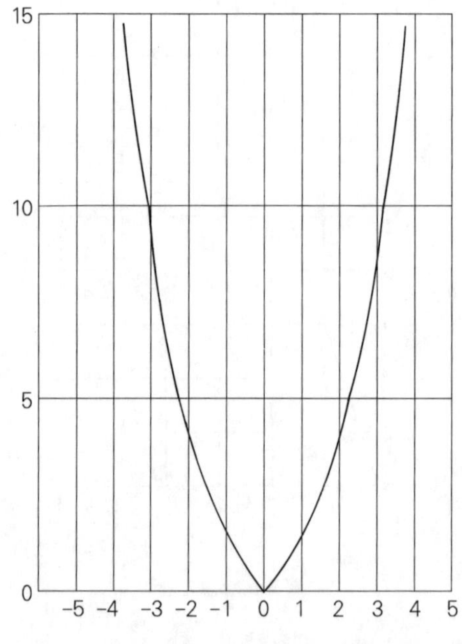

Ibid., p. 18 참조.

미화 10불에 대한 이자 6분의 100년간의 복리 계산표를 보면 다음과 같다.

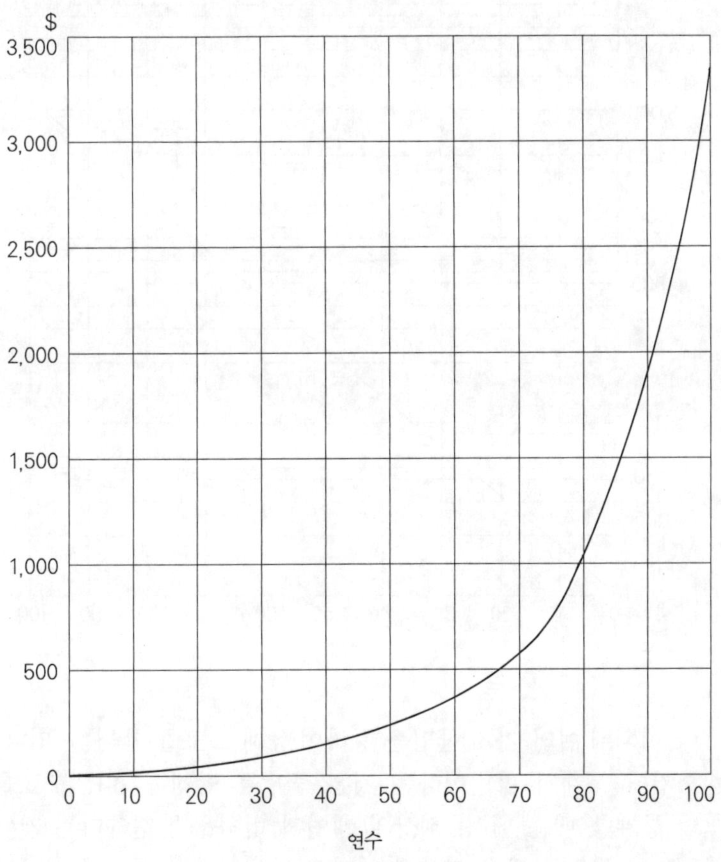

* *Ibid.*, p. 30 참조.

위의 통계 도표를 반대수 계산 *Semi-logarithmic scale* 에 의하여 통계 도표를 그리면 사선이 직선으로 표시되어 다음과 같이 된다.

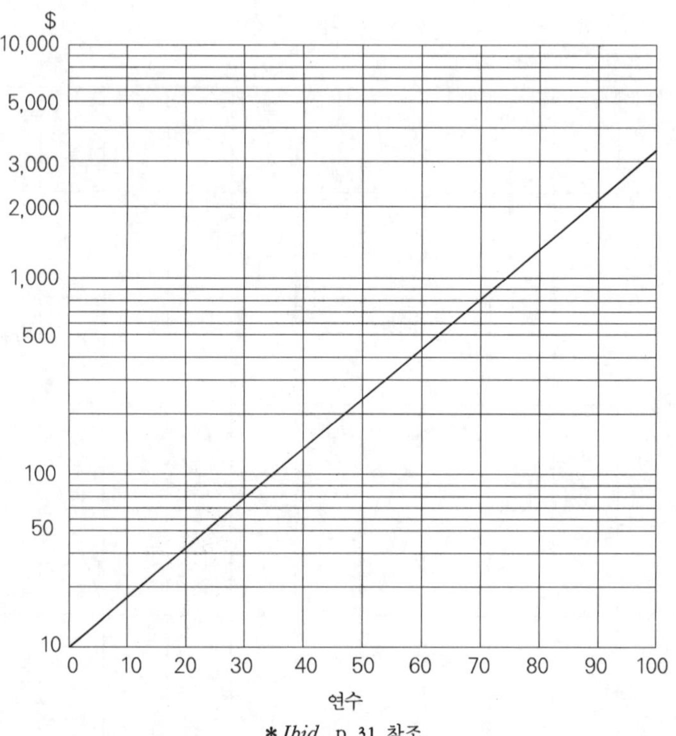

Ibid., p. 31 참조.

이 이외에 여러 가지 방법을 통하여 통계 도표를 만들 수 있다.

요컨대 통계적 방법이라는 것은 중수를 발견하거나, 도표를 그려 통계를 내는 데서, 현상의 개연적 법칙을 발견하려는 것이다. 그 법칙은 개개의 현상이 지배받는 보편적인 필연적 인과의 법칙이 아니라 일반적으로 통용되는 확률을 토대로 한 경험적 법칙이다.

5. 가설적 방법

I. 가설의 의의

가설이라는 것은 일반적으로 가정된 학설로서, 전제, 조건, 가능성, 개연성, 그리고 관찰과 실험의 결과 등을 토대로 하여 잠정적으로 생각한 학설이다. 어떤 현상을 기득의 지식으로써, 충분히 설명할 수 없는 경우에 조건부로 가정된 학설이 가설이다.

가설이라고 할 때에는 대체로 세 가지 의미를 가지고 있다.

1) 상식적 의미의 가설

이것은 관찰과 실험을 할 때에 가정하는 원인, 또는 인과 관계를 말한다. 무엇을 관찰하거나 실험할 때에는 미리 그 원인이나 결과를 예정하고 하게 된다. 즉 대강 상식적으로 판단을 하여가지고, 사실에 있어 그러한지 검토하는 것이다.

예를 들면, 사무실의 유리창이 깨어졌을 때에, 그 원인을 알려고 한다 하자. 먼저 아동들이 장난을 하여, 돌로 유리를 깨뜨리지 아니하였나 하는 가정을 하고 조사하여본다. 그러나 그 주위에 아무 증거될 것이 없다. 그럴 때에는 또 다른 무슨 가정을 세우고 조사하여본다. 이렇게 그 원인을 확실하게 알기까지 얼마든지 가설을 세워가지고 조사할 것이다.

이러한 가설이 없이 관찰과 실험을 할 때에는 노력만 많이 들고 효과는 적게 된다. 그리하여 일반적으로 관찰과 실험을 할 때에는 원인 또는 인과 관계에 관하여 미리 가정을 하고 착수하는데, 이러한 가설을 상식적 의미의 가설이라고 한다.

2) 과학적 의미의 가설

종래의 법칙으로써 설명할 수 없는 현상이 있을 때에, 가정적으로 하나의 법칙을 세워 설명할 때에, 그 가정적 법칙을 가설이라고 한다. 우리는 모든 현상을 법칙으로써 설명하려고 하나, 과학은 발전 도중에 있으므로 충분히 설명할 수 없는 현상이 많다. 이러한 현상에 대하여, 이미 알고 있는 지식을 토대로 하여 가정적 법칙을 세워 설명하게 된다.

예를 들면, 갈릴레이는 물이 펌프 안에서 약 33피트밖에 상승되지 아니함을 발견하였으나, 그 이유를 설명할 수가 없었다. 그의 사후 토리첼리는, 공기에는 압력이 있어 펌프 안에 공기가 없어지면, 외부의 공기의 압력으로 억압되는 물이 펌프 속에 상승되는 것이 아닌가 하는 가설을 세웠다. 그리하여 물 대신에 물보다 14배 무거운 수은으로써 시험한다면, 수은의 상승 높이는 물의 경우의 14분의 1에 불과하리라고 추측하고, 수은을 채운 관을 물을 가득 채운 그릇 속에 거꾸로 넣어 시험하여본 결과, 과연 수은은 30인치의 높이에서 머무는 것을 발견하여 그 가설이 진정한 것을 확정하게 되었다. 이렇게 현상을 설명하는 데 있어, 현상이 충분히 법칙적으로 설명되기까지 잠정적으로 가설을 세워 설명하는 것을 과학적 의미의 가설이라고 한다.

이러한 과학적 의미의 가설이 사실에 비추어 확실히 증명될 때에는 그것을 과학적 법칙 *Scientific Law* 이라고 한다.

3) 초과학적 의미의 가설

이것은 기득의 과학적 법칙을 통일하여 모든 과학적 법칙간의 연락을 짓기 위한 가설이다. 모든 법칙을 토대로 하여 만든 최고의 가설을 의미하는 것으로서, 초과학적 의미의 가설은 경험적으로 증명될 가능성이 없다. 따라서 우리의 경험을 초월하는 가설이다. 그러나 이러한 가설을 세우고 거기에서 연역하는 데서 경험적 세계의 설명이 어느 정도로 가능할 때에는 그 가설은 학설로서 의의를 가지게 된다.

예를 들면, 양자물리학에 있어서 보아 Bohr 의 상보성 원리 *Principle of Complementarity* 라든가, 하이젠베르크 Heisenberg 의 불확정성 원리 *Principle of Indeterminacy* 같은 것은 최근에 생긴 저명한 가설이다. 아인슈타인의 우주 유한설 같은 것도 경험을 통하여서는 증명할 수 없는 가설이다.

이상의 세 가지의 가설에 있어서, 상식적 의미의 가설은 과학상의 가설이 아니나 과학상의 가설인 과학적 의미의 가설과는 정도의 차가 있을 뿐이라고 볼 수 있다. 즉 과학상의 가설은 좀 더 체계적이고, 이론적이고, 과학적이라고 할 수 있다. 그리고 초과학적 의미의 가설은 과학상의 가설보다 더욱 추상적이고 광범위한 근본적 가설이라고 할 수 있다.

Ⅱ. 가설의 요건

가설을 만드는 데 준수하여야 할 요건으로는 다음과 같은 것을 들 수 있다.

(1) 가설은 될 수 있는 대로 단순하여야 한다.

가설은 허다한 사실을 통일적으로 설명하기 위하여 만드는 것이므로 단순하지 아니하면, 그 의의가 없어지고 만다.

(2) 가설은 관찰과 실험이 가능한 사실에 기초를 가지고 있어, 그 진위를 어느 정도로 확정할 수 있는 것이어야 한다.

증명도 반증도 할 수 없는, 즉 우리의 경험적 사실과 하등의 연락이 없고 다만 가능성만 가지고 있는 설로써는 가설이 될 수 없다. 뉴턴은 "나는 가설을 만들지 아니한다 *Hypotheses non fingo*"고 말한 것으로 유명하나, 그의 진의는 사실에 기초가 없는 가설을 만들지 아니한다고 하는 데 있었을 것이다.

(3) 가설은 다른 이론 또는 법칙과 충돌하여서는 아니 된다.

다른 이론 또는 법칙과 충돌한다는 것은 그 가설이 모순되는 것을 의미하는 것으로서, 모순을 포함하지 아니하는 가설을 만들기 위하여 이 조건을 지켜야 한다.

(4) 가설은 합리적이어야 한다.

가설은 한 이론이요, 학설이므로, 논리적으로 맞지 아니하면 가치 있는 가설이 될 수 없다.

(5) 가설에서 연역된 귀결은 관찰의 사실과 일치되어야 한다.

가설에서 끌어낸 이론과 사실이 일치되지 아니하는 경우에는 그 가설에 결점이 있는 것으로, 수정하거나 변경하여야 한다.

그리고 가설이 사실에 일치되는 점이 많으면 많을수록, 그 가설은 그만큼 신뢰성과 타당성이 많은 가치 있는 가설이 된다.

Ⅲ. 가설의 효용

가설이라는 것은 경험을 기초로 하면서도, 상상력으로써 현실적인 사실을 초월하여 세우는 학설이므로, 그것을 증험하는 데서 과학의 발달을 보게 된다.

우리의 과학 이론은 관찰의 결과를 목격하여 일반화하고 법칙화하는 경우도 많으나, 한 가설을 세워 이 가설로부터 형식 논리의 추리의 방법을 따라 연역된 결과가 관찰의 결과와 일치될 때에, 이 가설을 유효한 것으로 보는 경우도 많다. 일반화라는 것은 관찰의 결과를 단순히 매거함으로써만은 올바르게 도달될 수 없는 것이고, 또한 하나하나 무한히 관찰한다는 것은 불가능한 경우가 있다. 그러므로, 사물의 구조와 그 분포 상태에 관한 지식이 필요하며, 따라서 수학적 통계학적 작용이 필요하게 된다. 가설에는 통계적 가설이 대부분이며, 양자역학을 비롯하여, 생물 현상, 심리 현상, 사회 현상의 영역에서, 우리가 가지고 있는 가설은 거의가 통계적 가설이다. 통계적 가설을 만드는 데는 확률론과 통계수학이 필요하며, 이러한 활동의 근거를 세우는 것은 확률논리학의 분야에 속한다.

자연과학의 발달사를 볼 때에, 프톨레마이오스의 천동설의 시대로부터 코페르니쿠스의 지동설을 거쳐 뉴턴의 만유인력설, 아인슈타인의 일반 상대성 원리에 이르기까지 허다한 가설의 변천과 발전으로써 자연과학이 발달된 것을 알 수 있다. 과학은 이렇게 상상력이 풍부한 위대한 과학자들이 가설을 세우고, 그것을 확증하며, 수정하여 나아가는 데서 발달되는 것이라고 할 수 있을 것이다.

가설은 과학을 발달시키는 데 그 효과를 나타내는 동시에, 또한 실제 생활에 있어서 직접적으로도 효과를 나타낼 때도 많다.

첫째로 우리가 무엇을 관찰하고, 실험할 때에 가설을 세우는 데서 많은 효과를 얻는다. 아무 가설을 세우지 아니하고 관찰과 실험을 할 때에는 아무 효과를 얻지 못할 때가 많다. 자연계의 사물을 무심히 보는 데서는, 아무 인과 관계도 발견할 수 없게 된다. 일상 생활에 있어서, 매일매일 아침에 일어나기 전에, 예정을 세워가지고, 예정대로 실시하면 많은 효과를 나타내는 것과 같이, 무엇을 연구하려면 미리 가설을 세워가지고, 그것이 과연 맞는지 실험하는 데서 많은 효과를 나타내게 된다.

둘째로 가설은 새로운 관찰과 실험을 인도하도록 만들 때가 많다. 예를 들면, 해안에 표류하여온 어떤 물건을 발견함으로써, 그 물건이 표류하여온 방향에 육지가 있으리라고 가설을 세우는 데서 그것을 확증하려고 노력하게 되는 것 같은 것이다. 콜럼버스(1435~1506)가 미 대륙을 발견한 것도 이러한 가설이 동기가 된 것은 잘 아는 사실이다.

셋째로 과학의 문제는 대개 가설에서 일어난다. 가설은 과학 발전에 있어서 없을 수 없는 수단이다. 과학의 법칙은 가설을 점차 증험하는 데서 발견된다. 우리가 과학적 생활을 합리화시키는 것도 필요하나, 과학적인 가설을 끊임없이 세워가지고, 그것을 연구하는 생활을 하는 것이 필요하다. 집을 세우는 것, 정원을 꾸미는 것, 친구와 교제를 하는 것, 사회에서 활동하는 것이 모두 습관적으로 되지 아니하고 과학적이요 계획적인 것이 되려면, 끊임없이 가설을 세우고, 그것을 과학적으로 해결하여 나아가야만 된다.

자연과학과 사회과학을 막론하고 그 연구에 있어서 가설은 불가피한 것이며, 또한 필요하다. 따라서 가설을 세워 연구하며, 가언적 추리를 토대로 하여 과학을 연구하는 가설적 방법도 연구 방법으로서 절대로 필요하고 유익한 방법 중의 하나이다.

Ⅳ. 근본적 가설

가설의 의의를 설명할 때에, 초과학적 의미의 가설을 근본적 가설이라고 하였는데, 이러한 의미의 가설은 학문의 근본 전제가 되므로, 다시 한번 생각할 필요가 있다.

자연과학이나 문화과학을 막론하고, 과학은 영원이 진보될 것이나, 그 진보될 방향은 언제나 그 시대시대에 있어서 예측할 수 있다. 가령 20세기를 원자력 세기라고 한다면, 이 원자력이라는 것이 앞으로 어떻게 발달되리라는 것을 대강 예측할 수 있는 것 같은 것이다. 그리고 우주관 같은 근본 가설이 원자력을 토대로 하여 세워지게 된다. 즉 물질의 근본 구조와 기능을 연구하는 데서 출발하여가지고, 우주 전체를 설명하려고 노력하게 된다. 우주의 극미한 물질인 소립자에 대한 근본 가설과 극대의 우주에 관한 근본 가설을 연결시키어 우주 전체에 관한 근본 가설을 세우게 된다.

'모든 생기(生起)되는 것은 원인을 가지고 있다'고 하는 인과율은 자연과학이 성립되기 위한 근본 조건으로, 이것을 부정하고서는 자연과학의 성립은 불가능하다. 그러나 인과율에 관하여서도, 양자의 불확정 운동의 원리로 인하여, 재고하게 되었다는 것은 이미 말하였다. 역사적으로 관찰할 때에 가설은 변천되어 왔으나, 그러나 인과율만은 항상 그 기초가 되어 변함이 없을 것으로 생각하여왔다. 모든 가설은 진보되며, 가설의 진보는 동시에 자연과학의 발달을 의미하나, 인과율이 우주를 지배하고 있다는 근본 가설만은 자연과학 자체가 성립하기 위한 원리로서 영원불변하는 가설로 생각하여왔다. 자연과학에서는 이것을 선천적으로 받아들여 무조건으로 승인하여왔다. 칸트는 우리의 인식이 이러한 인과의 원리에 의하여 구성됨을 증명하려고 하였다. 그리고 이 인과의 원리는 경험 세계에 대하여 보편 타당성을 가지므로, 이 원리는 진리라는 것을 주장하였다. 인과의 원리는 가설이라기보다 영원불변의 원리라고 생각하였다. 그러나 자연과학계 내부에서 인과율에 대한 의혹을 가지게 되었다. 그 이유는 소립자의 세계에 인과율이 부정되는 현상이 존재한다는 것이다. 따라서 정확한 인과율은 자연 현상에 존재하지 아니한다는 것이다. 그리하여 인과율도 근본 가설이라기보다, 다른 가설과 같은 과학상의 가설이라고 보려는 학자들도 점점 많게 되었다. 자연에는 엄격한 의미에서 영원불변하는 법칙이라는 것이 없다. 법칙은 학문이 발달됨에 따라 변천되고 발달되는 것으로서, 선험적인 법칙이 자연을 지배하는 것이 아니다. 경험적인 법칙을 자연에서 발견할 수 있는 것이라고 주장하는 과학자들이 많다. 과학자들뿐 아니라, 일반적으로 현대에 와서는 선험적인 법칙을 불신임하게 되었다.

소립자 세계에 인과율이 적용되지 아니한다고 하여도, 인과율은 아직 우리가 안목으로 볼 수 있는 자연 현상에 대하여서는 부정할 수 없는 근본 법칙이다. 인과율이 다른 법칙으로 인하여 완전히 부정되지 아니하는 한 인과율은 역시 가설 중에서 최고 가설인 점에서 근본 가설 중의 하나라고 할 수 있을 것이다. 요는 근본 가설도 학문의 발전을 따라서 변할 가능성이 있는 것으로, 영원불변하는 가설이란 세상에 있을 수 없다는 것이다. 영원불변하는 가설이 있을 수 없다는 것은, 영원불변할 것이라고 한다고 하여도 그 영원불변은 첫번의 영원불변과는 유형이 다른 의미로 사용된 것으로, 첫번 의미의 영원불변하는 가설이 있을 수 없다는 것이 부인되는 것은 아니다.

제3편
허위론

  허위 *Fallacy* 라는 것은, 일반적으로 잘못된 지식, 즉 사실에 있어서 그러하지 아니한 것을 그렇다고 하는 지식을 가리키며, 특히 잘못된 사고와 추리를 가리킨다. 허위라는 말 대신에 과오나 오류라는 말을 사용하여도 좋다. 우리는 잘못된 사고, 즉 허위로써는 진리에 도달할 수 없다. 그러므로 허위를 배척하여야 할 것은 말할 필요도 없다.

  허위는 보통 사고의 혼란과 정확성을 잃는 데서 일어나며, 또는 감정의 흥분으로 부지불식간에 일어나는 때가 많다. 그러나 의식적으로 타인을 기만하기 위하여, 고의로 허위를 만드는 때도 있다. 전자의 허위를 배리 *Paralogism* 라고 하며, 후자의 허위를 궤변 *Sophism* 이라고 한다.

  허위를 분류함에 있어서는 학자에 따라 다르다.

  아리스토텔레스는 허위를 대별하여 언어상의 허위 *fallacia secundum dictionem* 와 언어 이외의 허위 *fallacia extra dictionem* 의 두 가지로 구분하였다.

  제번스 Jevons(1835~1882)는 아리스토텔레스의 언어상의 허위를 논리적 허위 *Logical Fallacy* 라고 하고, 그것을 순논리적 허위(형식적 허위)와 반논리적 허위(언어적 허위)로 이분하였

다. 그리고 아리스토텔레스의 언어 이외의 허위라는 것은 실제
의 사실 문제에 관한 것이므로 자료적 허위 *Material Fallacy* 라
고 불렀다.

이와 같이 허위의 분류에 관하여 학자간에 의견이 다르나, 여
기에서는 진리 천명의 방법을 논하는 방법론의 일부로서 허위
를 논하는 것이므로, 방법론의 분류를 따라 통정적 방법에 관한
허위와 연구 방법에 관한 허위의 두 가지로 대별한 후 세분하여
설명하는 것이 적당할 것 같다.

1. 통정법에 관한 허위

통정법에 관한 허위는 아래 표와 같이 분류할 수 있다.

통정법에 관한 허위	1. 정의에 관한 허위	
	2. 분류에 관한 허위	
	3. 논증에 관한 허위	(1) 언어적 허위 (2) 형식적 허위 (3) 자료적 허위

I. 정의에 관한 허위

정의에 관한 허위는 대개 정의를 내리는 데 필요한 조건을 준
수하지 아니하는 데서 생기는 것으로서, 그 중 중요한 것을 든
다면 순환 정의 같은 것이다.

순환 정의 *Circulus in definiendo* 라는 것은, 정의를 내릴 때
에 정의되어야 할 언어나 또는 동의어를 정의에 사용하는 데서
생기는 오류이다.

예를 들면, 생명의 정의를 내리는데 '생활 기능의 총체이다'라고 하는 것 같은 것이다. 이 정의는 생명을 정의하는 데 그것과 동의의 생활이라는 말을 사용했으므로 정당한 정의라고 할 수 없다.

이 이외에 정의에 관한 허위로는 적절하지 못한 데서 오는 허위, 정밀하지 못한 데서 오는 허위, 명철하지 못한 데서 오는 허위, 소극적인 데서 오는 허위 등이 있으나, 기술한 참된 정의의 조건에 관한 설명을 참조하면 알 것이므로 생략한다.

Ⅱ. 분류에 관한 허위

분류에 관한 허위로는 대개 분류의 규칙을 위반하는 데서 생긴다. 그러므로 그 중요한 것을 든다면 다음과 같은 허위를 들 수 있다.

(1) 분류의 원리가 유일하지 못한 데서 오는 허위.

(2) 구분지가 서로 배척하지 아니하여 교차 구분이 되는 데서 오는 허위.

(3) 구분지가 전체를 망라하지 못한 데서 오는 허위.

(4) 점차 순서를 밟아 분류하지 못한 데서 오는 허위.

(5) 분류의 표준이 부적당한 데서 오는 허위.

이상의 분류에 관한 모든 허위는 기술한 분류의 규칙을 참조하면 알 것이므로 그 설명은 생략한다.

Ⅲ. 논증에 관한 허위

논증에 관한 허위는 아래 표와 같이 구분할 수 있다.

논증에 관한 허위 { 1. 언어적 허위＝언어의 의미가 모호한 데서 오는 허위(반논리적 허위)

2. 형식적 허위=추리의 형식에 관한 허
   위(순논리적 허위)
3. 자료적 허위=논증의 자료가 불충분
   한 데서 오는 허위

1) 언어적 허위

언어적 허위라는 것은 개념 또는 판단의 의의가 불명하거나,
또는 다의함으로 인하여 일어나는 허위이다. 언어적 허위 중에
는 언어를 잘못 사용하고 또한 잘못 이해하는 데서 생기는 허위
가 많다. 그리고 언어적 허위의 대부분은, 같은 문제를 논하는
데 있어서 같은 말을 여러 가지 의미로 사용하는 데서 생기는
허위이다.

언어적 허위 중 중요한 것을 설명하면 다음과 같은 것이다.

(1) 결합의 허위 Fallacy of Composition

이것은 처음에 개별적인 의미로 사용한 말을 뒤에 집합적인
의미로 사용함으로 말미암아 생기는 허위이다. 즉 한 부분에 대
하여 개별적으로 옳은 것을 그 전체에 확장하여 옳다고 하는 데
서 생기는 오류를 가리킨다.

예를 들면, 어느 학교의 학생 몇 명을 만났는데, 모두 공부를
잘하는 것을 보고, 그 학교 학생들은 전부 공부를 잘한다고 판
단하는 것 같은 것이다. 또는 한 사람 한 사람 개별적으로 보아
서 어리석은 사람들이라고, 그들의 상의에서 명안이 나오지 못
하리라고 생각하는 것 같은 것도 여기에 해당하는 허위이다.

(2) 분해의 허위 Fallacy of Division

이것은 처음에 집합적인 의미로 사용한 말을, 뒤에 개별적인

의미로 사용하는 데서 생기는 허위이다.

예를 들면, 물은 액체이다. 물을 분해하면 수소와 산소가 된다. 그러므로 수소와 산소는 액체이다. 이렇게 판단하는 것 같은 것이다. 또는 한국 사람은 예의를 존중한다(전체적 판단). A는 한국 사람이다(개별적 판단). 그러므로 A는 예의를 존중하리라. 이렇게 생각하는 것 같은 것이다.

(3) 우연의 허위 Fallacy of Accident

이것은 사물의 본질적 성질에 관하여 말한 것과, 어떤 특수한 사정하에서 말할 수 있는 것을 혼동하는 데서 생기는 허위이다.

"너는 A군을 아느냐?"
"응 안다."
"저 복면한 사람을 아느냐?"
"아니, 알 수 없다."
"저 사람이 A군이다. 그런데 모른다는 것은 이상하다."

이 대화에서 A군을 모른다고 이상하다고 말한 사람은 잘못이다. 왜냐하면, 복면은 그 사람이 우유성(偶有性)이고 본질성이 아니기 때문이다.

다른 예를 또 하나 든다면,

술은 취하는 것이다. 그는 술을 마셨다. 그러므로 그는 취할 것이다.

이렇게 판단을 내렸으나, 실상에 있어서 그는 취하지 아니한 경우에, 그 판단은 오류가 되는 것 같은 것이다.

술이 취한다고 하여 모든 경우에 취하는 것은 아니다. 그 사람의 신체적 조건과 주량 등에 의하여 안 취하는 경우도 있다. 이것은 일반적인 경우에 적용할 법칙을 특수한 경우에 적용함으로써 생기는 허위이다.

우연의 허위가 분해의 허위와 다른 점은 대상을 분해하는 데서 생기는 허위가 아니고, 우연으로 인하여 생기는 점이다.

(4) 강조의 허위 | Fallacy of Accent

이것은 문장을 읽거나, 또는 담화에 있어서 어떤 구, 어떤 말을 함부로 강조하는 데서 생기는 허위이다.

예를 들면, '논리학은 유익한 지식을 주는 과학이 아니다'에 있어서 '지식'을 특히 강조하면, 유익한 기술은 주나 지식은 주지 아니한다는 말로 들리며, 또는 '과학'을 특히 강조하면 유익한 지식은 주나, 아직 한 개의 독립된 과학으로 볼 수 없다는 의미의 말로 들리게 되는 것 같은 것이다.

(5) 문의모호의 허위 | Fallacy of Amphibology

이것은 한말 한말의 의미가 불명하다는 것보다 문장의 구조가 모호함으로써 생기는 허위이다.

예를 들면, '그는 그저께 입학 시험을 보고 집에 돌아왔다'고 할 때에 그저께 시험을 보고 지금 집에 돌아왔다는 말인지, 또는 그저께 집에 돌아왔다는 말인지 의미가 불분명한 것 같은 것이다.

(6) 복합적 질문의 허위 | Fallacy of Complex Question

이것은 두 개 이상의 질문을 복합적으로 하는 데서 생기는 허위이다.

예를 들면, 어떤 사람이 돌연히

　"너는 아편의 습관을 버렸느냐?"
하고 질문을 하였을 때에,
　"네."
하고 대답하면,
　"그러면 이전에는 아편을 먹었지?"
하고 말할 것이고,
　만일
　"아니오."
하고 대답하면,
　"아편을 먹는 것은 나쁜 습관이니 버려라."
하고 비난할 것이다.

　그러므로 처음부터 아편을 먹지 아니하는 사람은 이 질문에 대하여 가부를 말할 수 없다. 왜 그런고 하니, 이 질문은 "이전에 아편을 먹었느냐?"와 "아편을 먹었다면 지금도 그 습관을 계속하느냐?"의 두 질문이 복합된 것이기 때문이다.

　이러한 질문은 법정에서 죄인의 범죄를 심문할 때에, 종종 사용한다.

　예를 들면, 다음과 같은 질문이다.

　"너는 그 사람을 원한이 있어서 죽였느냐, 단지 돈을 빼앗으려고 죽였느냐?"

　"너는 네 사리사욕을 위하여 강도질을 하였느냐, 빈자의 구원을 위하여 강도질을 하였느냐?"

　이러한 질문은, 미리부터 취조받는 사람이 범죄를 한 것으로 예상하고 하는 질문이므로, 범죄자는 종종 이러한 교활한 질문에 넘어가는 수가 많다.

(7) 용어의 허위 Verbal Issue

이것은 두 사람이 같은 말을 다른 의미로 사용하는 데서 생기는 허위이다. 말은 여러 가지 뜻을 가지고 있을 뿐만 아니라, 또한 다른 대상을 같은 말로 표시할 때가 있으므로, 토론할 때에는 미리 말의 의미와 대상을 명확하게 규정하고 들어갈 필요가 있다.

가령 신이 있느냐 없느냐 하는 문제를 토론함에 있어서, 신이 있다 없다 하는 문제를 토론하기 전에, 신이란 무엇을 의미하는 것인지 규정을 짓고 토론할 필요가 있다. 그러하지 아니하면 갑이 생각하는 신은 을에게 있어서는 귀신이 될는지도 모른다. 그리고 또한 말이 있다고 하여, 말의 대상이 다 있는 것은 아니니까, 말을 사용할 때에는 비록 추상적인 말이라고 하여도 대상을 가리킬 수 있는 말을 사용하여야 할 것이다. 현대의 과학적 논리학자들 중에는, 신 같은 말은 인식의 대상을 가리키는 말이 아니므로, 도대체 토론은 둘째 문제로 하고, 언어로서 사용하는 것까지도 싫어하는 학자들이 있다.

2) 형식적 허위(순논리적 허위)

형식적 허위라는 것은 순수한 논리적인 허위로서, 추리에서 논한 여러 가지의 추리상의 법칙을 위반하는 데서 생기는 허위이다.

그러므로 형식적 허위의 종류에는 추리의 종류에 따라서, 직접 추리에 관한 것과 간접 추리에 관한 것이 있다. 간접 추리에는 연역적 추리와 귀납적 추리와 유비 추리가 있으므로, 따라서 각각 그 추리에 관한 허위가 있게 된다.

(1) 직접 추리에 관한 허위

직접 추리에 관한 허위는 직접 추리의 규칙을 위반하는 데서 생기는 허위인데, 그 중에서 중요한 것을 들면 다음과 같은 것이다.

A) 환질의 허위 *Fallacy of illogical obversion*

이것은 환질의 규칙을 위반한 데서 생기는 허위이다. 즉 환질에 있어서는 빈개념의 모순 개념을 취하여 판단의 질을 변하여야 하는 것인데, 그러하지 아니할 때에 생기는 허위이다.

예를 들면,

'그는 어리석지 아니하다'에서

'그는 현명하다'고 환질하는 것 같은 것이다. 어리석지 아니하다고 하여, 현명한 것은 아니다.

그러나 어떤 경우에는 빈개념의 반대 개념을 사용하여 환질하여도 좋을 때가 있다. 예를 들면, '이 물은 차다'를 환질하여 '이 물은 미지근하지 않다'라고 하여도 무방함과 같은 것이다.

B) 환위의 허위 *Fallacy of illogical conversion*

환위의 허위는 환위함에 있어서, 주연된 개념을 주연되지 아니한 개념으로 환위하는 것은 관계없으나, 주연되지 아니한 개념을 주연시키어 환위하는 데서 생기는 허위이다.

예를 들면,

'모든 천재는 근면한 사람이다'에서

'모든 근면한 사람은 천재이다'로 환위하는 것 같은 것이다.

C) 여환의 허위 *Fallacy of illogical inversion*

이것은 어떤 판단이 있을 때에, 그 판단의 주개념의 모순 개념을 주개념으로 하여가지고, 새로운 판단을 끌어내는 데 있어, 허위에 빠지는 것을 가리킨다. 예를 들면,

'모든 종교가는 그 품성이 고결하다'에서

'종교가가 아닌 모든 사람은 그 품성이 고결하지 아니하다'라고 추리하는 것 같은 오류이다.

이에 대한 정당한 여환은

'종교가가 아닌 약간의 사람은 그 품성이 고결하지 아니하다'
라고 하여야 할 것이다.

(2) 간접 추리에 관한 허위
A) 연역 추리에 관한 허위
a. 정언적 3단논법에 관한 허위

정언적 3단논법에 관한 허위는 정언적 3단논법의 규칙에 위
반됨으로써 생기는 허위를 가리킨다. 그 중 중요한 것은 다음과
같은 것이다.

— 4개 개념의 허위 *Fallacy of four terms*: 3단논법은 4개
의 개념을 포함하여서는 아니 되는 것인데, 부주의하는 데서 4
개의 개념을 포함함으로써 생기는 허위이다.

    예: 꿈은 정신 현상이다.
        인생은 꿈이다.
        그러므로 인생은 정신 현상이다.

이것은 '꿈'의 의미가 양 전제에서 동일하지 아니하므로 두
개념이 되어 도합 네 개념이 된 데서 생긴 오류이다.

— 매개념 모호의 허위 *Fallacy of ambiguous middle*: 이것
은 매개념의 의미가 모호하거나 다의한 데서 오는 허위이다.

    예: 무정한 것은 사람에게 미움을 받는다.
        식물은 무정한 것이다.
        그러므로 식물은 사람에게 미움을 받는다.

이것은 매개념인 '무정한 것'의 의미가 양 전제에서 다른 데
서 생긴 허위이다.

— 매개념 부당 주연의 허위 *Fallacy of undistributed mid-dle*: 이것은 3단논법의 규칙 중 매개념은 적어도 한 번은 주연
되어야 한다는 규칙을 위반하는 데서 생기는 허위이다.

예: 모든 한국 사람은 금강산을 사랑한다.
　　A는 금강산을 사랑한다.
　　그러므로 A는 한국 사람이다.

이것은 금강산을 사랑한다는 매개념이 대소 양 전제에 있어
서 긍정 판단의 빈개념으로 한 번도 주연되지 아니한 데서 생긴
허위이다.

— 부당 주연의 허위 *Fallacy of illicit process*: 이것은 전제
에서 주연되지 아니한 개념을 결론에서 주연시키는 데서 생기
는 허위이다.

부당 주연의 허위에는 대개념 부당 주연의 허위와 소개념 부
당 주연의 허위의 두 가지가 있다.

ㄱ) 대개념 부당 주연의 허위 *Fallacy of illicit major* 는 전제
에서 주연되지 아니한 대개념을 결론에서 주연시킨 데서 생기
는 허위이다.

예: 모든 범죄는 나쁘다.
　　그의 행위는 범죄가 아니다.
　　그러므로 그의 행위는 나쁘지 않다.

이것은 범죄하지 아니하고 나쁜 행위가 있는 것을 간과하였

다. 즉 이 추리가 오류를 범한 것은, '나쁘다'는 대개념이 긍정
판단의 빈개념으로, 전제에서 주연되지 아니한 것을, 결론에서
부정 판단의 빈개념으로 주연시킨 까닭이다.

ㄴ) 소개념 부당 주연의 허위 *Fallacy of illicit minor*는 전제
에서 주연되지 아니한 소개념을 결론에서 주연시키는 데서 생
기는 허위이다.

    예: 모든 우량한 학생은 교칙을 잘 지킨다.
       모든 우량한 학생은 공부를 잘한다.
       그러므로 모든 공부를 잘하는 학생은 교칙을 잘 지킨다.

이것은 공부를 잘하면서 우량하지 아니한 학생을 간과하였다.
즉 이것은 공부를 잘한다는 소개념이 전제에서 긍정 판단의 빈
개념으로 주연되지 아니한 것을, 결론에서 전칭 판단의 주개념
으로 주연시킨 데서 생긴 허위이다.

— 부정 전제의 허위 *Fallacy of negative premises*: 이것은
3단논법에 있어 양 전제가 모두 부정인 경우에는 하등의 결론
을 얻을 수 없는데도 불구하고, 억지로 결론을 끌어내는 데서
생기는 허위이다.

    예: 학생은 학자가 아니다.
       그는 학생이 아니다.
       그러므로 그는 학자가 아니다.
       혹은
       그러므로 그는 학자이다.

학생이 아닌 그는 학자일 수도 있고, 혹은 학자가 아닐 수도

있다. 그러므로 위에 내린 두 결론은 모두 정당하다고 할 수 없다.

― 특칭 전제의 허위 *Fallacy of particular premises*: 양 전제가 모두 특칭 판단인 경우에는 하등의 결론을 얻을 수 없음에도 불구하고 결론을 내리는 데서 생기는 허위이다.

> 예: 어떤 부자는 자선가이다.
> 　　어떤 과부는 부자이다.
> 　　그러므로 어떤 과부는 자선가이다.

이것은 자선가가 아닌 과부를 가지고 자선가라고 하게 되는 경우가 있으므로 잘못이다. '부자'가 매개념인데 대전제에서는 특칭 판단의 주개념으로, 소전제에서는 긍정 판단의 빈개념으로서, 양 전제에서 한 번도 주연되지 아니하였다. 그러므로 결론이 성립되지 아니하는 것을 무리로 내린 데서 생긴 허위이다.

b. 가언적 3단논법에 관한 허위

가언적 3단논법에 관한 허위는 가언적 3단논법의 규칙을 위반하는 데서 생기는 허위로 다음과 같은 것이 있다.

― 전건 부정의 허위 *Fallacy of denying the antecedent*: 가언적 판단의 전건과 후건의 관계를 생각하여볼 때에 그 전건이 존재하지 아니한다고 하여서 일반으로 그 후건도 또한 존재하지 아니한다고 단언할 수는 없다. 다른 이유로써 존재할는지도 모른다. 그럼에도 불구하고 전건의 부정에서 후건의 부정을 추리하는 데서 생기는 허위를 전건 부정의 허위라고 한다.

> 예: 근면하면 성공한다.
> 　　그는 근면하지 아니하다.

그러므로 그는 성공하지 못한다.

이것은 근면하지 아니하고도 성공하는 경우가 있는 것을 간과하였으므로 오류이다.

— 후건 긍정의 허위 *Fallacy of affirming the consequent*: 가언적 판단에 있어 후건이 존재한다고 반드시 그 전건도 존재한다고는 볼 수 없다. 후건의 존재는 어떤 다른 이유로 존재할 수도 있을 것이다. 그럼에도 불구하고 그 후건의 긍정으로써 그 전건을 긍정하려는 데서 생기는 허위를 후건 긍정의 허위라고 한다.

예: 비가 오면 A는 결석한다.
　　A는 결석했다.
　　그러므로 비가 온다.

이것은 A가 비 오는 이외에 다른 이유로 결석할 수 있는 것을 간과한 오류이다.

c. 선언적 3단논법에 관한 허위

선언적 3단논법의 허위는 선언적 3단논법의 규칙을 위반하는 데서 생기는 허위이다.

선언 불완전의 허위 *Fallacy of incomplete or inadequate disjunction*: 이것은 선언적 3단논법에 있어, 그 선언지가 불완전하여 서로 배척하지 아니하든가, 또는 모든 가능한 경우를 망라하지 못한 데서 생기는 허위이다.

예: 증인이 허위를 하였든가, 피고에 죄가 있든가이다.
　　증인이 위증을 하였다.

그러므로 피고는 죄가 없다.

이것은 전자의 허위의 예로, 증인의 위증과 피고의 범죄가 동시에 양립할 수 있는 점을 간과하였다.

예: A는 우등생이든가, 낙제생이다.
　　A는 낙제생이 아니다.
　　그러므로 A는 우등생이다.
이것은 후자의 허위의 예로, 열등생도 낙제생도 아닌 경우를 빼어놓은 데서 생긴 오류이다.
B) 귀납 추리에 관한 허위
귀납 추리에 관한 허위 중 중요한 것은 다음과 같은 것이다.
a. 우연적 속성의 허위
이것은 전제로서 든 여러 가지 예에 있어서 서로 일치되는 점이, 이 여러 가지 예의 본질적 속성이 아니고, 우연적인 경우에 생기는 허위이다.

예: A, B, C는 안경을 썼다.
　　A, B, C는 모두 P대학생들이다.
　　그러므로 모든 P대학생들은 안경을 썼다.

P대학의 다른 학생들 중에는 안경을 안 쓴 학생도 있을 것이다. 이것은 P대학생 A, B, C에 있어서 일치되는 점이 P대학생들의 본질적인 속성이 아니고 우연적인 것인 데서 생긴 오류이다.
b. 비동일류의 허위
전제로서 든 사례들이 엄밀히 볼 때에 동일류가 아닌 경우에 생기는 허위이다.

귀납 추리라는 것은 동일류의 본질적 속성을 발견하여 추리하여 보편적 법칙을 발견하는 것인데, 그 사례들이 엄밀한 의미에서 동일류에 속하는 것이 아니라면, 그것을 토대로 하여 추리할 수 없는 것은 사실이다. 그럼에도 불구하고 그 사례를 토대로 하여 추리할 때에 생기는 허위를 비동일류의 허위라고 한다.

가령, 한국 학생들과 미국 학생들이 동일류가 아닌데도 불구하고, 동일류로 생각하여, 미국 학생들에게 좋으니까 한국 학생들에게도 좋을 것이라고, 어떤 사실을 토대로 하여 귀납적 추리를 하는 것 같은 것이다.

c. 불충분 자격의 허위

이것은 전제로 든 사례가 그 유를 대표할 만한 충분한 자격을 가지고 있지 못하는 경우에 생기는 허위이다.

예를 들면, 미국에 있는 제 2 세 한국인들이 한국말을 잘 못하는 것을 보고, 한국 사람들은 자기 나라 말도 잘 못한다고 추리하는 것 같은 것이다. 이것은 그들이 한국인을 대표할 만한 충분한 자격이 없는 것을 간과한 데서 생긴 오류이다.

C) 유비 추리에 관한 허위

유비 추리에 관한 허위에는 다음과 같은 것이 있다.

a. 비본질적 속성의 허위

비교되는 유사한 점이 추리하는 사항에 대하여 본질적 속성이 아닌 경우에 생기는 허위이다.

예를 들면, 화성과 지구를 비교할 때에 같이 태양계에 속하는 유성이며, 물과 육지와 공기 등 유사한 점이 있다고, 지구에 범이 있으니까 화성에도 범이 있다고 추리하는 것 같은 것이다. 이것은 화성과 지구의 여러 가지 유사점이 범의 유무에 대한 본질적 속성이 아닌 데서 생긴 허위이다.

b. 비상합적(非相合的) 성질의 허위

추리되는 속성이 기지의 유사점 또는 그 밖의 본질적 속성과 상합적 본질이 아닌 경우에 생기는 허위이다.

예를 들면, 갑과 을이 동일한 가정에서 동일한 교육을 받고, 같이 문장이 아름답다고 하자. 그런데 갑이 소설가로 출세하였다고, 을도 소설가로 출세하리라고 추리하는 것 같은 것이다. 이 경우에 갑은 상상력이 풍부한데 을은 그러하지 못할 때에, 이 추리는 잘못된 추리이다. 그것은 소설가가 되는 자격과 상상력이 풍부하지 못한 것과는, 상합적 성질이 아닌 까닭이다.

비상합적 성질의 허위에 있어서, 설사 그 오류가 명백하지 아니한 경우가 있다고 할지라도, 그 추리의 개연성은 대단히 적다.

3) 자료적 허위

자료적 허위라는 것은 논증의 자료가 불완전한 데서 생기는 허위이다. 이것을 대별하면 논점 절취의 허위와 논점 상위(相違)의 허위의 두 가지가 있다.

(1) 논점 절취의 허위 Assumptio non probata

논증하기 전에 허용할 수 없는 명제를 전제로서 채용하는 데서 생기는 허위인데, 그 중 중요한 것은 다음과 같은 것이있다.

A) 부당 가정의 허위 *Fallacy of the undue assumption*

이것은 논증하려는 것보다는 더 근본적인 사실을 전제로 하는 데서 생기는 허위이다. 즉 논증의 결과를 기다려보아야 비로소 알 수 있는 사실을 부당하게 가정하는 데서 생기는 허위이다.

예를 들면, '영혼은 불멸한다. 왜냐하면 영혼은 단순하여 분해할 수 없기 때문이다'라고 논증하는 것 같은 것이다. '영혼은 단순하여 분해할 수 없다'는 전제는 영혼 불멸보다 더 근본적 문제로 논증이 필요한 것을 그대로 전제로 한 부당한 가정이다.

B) 선결 문제 요구의 허위 *Fallacy of begging the question*

이것은 논증하려는 사실의 이유가 될 일반적 원리를 하등의 증명이 없이 그대로 가정하여 논증하는 데서 생기는 허위이다. 우리는 이러한 전제를 전제로서 승인하기 전에, 전제의 근거를 선결 문제로서 요구할 권리가 있다. 그러므로 전제가 될 일반 원리는 자명의 공리이든가, 또는 이미 일반적으로 승인을 얻은 것이어야 한다.

예를 들면, 교육 연한을 연장하기 위하여 현재의 교육 제도의 개혁을 논할 때에 그 선결 문제는 과연 교육 연한을 연장할 필요가 있느냐 하는 것인데, 그 점을 가정의 원칙 또는 자명의 사실로 정하고 논하는 것 같은 허위이다.

C) 순환 논증의 허위 *Fallacy of circular reasoning*

이것은 결론이 옳다는 것은 전제의 옳은 것에 의존되고, 또한 전제가 옳다는 것은 결론의 옳은 것에 의존되어, 서로 순환적으로 논증하게 되는 허위이다.

예를 들면, '그는 정직하다. 왜냐하면, 그는 사람을 속이지 않기 때문이다'와 같은 것이다. 정직한 것은 속이지 않는 것이고 속이지 않는 것은 정직한 것이다. 그러므로 이것은 논증이 될 수 없다. 이러한 허위는 장시간 착잡한 토론을 하는 경우에 많이 범하는 오류로, 결론 즉 증명하려는 것과 같은 의의(意義)의 것을 다른 형식으로 전제하는 데서 생기는 경우가 많다.

논점 절취의 허위로서 위에 세 가지를 들었는데, 이것은 편의상 구별한 것이고, 논점 절취의 허위는 모두 어떤 사실을 논증함에 있어서 전제로서 허용할 수 없는 것을 허용하는 데서 생기

374

는 허위이다. 그러므로 모두 부당 가정의 허위라든가, 또는 선결 문제 요구의 허위로 볼 수도 있다.

(2) 논점 상위의 허위 Ignoratio elenchi

이것은 전제는 허용할 수 있는 것이나, 전제에서 끌어낸 결론과 논증될 사실과 하등 논리적 연락이 없는 데서 생기는 허위이다. 즉 논점이 달라진 논점 무시의 허위이다. 그 중 중요한 것을 들면, 다음과 같은 세 가지가 있다.

A) 논점 변경의 허위 *Fallacy of shifting the point at issue*

이것은 고의로 또는 무의식적으로 논점을 변경하는 데서 생기는 허위이다.

전자의 예를 들면, 자기의 입론이 근거가 박약하여 정확한 논증을 할 수 없는 경우에 반대론자의 의론을 반박하여 '도대체 너는 언제나 이유에 당치 않는 말을 하더라. 요전에도 이유에 어그러진 말을 하지 아니하였느냐'라고 하여 화제를 돌린다든가, 또는 의논하는 점과는 전혀 다른, 개인의 인신 공격을 함으로써 반대론자를 이기려고 하는 것 같은 것이다.

상대편이 논점을 변경할 때에는 다시금 원래의 논점으로 돌려가지고 끝까지 한 문제를 결정지은 후에 다른 문제로 가곤 하지 아니하면, 토론에 끝이 없게 된다.

후자의 경우는 부지불식간에 빠지는 것인데, 상품이 좋고 나쁜 것을 판단함에 있어서 외래품이냐 국산품이냐를 논하는 것 같은 것이다. 외래품이라고 더 좋고, 국산품이라고 더 나쁠 리 없다. 이러한 오류는 논증하려는 사항과 다소 관계가 있는 명제를 전혀 동일한 것으로 생각하는 데서 생기는 오류이다.

유물론이 잘못된 것을 논증하는 데 있어서 사회에 미치는 영향이 나쁘다는 것을 역설하는 것 같은 것도 역시 논점 변경의 허위라고 볼 수 있다.

B) 감정에 호소하는 허위 *Fallacy of appealing to the emotion*

이것은 상대자의 감정에 호소하여 자기의 주장을 관철하려고 하는 오류이다. 이에 속하는 허위에는 다음과 같은 것이 있다.

a. 대인 입증의 허위 *Argumentum ad hominem*

이것은 논자의 지위, 직업, 성격, 주의 등을 이용하여 그의 주장을 논란하거나 또는 변호하는 허위이다.

예를 들면, 그는 학자이니까 그의 주의도 옳다든가, 또는 그는 무식하니까 그의 주장도 틀린다고 논하는 것 같은 것이다.

b. 대중에게 호소하는 허위 *Argumentum ad popum*

이것은 청중의 이성에 호소하는 것이 아니라, 청중의 감정 또는 편견에 호소하는 것으로 선동자들이 많이 이용하는 허위이다. 들을 때에는 그럴듯하나 나중에 생각하고 보면 속았다는 것을 알게 된다.

사람의 연민의 정에 호소하는 논증도 이에 속한다.

c. 존숭의 정에 호소하는 허위 *Argumentum ad verecundiam*

이것은 존경하거나 숭배하는 감정을 이용하여, 허위의 논증을 하는 것을 가리킨다.

예를 들면, 헤겔의 말이니까 옳다든가, 성서나 논어에 있는 말이니까 틀릴 리가 없다든가 하는 것 같은 것이다.

권위와 전통에 무조건 따르는 것도 이러한 허위에 빠진 것이다.

d. 무지에 호소하는 허위 *Argumentum ad ignorantiam*

이것은 상대편이 반박의 능력이 없는 것을 이용하는 허위이다.

예를 들면, 영혼이 존재하지 않는다는 것을 상대편이 증명하지 못하는 것을 이용하여, 영혼이 있다고 주장하는 것이라든가,

또는 천국은 증명할 수 없으니까 없는 것이라고 하는 것 같은 것이다.

다른 사람이 알 수 없는 어려운 말을 하여가지고 자기가 잘 알은체하는 것이나, 남이 무지하여 자기 주장의 진위를 가릴 수 없는 것을 이용하는 것은 모두 이에 속하는 허위이다.

e. 위력에 호소하는 허위 *Argumentum ad baculum*

이것은 위협 또는 폭력에 호소하여 자기 주장을 승인시키는 허위이다.

협박하거나, 완력으로써, 남이 자기를 따르게 하거나, 억설로써 남에게 자기 주장을 관철시키는 것 같은 것은 모두 이에 속하는 허위이다.

상술한 여러 가지의 논점 상위의 허위에 빠지지 아니하고, 논점에 적합한 정당한 논증을 논점 정당의 논증 *Argumentum ad judicum* 이라고 한다.

C) 논증 부족의 허위 *Fallacy of the consequent*

결론을 충분히 증명하기에 부족한 것을 전제로 하는 논증이다. 일견 논리적 관계가 있는 것 같으나, 결론과 하등의 관계가 없는 전제를 논증의 자료로 하든가, 또는 관계가 있다고 할지라도 논증의 근거로써 부족한 것을 전제로 하여 논증하는 데서 생기는 허위이다.

예를 들면, 어떤 학설에 대하여 그 중 어떤 한 가지 논증을 반박함으로써 그 학설 자체가 오류라고 생각하는 것 같은 것이다. 또는 '누구나 행복을 바란다. 유덕한 자는 행복스럽다. 그러므로 누구나 유덕한 자가 되기를 바란다'고 하는 것 같은 것이다. 이것은 유덕한 자 중에서 행복하지 아니한 사람과, 유덕하지 아니한 자 중에서 행복한 사람을 간과한 데서 생긴 잘못된 논증이다.

또한 비유의 허위 *Fallacy of metaphor*도 일종의 논증 부족의 허위이다. 즉 다만 비유를 듦으로써 충분히 논증의 이유를 설명한 것으로 생각하는 것은 논증 부족의 허위이다.

예를 들면, '좌익과 우익은 새의 양날개, 차의 양바퀴와 같다. 고로 왼쪽 날개와 오른쪽 날개는 어느 것이 낫다고 할 수 없다'고 논하는 것 같은 것이다.

우리는 사람들이 논증하는 데 있어서 적절하지 아니한 예를 드는 것을 많이 발견하는데, 이는 모두 논증 부족의 허위에 빠지고 있는 것이다.

2. 연구법에 관한 허위

연구 방법에 관한 허위로서는 연구 방법의 종류에 따라서 귀납적 방법에 관한 허위, 연역적 방법에 관한 허위, 통계적 방법에 관한 허위, 가설적 방법에 관한 허위 등이 있다. 그러나 그것을 설명하려면 너무나 광범위에 이르게 될 것이고, 또한 각각 그 방법에 관한 설명을 보면 대개 알 수 있을 것이므로, 자세한 것은 생략하고, 일반적으로 다루는 것만을 논술하고자 한다.

I. 관찰과 실험에 관한 허위

관찰과 실험에 관한 허위는, 관찰할 것을 관찰하지 아니하든가, 실험할 것을 실험하지 아니하든가, 또는 잘못된 관찰과 실험으로 인하여 생기는 허위 등이다. 주의의 태만, 편견, 기억의 부족, 미신, 또는 감정과 이해 관계 등의 영향으로 인하여 이러한 허위에 빠지는 수가 많다.

그 중 주요한 것은 다음과 같은 것이다.

1) 무관찰의 허위 Fallacy of non-observation

이것은 관찰의 수단이 불완전하든가, 주의가 집중되지 아니하든가, 또는 선입견에 빠지어 관찰하지 아니하는 데서 생기는 허위이다.

예를 들면, 코페르니쿠스가 지동설을 주장하였을 때에 반대자들은 다음과 같이 말하였다.

만일 지구가 움직이는 것이라면, 높은 탑 꼭대기에서 떨어뜨린 돌은 탑의 직하로 떨어지지 아니하고, 그곳에서 조금 떨어진, 지구의 진행 궤도와 반대 방향의 곳에 떨어질 것이다. 이것은 마치 배가 돛을 달고 달아날 때에 그 돛 꼭대기에서 공을 돛의 직하에 떨어뜨리면 공이 돛의 직하에 떨어지지 아니하고 조금 선미 쪽으로 떨어지는 것과 같다.

이에 대하여 만일 코페르니쿠스의 일파가 배의 돛 꼭대기에서 공을 떨어뜨리어 실험을 하였더라면, 코페르니쿠스의 반대자들은 침묵하였을 것이다. 그러나 그들은 쓸데없이 이론 투쟁만 하여 배의 경우와 지구의 경우와는 다름을 논하는 데 그치고 실험하지 아니하였다. 이것은 관찰을 소홀히 한 데서 생긴 오류로, 만일 실험하여 관찰을 하였더라면 배의 돛 꼭대기에서 떨어진 공도 돛의 직하에 떨어짐을 발견하였을 것이다.

무관찰의 허위는 또한 반면의 소극적 사례를 간과하는 데서도 생긴다.

예를 들면, 사주, 문복, 손금, 관상 같은 것을 믿는 것 같은 것이다. 모두 맞지 아니하는 것은 간과하고, 이따금 맞는 것만을 기억하고, 그것이 맞는 줄로 생각하는 데서 이러한 허위가 생긴다.

2) 부당 관찰의 허위 Fallacy of mal-observation

이것은 착각, 환상 또는 편견 등으로 인하여 생기는 허위이다.

예를 들면, 새끼를 보고 뱀으로 본다든가, 바위를 보고 범으로 보는 것 같은 것이다.

베이컨은 선입견으로 인한 편견으로 생기는 허위를 우상이라고 하여 다음과 같은 네 가지의 우상을 구별하였다.

(1) 종족의 우상 Idola tribus, Idols of the tribe

이것은 종족에게 공통된 성질에서 생기는 허위이다.

예를 들면, 다른 사람들도 자기와 같이 생각할 것이라든가, 또는 자연에다가 인간과 같은 성질을 부여하는 의인적 경향 같은 것이다. 이것은 반대의 소극적 사례를 간과하기 쉬운 인류에게 공통된 성질에서 생기는 허위이다.

(2) 동굴의 우상 Idola specus, Idols of the cave

이것은 사람마다 가지고 있는 특유한 성질에서 오는 허위이다. 사람들은 마치 자기의 동굴 속에 갇혀 있는 것과 같아서, 사물을 자기의 독특한 입장에서 관찰하려고 한다. 환경, 습관, 교육, 취미 등의 영향으로 편협된 관찰을 하는 것은 이 허위에 빠지는 것이다.

(3) 시장의 허위 Idola fori, Idols of the market-place

이것은 사람들의 교제에서 생기는 허위이다. 그 중 주요한 것은 언어의 사용에서 생기는 허위이다.

예를 들면, 우리의 언어는 다만 편의상 사용하는 기호에 불과한 것을 잊고, 언어가 있으면 그것에 해당하는 실물도 존재하는 것으로 생각하는 것 같은 것이다.

베이컨은 말하기를, '사람들은 그 이성으로 언어를 구사한다고 믿으나, 실제에 있어서는 언어로 말미암아 사고가 제한된다'고 말하였는데, 실로 언어로 말미암아 사물의 진상을 잘못 아는 수가 많다. 언어철학자들이 언어의 정리를 강조하는 이유도 여기에 있다.

(4) 극장의 우상 Idola theatri, Idols of the theatre

이것은 역사, 종교, 전통, 전설 등을 무비판적으로 신봉하는 데서 생기는 허위이다.

이 베이컨의 우상설은 선입견 또는 편견에 의하여 생기는, 즉 주관적 태도의 관찰에서 생기는 허위설이다. 이 우상설은 무관찰의 허위와 부당 관찰의 허위를 합하여 설명한 것이라고 할 수 있을 것이다(졸저 『서양 철학사』, pp. 242~44 참조).

Ⅱ. 기술과 설명에 관한 허위

기술과 설명에 관한 허위 중 주요한 것은 다음과 같은 것이다.

1) 경솔한 개괄의 허위 *Fallacy of hasty generalisation*

사실의 일부분을 관찰하거나, 우연적 관계를 관찰하고, 곧 경솔하게 그것을 사실의 전반적인 것으로 개괄하여 설명하는 데서 생기는 허위이다.

원래 사람은 통일적으로 생각하려는 경향이 강하므로, 특히 미리 어떠하리라는 선입견이 있을 때에는, 사실의 일부분이 예상하던 것과 같으면, 곧 전부도 그러하리라고 개괄하는 허위에 빠지기 쉽다.

2) 인과 관계의 허위 *Fallacy of causality*

이것은 경솔한 개괄과 밀접한 관계를 가지고 있다. 인과 관계를 결정함에 있어 잘못하여 생기는 허위이다. 그 중 중요한 것을 들면 다음과 같다.

(1) 오류 원인의 허위 *Fallacy of the false cause*: 이것은 충분한 이유가 없이, 어떤 것을 다른 것의 원인으로 생각하는 데서 생기는 허위이다. 그 중에서 전후의 관계만을 보고 곧 인과 관계가 있다고 보는 데서 생기는 허위를 전후 즉 인과의 허위 *Fallacia post hoc(ergo) propter hoc* 라고 한다. 이것을 자료적 허위로 다루는 학자들도 있다. 이 밖에 (2) 원인의 복수성을 무시하고 원인의 일부를 가지고 원인의 전부로 생각하는 데서 오는 허위와, (3) 양 사례가 서로 원인이 되어 있는 경우에 한 사례만을 원인으로 보는 데서 오는 허위와, (4) 원인과 결과를 전도하는 데서 생기는 허위 등이 있다.

3) 상상의 허위 *Fallacy of imagination*

설명에 있어서, 특히 가설을 세우는 데 있어서 상상은 결코 배척할 것이 아니나, 그것을 남용 혹은 오용하는 데서 생기는 허위이다.

예를 들면, 기정의 원리나 법칙으로써 충분히 설명할 수 있는 경우에 신기한 것을 좋게 생각하여 무용한 가설을 세운다든가, 또는 실제의 사실과 모순되는 것을 가설로 세우는 것 같은 것이다.

4) 잘못된 선택 관념에서 생기는 허위 *Fallacy of false disjunction*

이것은 모든 선언적 판단의 선언지는 서로 배척한다는 잘못된 논리적 가정을 가지고 설명하는 데서 생기는 허위이다. 즉 만일 A가 B면, A는 C일 수 없다고 생각하고 설명하는 데서 생기는 허위이다.

예를 들면, A가 변호사면, A는 소설가일 수 없다고 생각하는 것 같은 것이다. 이것은 변호사와 소설가가 다르다는 점만 보고, 실제에 있어서 한 사람이 두 가지 직업을 가질 수 있는 것을 간과하고 설명한 데서 생긴 허위이다.

우리는 위에 설명한 연구법에 관한 허위를 총괄적으로 고찰하여볼 때에 다음과 같은 결론을 얻게 된다.

정확하고 주도한 관찰과 실험, 침착하고 정당한 기술과 설명, 인과 관계를 철저히 파악할 수 있는 통찰력, 경험한 사실을 기초로 하여 전체로 비약하는 풍부한 상상력 등은 학문 연구에 있어서 절대로 필요한 것이다.

결　론

논리와 연구 방법

이 논리학은 기본적인 형식 논리학을 연구하게 하려는 것이 목적이었으므로, 원리론에서는 사고의 논리로 형식 논리를 다루었고, 그것이 극단적으로 발전된 기호. 논리를 다루었다. 그리고 방법론에서는 일반적인 연구 방법으로서 과학 연구법을 다루었다.

논리는 이것으로 그치는 것이 아니고, 형식 논리 이외에 형식과 내용을 함께 다루는 인식 논리가 있고, 또한 이러한 정적인 분석 논리에 대하여 동적인 종합 논리인 변증법이 있다. 인식 논리는 형식 논리에 비하여 구체적이며, 변증법은 인식 논리에 비하여 더욱 구체적이라고 할 수 있다. 그러나 구체적인 것이 반드시 추상적인 것보다 낫다고는 볼 수 없다. 수학이 추상적인 학문이어서 과학 연구에 절대로 필요한 것과 같이, 형식 논리도 또한 추상적인 데 그 특징이 있고, 수학과 같이 정확하고 보편 타당성을 띠고 있는 데서, 사고와 추리에 절대로 필요하다.

형식 논리와 인식 논리 같은 정적인 분석 논리가 모순을 인정하지 아니하는 데 대하여 모순을 인정하는 것이 변증법이다. 즉 분석 논리에 있어서는 모순된 추리는 오류로, 그러한 추리를 배

척한다. 그러나 변증법에 있어서는 모순이 사고의 기본 요소가
된다. 구체적인 현상은 모순이 토대가 되어 발전되며, 구체적
현상을 사고하는 변증법은 모순을 토대로 하여 성립되어야 한
다는 것이다. 분석 논리는 시간과 공간을 초월하는 일반 논리임
에 대하여, 변증법은 시간과 공간을 중요시하는 특수 논리이며
실재의 논리이다. 그러므로 분석 논리에 있어서는 하나에다가
하나를 더하면 언제나 둘이 되는 것이고, 둘 외의 다른 수가 된
다고 생각하면 그것은 잘못된 생각이라고 본다. 그러나 변증법
에 있어서는 하나에다가 하나를 더하면, 그 다루는 물건과 시간
과 환경에 따라서 둘도 되고 셋도 되고 하나도 될 수 있어, 추
상적으로 일률적으로 말할 수 없다는 것이다. 가령 암탉 한 마
리와 수탉 한 마리를 같은 환경 속에다가 쓸어넣고 일 년이 지
난다면, 그 수는 둘만이 아니고, 열도 되고 스물도 될 수 있는
것 같은 것이다. 그러나 모순을 그 속에 인정하는 변증법도 언
제나 그 이유를 정연하게 밝혀야 하며, 일단 결정된 지난 사실
에 대하여서는 변함이 없이 언제나 동일하다는 것을 인정하지
아니할 수 없다. 가령 어떤 사람이 있어, 어린이로부터 어른으
로 성장이 될 때에는 이미 어린이가 아닌 것은 물론이나, 과거
에 어린이였다는 사실은 언제나 동일하여 변함이 없을 것이다.
그러므로 변증법은 동적인 것을 표방하고 모순을 인정하나, 그
반면에 정적인 것을 자연히 인정할 수밖에 없고, 또한 변증법적
사고는 그것이 틀림이 없다고 할 때에, 자연히 모순 배척의 형
식 논리를 토대로 하고 있다.
　여기에서 우리는 정적이며 분석적인 형식 논리와 동적이며
종합적인 변증법 논리가 서로 다르면서도 밀접한 관계가 있는
것을 알 수 있다. 즉 분석 논리를 토대로 하지 아니하고는 변증
법이 성립될 수 없다는 것이다. 가령 변증법에서 정이 반이 되

고, 반이 합이 된다고 할 때에, 만일 정은 정으로서, 반은 반으로서, 합은 합으로서 동일하다는 것을 인정하지 아니한다면, 변증법적 사고는 성립될 수 없을 것이다. 모든 것은 변하되, 순간적이나마, 그것이 무엇이라고 할 때에는 그것으로 있는 동일성과 그리고 그것이 아닐 때에는 잘못이라고 하는 모순을 배척하는 입장에 서지 아니하고는 동적 사고는 할 수 없을 것이다.

이때까지 형식 논리는 정적이고 분석적인 면만 보고, 그와 반대로 변증법은 동적이고 종합적인 것만 보아 서로 다른 면을 배척하는 입장에 서 있었다. 모두 일면적이요, 따라서 구체적 현상을 다루는 데 추상적이요, 편협한 결함을 벗어날 수 없었다. 그러므로 이러한 폐단을 제거하기 위한 정적이며 동적이고 또한 동적이며 정적인 구체적 논리에 달하려는 것이 포변증법(包辨證法)이다.

포변증법은 변증법이 동적인 면만 보고 정적인 면을 무시하는 데 대하여 그것을 포월(包越)함으로써 지양하려는 가장 구체적인 논리이다. 사물의 발전과 정지와, 사고의 발전과 정지면을 그대로 파악하려는 이 구체적인 논리는, 형식 논리와 변증법의 장점을 살리는 동시에 그 단점을 제거함으로써, 사실의 진정한 논리에 도달하려는 논리이다. 즉 형식 논리와 변증법을 싸고 초월함으로써 정신계와 물질계를 막론하고 대상계를 정확하게 사고하여 인식하려는 것이 포변증법이다. 따라서 포변증법은 논리로서 가장 광범하고도 정밀한 입장에 서려는 것이며, 사실을 사실대로 알려는 데 그 목적이 있다고 할 것이다.

그러나 인식 논리나 변증법 논리나 포변증법 논리는 모두 대상의 인식을 주로 하는 철학의 논리이고 형식 논리는 아니다. 형식 논리는 사고의 기본 논리로서 형식적인 점에 있어, 수학과 같이 정확하고 정밀하므로 잘 응용하는 데서, 그것은 또한 그것으로서의 충분한 의의와 필요성을 가진다.

　이 형식 논리에 대응하는 방법이 과학 연구의 방법이다. 형식 논리를 발견과 설명을 위한 연구 방법에 응용한 것이 귀납적 방법, 연역적 방법, 통계적 방법, 가설적 방법 등 여러 방법이다. 연구 방법에서는 이러한 일반적 방법 이외에 연구 대상에 따라서 각각 특수한 방법이 있음은 기술하였다. 그리고 연구 방법에는 이러한 과학적 방법 이외에 철학에는 철학에 독특한 연구 방법이 있었다. 물론 철학도 과학적 방법을 사용하고 있고, 그것이 또한 기본적 방법이 되어야 한다는 것은 일반적으로 일치되는 의견이다. 그러나 철학은 철학으로서 특수한 연구 방법을 가지고 있다. 그 상세한 방법에 대하여서는 졸저 『철학 개론』에 있는 방법론을 참고하기 바란다. 철학 연구 방법 중에는 인식 논리에 대응하는 선험적 방법과 변증법 논리에 대응하는 변증법적 방법과 포변증법 논리에 대응하는 포변증법적 방법 등이 있다. 그러나 최근에는 순전히 과학적 방법을 채용하여 철학을 연구하는 과학철학자들이 있다. 이들의 주장은 과학 연구의 방법과 철학 연구의 방법은 다름이 없다는 것이다.

　논리는 생각하는 것을 바르게 하고, 추리하는 것을 정확하게 하여, 논리 정연하게 사고하고 추리하게 하려는 데 그 목적이 있고, 연구 방법은 발견과 발명의 도구가 되는 데 그 목적이 있으므로, 논리와 연구 방법은 결국 연결적으로 동일한 목적을 가지고 있는 것이라고 할 수 있다.

　연구 방법은 논리를 응용하여 사물의 관계를 다루고, 연구에 주력하는 방법이므로, 논리를 떠나서는 성립될 수 없다. 방법 자체가 논리를 토대로 하고 성립될 뿐 아니라, 방법을 바로 응용하는 데도 역시 논리를 필요로 하게 된다. 논리는 발견과 발명에 필요한 자료를 직접은 다루지 아니하나, 연구 방법을 통하여 간접으로 다루고 있다. 논리적 두뇌가 없는 사람이, 그리고 논리의 일부라고 할 수 있는 수학적 두뇌가 없는 사람이 연구에 성공하지 못하는 것은, 연구 방법의 고안과 그 응용에 있어, 그리고 발견과 발명의 구상과 자료의 선택에 있어, 추리와 계산, 즉 광범한 의미의 논리를 토대로 하여 생각하지 못하는 까닭이다. 물론 방법에는 각 방법에 독특한 기술과 설계와 훈련 등이 필요하나, 그 역시 논리를 무시하고서는 완전을 기할 수 없다. 그러므로 논리와 논리의 응용에서 성립되는 방법론은 서로 불가분의 관계를 가지고 있다. 논리는 방법을 매개로 하여 연구 자료에 연결되고, 방법은 이론의 힘을 빌려 연구에 적합하게 자료를 배합하고 구성하게 된다. 그러므로 발견과 발명을 주로 일삼는 연구를 중심으로 하여 생각할 때에, 논리와 연구 방법은 연결적으로 관련을 가지고 있음을 알게 된다.

기술한 바와 같이, 논리에도 여러 가지 종류가 있고, 연구 방법에도 여러 가지 방법이 있으나, 이 저서에서는 논리 중에서 기초적인 형식 논리와 그 발전인 수학적 논리와 그리고 언어 문제를 다루고, 방법론 중에서 근본적인 과학 연구법의 일반 방법론을 설명함으로써 논리학으로서의 사명을 다하고자 노력하였다. 재래의 형식 논리학을 혁신시키고 극도로 발전시킨 수학적 논리학을 다룬 것은 우리나라의 지금까지의 논리학 저서에 없었던 일이다.

수학적 논리학, 즉 기호 논리학 *Symbolic logic* 중 특수 부문에 속하는 행동 논리학 *Deontic logic* 과 다치(多値) 논리학 *Many valued logic* 에 관하여서는 책의 성질상 다루지 않았다. 이 방면에 관심이 있는 이는 참고 문헌에 있는 그 방면의 논리학서를 읽기 바란다. 기호 논리학은 외국에서는 철학과와 수학과에서는 물론이요, 일반 학과에서도 널리 가르치고 있다. 그것은, 기호

388

논리가 철학에서뿐 아니라, 순수 과학, 전기공학, 컴퓨터, 사회
과학, 언어학 등의 연구에 널리 응용되고 있는 까닭이다. 그러
므로, 우리 학계에도 이 책의 제1부 제2편에서 다룬 기호 논
리의 연구가 활발해지기를 기대하는 바이다.

설명 도표

아래의 설명 도표는 독자의 복습의 편의를 위하여 작성한 것이다.

제1부 원리론

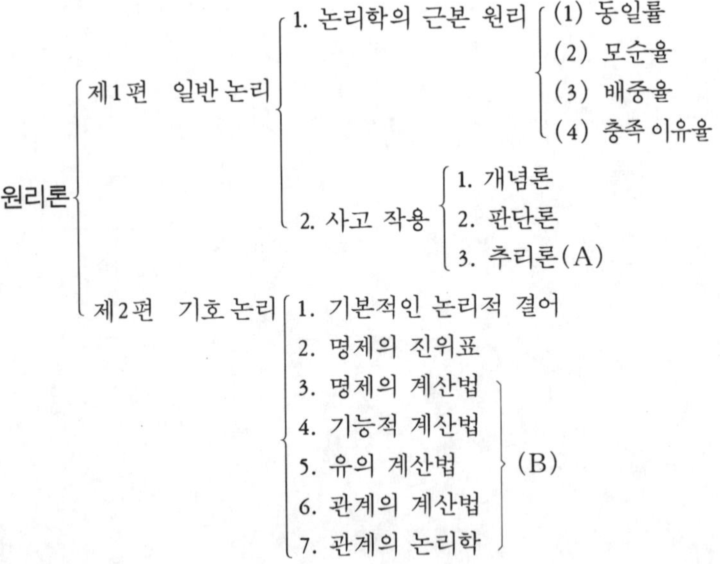

(A) 추리론
- **(1) 직접 추리**
  1. 대당 관계에 의한 직접 추리
  2. 판단의 변형에 의한 직접 추리
  3. 복잡 개념에 의한 직접 추리
  4. 한정 부가에 의한 직접 추리
- **(2) 간접 추리**
  1. 연역적 추리(3단논법)(Ⅰ)
  2. 귀납적 추리
  3. 유비적 추리

(Ⅰ) 연역적 추리
1. 정언적 3단논법
   - 원형
     - 제 1 격
     - 제 2 격
     - 제 3 격
     - 제 4 격
   - 변형
     - 생략형 — 연결식
     - 복합형 — 대증식
     - 불규칙형 — 연쇄식
2. 가언적 3단논법
   - 전가언적 3단논법
   - 반가언적 3단논법
3. 선언적 3단논법
4. 가언적-선언적 3단논법
   - 양도 논법
   - 3 도 논법
   - 4 도 논법
   - 다도 논법

(B) 계산법
- (1) 명제의 계산법
- (2) 유의 계산법
- (3) 관계의 계산법
- (4) 관계의 논리
  - 명제의 계산법
  - 기능적 계산법
    - 초급 기능적 계산법
    - 상급 기능적 계산법

제 2 부 언어론

세미오틱스 {
(1) 프래그머틱스
(2) 시맨틱스
(3) 신태틱스
}

제 3 부 방법론

방법론 {
(1) 통정적 방법론
(2) 연구 방법론 {
1. 귀납적 방법(A)
2. 연역적 방법
3. 통계적 방법(B)
4. 가설적 방법
}
(3) 허 위 론 {
1. 통정법에 관한 허위
2. 연구법에 관한 허위
} (C)
}

(A) 귀납적 방법 {
(1) 일치법
(2) 차이법
(3) 일치 차이 병용법
(4) 잔여법
(5) 공변법
}

(B) 통계적 방법 {
(1) 산술 평균법 {
단순 산술 평균법
평량 평균법
}
(2) 기하 평균법
(3) 중위수 확정법
(4) 빈번수 발견법
}

(C) 허위론 ┌ 통정법에 관한 허위 ┌ 정의에 관한 허위
          │   │ 분류에 관한 허위
          │   └ 논증에 관한 허위(Ⅰ)
          └ 연구법에 관한 허위 ┌ 관찰과 실험에 관한 허위
                             └ 기술과 설명에 관한 허위

(Ⅰ) 논증에 관한 허위 ┌ 언어적 허위
                     │ 형식적 허위(1)
                     └ 자료적 허위(2)

(1) 형식적 허위 ┌ 직접 추리에 관한 허위 ┌ 환질의 허위
              │   │ 환위의 허위
              │   └ 여환의 허위
              │   ┌ 연역적 추리에 관한
              │   │   허위(a)
              │   │ 귀납적 추리에 관한
              └ 간접 추리에 관한 허위 ┤   허위
                                     │ 유비적 추리에 관한
                                     └   허위

(a) 연역적 추 ┌ 정언적 3단논법에 ┌ (1) 4개 개념의 허위
  리에 관한   │ 관한 허위   │ (2) 매개념 모호의 허위
  허위   │   │ (3) 매개념 부주연의 허위
             │   │ (4) 대개념 부당 주연의 허위
             │   │ (5) 소개념 부당 주연의 허위
             │   │ (6) 부정 전제의 허위
             │   └ (7) 특칭 전제의 허위
             │ 가언적 3단논법에 ┌ (1) 전건 부정의 허위
             │ 관한 허위   └ (2) 후건 긍정의 허위
             └ 선언적 3단논법에 관한 허위

$$
(2)\ 자료적\ 허위
\begin{cases}
논점\ 절취의\ 허위 & \begin{cases} (1)\ 부당\ 가정의\ 허위 \\ (2)\ 선결\ 문제\ 요구의\ 허위 \\ (3)\ 순환\ 논증의\ 허위 \end{cases} \\
논점\ 상위의\ 허위 & \begin{cases} (1)\ 논점\ 변경의\ 허위 \\ (2)\ 감정에\ 호소하는\ 허위 \\ (2)\ 논증\ 부족의\ 허위 \end{cases}
\end{cases}
$$

참고 문헌

Ackermann, W., *Grundzüge der Theoretischen Logik*, Berlin, 1928, 2nd edition, 1938, 3rd ed., 1949.

______, *Principles of Mathematical Logic*, Trans. by Hammond, Lewis M., George, G., and Lekie Steinhardt, F., New York, 1950.

Ackermann and Bernays, P., *Grundlagen der Mathematik* I, 1934; II, 1939.

Ambrose, A. and Lazerowitz, M., *Fundamentals of Symbolic Logic*, 1948.

Aristoteles, *Organon*.

Black, M., *Critical Thinking*, New York, 1946.

Bochenski, *Formale Logik*, Freiburg und München, 1956.

Boole, George, *The Mathematical Analysis of Logic*, London & Cambridge, England, 1847. Reprinted in *Collected Logical Works*, Chicago & London, 1916.

______, *An Investigation of the Laws of Thought*, London, 1854.

Bosanquet, *Logic*, 1888.

______, *The Essentials of Logic*, 1895.

Carnap, Rudolf, *Der logische Aufbau der Welt*, Berlin, 1928.

______, *Abriss der Logistik*, Wien, 1929.

______, *The Logical Syntax of Language*, London & New

York, 1937.

______, *Meaning and Necessity*, Chicago, 1947.

______, *Introduction to Symbolic Logic*, 1958.

Carroll, Lewis, *Symbolic Logic*, London, 1897.

Church, Alonzo, *Introduction to Mathematical Logic*, Part I, Princeton, 1944.

Cooley, J. C., *A Primer of Formal Logic*, New York, 1942.

Copi, Irving, *Introduction to Logic*, New York, 1953.

______, *Symbolic Logic*, New York, 1954.

Creighton, *Introductory Logic*, 1898.

De Morgan, Augustus, *Formal Logic*, London, 1847.

Dewey, J., *Logic, The Theory of Inquiry*, 1939.

Drews, A., *Lehrbuch der Logik,* 1928.

Elsenhaus Th., *Psychologie und Logik,* 1906.

Erdmann, B., *Logik*, 1907.

Feigl, H. and Sellars, W., *Readings in Philosophical Analysis*, New York, 1949.

Fitch, F.B., *Symbolic Logic*, New York, 1952.

Frege, Gottlob, *Begriffschrift*, Halle, 1879.

______, *Grundgesetze der Arithmetik*, vol. 1, 1893, vol. 2, Jena, 1903.

______, *Die Grundlagen der Arithmetik*, Breslau, 1884. Reprinted 1934.

Goblot, A., *Traité de Logique*, 1925.

Grau. K., *Grundriss der Logik*, 1921.

高山岩男・上田泰治, 『倫理學』, 1952.

Hegel, *Wissenschaft der Logik,* 2 Bde., 1812.

Hamilton, Sir W., *Lectures on Logic*, Edinburgh, 1860.

Hilbert, David und Bernays, P., *Grundlagen der Mathematik*, vol. 1, 1934, vol. 2, 1939, Berlin, 2nd Printing, Ann Arbor.

Honecker, M., *Gegenstands logik und Denklogik*, 1921.

______, *Logik*, 1927.

Höfler, A., *Logik*, 1920.

Husserl, E., *Logische Untersuchungen*, 2 Bde., 1900~1920.

______, *Formal und transzendentale Logik*, 1929.

Jevons, W. S., *Pure Logic*, London, 1864.

Kleene, S. C., *Introduction to Matematics*, 1952.

Külpe, Osw., *Vorlesungen über Logik*, 1923.

Lewis, C. I., *A Survey of Symbolic Logic*, Berkeley, 1918.

Lewis, C. I. and Iangfard, C. H., *Symbolic Logic*, New York, 1932.

Lipps, Theodor, *Grunzüge der Logik*, 1912.

Losskij, Nikolai, *Logik*, 1921.

Mencer, K., *The New Logic*, 1937.

Mill, J. S., *A System of Logic*, 1843.

Nicod, J., *A Reduction in the Number of Primitive Proposi-tions of Logic Proceedings of the Cambridge Philo-sophical Society*, XIX(1916), pp. 32~42.

Peano, G., *Arithmetics Principia*, Turin, 1889.

______, *Formulaire de Mathématiques*, Introduction, 1894. vol. 1, 1895, vol. 2, 1897~1899, vol. 3, 1901, Paris, vol. 4, 1902~1903, vol. 5, 1905~1908, Turin.

Peirce, C. S., *Collected Papers*, 6 vols., Cambridge, Mass., 1931~1935.

Pfänder, A., *Logik*, 1921.

Quine, W. V., *A System of Logistic*, Cambridge, Mass., 1934.

______, *Mathematical Logic*, New York, 1940, Revised edit.,

1955.

______, *Elementary Logic*, Boston, 1941.

______, *Methods of Logic*, New York, 1950.

______, *Mathematical Logic*, 1951.

Ramsey, P., *The Foundation of Mathematics*, London and New York, 1931. Reprinted 1950.

Reichenbach, H., *Elements of Symbolic Logic*, New York, 1947.

Rescher, N., *Many-valued Logic*, New York, 1969.

Rosser, J. B., *Logic for Mathematicians*, New York, 1953.

Rosser, J. B. and Turquette, A. R., *Many-valued Logics*, North-Holland, 1952.

Russell, B., *Introduction to Mathematical Philosophy*, London, 1919.

______, *The Principles of Mathematics*, Cambridge, England, 1903, 2nd edition, New York, 1933.

______, *Principia Mathematica*, 1937.

Ryle, G., *Dilemmas*, Cambridge University Press, 1954.

Schiller, F. C. S., *Formal Logic*, 1912.

Schröder, E., *Vorlesungen über die Algebra der Logik*, Leipzig, vol. 1, 1890, vol. 2, 1891~1905, vol. 3, 1895.

Sigwart, Chr., *Logik*, 1911.

Sheffer, H. M., "A Set of Five Independent Postulates for Boolean Algebras," etc., *Transactions of the American Mathematical Society* XIV, 1913, pp. 481~88.

Störring, *Logik*, 1916.

Salmon, W. C., *Logic*, Prentice-Hall, INC., 1963.

Tarski, A., *Introduction to Logic*, New York, 1941.

______, *Introduction to Logic and to the Methodology of de-*

ductive Sciences, 1941.

———, *A Decision Method for Elementary Algebra and Geometry,* Santa Monica, 1948.

Überweg, F., *System der Logik,* 1882.

Venn, J., *Symbolic Logic,* London, 1881, 2nd ed., 1894.

von Wright, *Logical Studies,* New York, 1957.

Whitehead, A. N. and Russell, B., *Principia Mathematica,* Cambridge, England, vol. 1, 1910, vol. 2, 1912, vol. 3, 1913, 2nd edition, 1925~1927. Reprinted 1950.

Williams, S., *Principles of Logic,* 1919.

Wittgenstein, L., *Tractatus Logico-Philosophicus,* New York & London, 1922.

Wundt, *Logik,* 1880~1883, 3 Bde., 1920~1924.

Ziehen, Th., *Lehrbuch der Logik auf Positivischer Grundlage,* 1920.

Strawson, P. E., *Introduction to Logical Theory,* London: Methuen, New York: Wiley & Sons, 1952.

여 간접으로 다루고 있다. 논리적 두뇌가 없는 사람이, 그리고
논리의 일부라고 할 수 있는 수학적 두뇌가 없는 사람이 연구에
성공하지 못하는 것은, 연구 방법의 고안과 그 응용에 있어, 그
리고 발견과 발명의 구상과 자료의 선택에 있어, 추리와 계산,
즉 광범한 의미의 논리를 토대로 하여 생각하지 못하는 까닭이
다. 물론 방법에는 각 방법에 독특한 기술과 설계와 훈련 등이
필요하나, 그 역시 논리를 무시하고서는 완전을 기할 수 없다.
그러므로 논리와 논리의 응용에서 성립되는 방법론은 서로 불
가분의 관계를 가지고 있다. 논리는 방법을 매개로 하여 연구
자료에 연결되고, 방법은 이론의 힘을 빌려 연구에 적합하게 자
료를 배합하고 구성하게 된다. 그러므로 발견과 발명을 주로 일
삼는 연구를 중심으로 하여 생각할 때에, 논리와 연구 방법은
연결적으로 관련을 가지고 있음을 알게 된다.

　기술한 바와 같이, 논리에도 여러 가지 종류가 있고, 연구 방
법에도 여러 가지 방법이 있으나, 이 저서에서는 논리 중에서
기초적인 형식 논리와 그 발전인 수학적 논리와 그리고 언어 문
제를 다루고, 방법론 중에서 근본적인 과학 연구법의 일반 방법
론을 설명함으로써 논리학으로서의 사명을 다하고자 노력하였
다. 재래의 형식 논리학을 혁신시키고 극도로 발전시킨 수학적
논리학을 다룬 것은 우리나라의 지금까지의 논리학 저서에 없
었던 일이다.

　수학적 논리학, 즉 기호 논리학 *Symbolic logic* 중 특수 부문
에 속하는 행동 논리학 *Deontic logic* 과 다치(多値) 논리학 *Many
valued logic* 에 관하여서는 책의 성질상 다루지 않았다. 이 방
면에 관심이 있는 이는 참고 문헌에 있는 그 방면의 논리학서를
읽기 바란다. 기호 논리학은 외국에서는 철학과와 수학과에서는
물론이요, 일반 학과에서도 널리 가르치고 있다. 그것은, 기호

388

으로서의 충분한 의의와 필요성을 가진다.

이 형식 논리에 대응하는 방법이 과학 연구의 방법이다. 형식 논리를 발견과 설명을 위한 연구 방법에 응용한 것이 귀납적 방법, 연역적 방법, 통계적 방법, 가설적 방법 등 여러 방법이다. 연구 방법에서는 이러한 일반적 방법 이외에 연구 대상에 따라서 각각 특수한 방법이 있음은 기술하였다. 그리고 연구 방법에는 이러한 과학적 방법 이외에 철학에는 철학에 독특한 연구 방법이 있었다. 물론 철학도 과학적 방법을 사용하고 있고, 그것이 또한 기본적 방법이 되어야 한다는 것은 일반적으로 일치되는 의견이다. 그러나 철학은 철학으로서 특수한 연구 방법을 가지고 있다. 그 상세한 방법에 대하여서는 졸저 『철학 개론』에 있는 방법론을 참고하기 바란다. 철학 연구 방법 중에는 인식 논리에 대응하는 선험적 방법과 변증법 논리에 대응하는 변증법적 방법과 포변증법 논리에 대응하는 포변증법적 방법 등이 있다. 그러나 최근에는 순전히 과학적 방법을 채용하여 철학을 연구하는 과학철학자들이 있다. 이들의 주장은 과학 연구의 방법과 철학 연구의 방법은 다름이 없다는 것이다.

논리는 생각하는 것을 바르게 하고, 추리하는 것을 정확하게 하여, 논리 정연하게 사고하고 추리하게 하려는 데 그 목적이 있고, 연구 방법은 발견과 발명의 도구가 되는 데 그 목적이 있으므로, 논리와 연구 방법은 결국 연결적으로 동일한 목적을 가지고 있는 것이라고 할 수 있다.

연구 방법은 논리를 응용하여 사물의 관계를 다루고, 연구에 주력하는 방법이므로, 논리를 떠나서는 성립될 수 없다. 방법 자체가 논리를 토대로 하고 성립될 뿐 아니라, 방법을 바로 응용하는 데도 역시 논리를 필요로 하게 된다. 논리는 발견과 발명에 필요한 자료를 직접은 다루지 아니하나, 연구 방법을 통하